Uma Teoria da Discricionariedade Administrativa

COLEÇÃO
HERMENÊUTICA, TEORIA DO DIREITO E ARGUMENTAÇÃO

Coordenador: Lenio Luiz Streck

Luis Henrique MADALENA

Uma Teoria da Discricionariedade Administrativa

2ª edição
Revista e atualizada

2020

EDITORA JusPODIVM
www.editorajuspodivm.com.br

EDITORA *Jus*PODIVM

www.editorajuspodivm.com.br

Rua Território Rio Branco, 87 – Pituba – CEP: 41830-530 – Salvador – Bahia
Tel: (71) 3045.9051
• Contato: https://www.editorajuspodivm.com.br/sac

Diagramação: Isabella Giordano (*giordano.bella@gmail.com*)

Capa: Ana Caquetti

• A partir desta edição, a obra Discricionariedade Administrativa e Hermenêutica passa a ser publicada com o título Uma Teoria da Discricionariedade.

D611 Uma Teoria da Discricionariedade Administrativa / coordenador Lenio Luiz Streck. – 2. ed., rev. e atual. – Salvador: Juspodivm, 2020.
240 p. (Hermenêutica, Teoria do Direito e Argumentação, v.1)

Bibliografia.
ISBN 978-65-5680-089-9

1. Interpretação da lei. Hermenêutica. 2. Fontes do Direito. 3. Direito Administrativo. I. Madalena, Luis Henrique. II. Título.

CDD 340.326

AGRADECIMENTOS

Aqui está um dos frutos de um árduo caminho, o resultado de muita dedicação e perseverança. Também resultado de muitos sonhos e esperanças, todos eles alimentados desde há muito por três pessoas muitíssimo especiais: meus pais e Samantha.

Este trabalho não tem a pretensão de ser o arauto das novidades. A única ambição foi criar incômodo, desassossego, o que me parece ser a principal função da academia, especialmente no Direito.

A meu ver, pais e orientadores possuem uma atribuição bastante parecida: a de incentivar-nos, buscar o que há de melhor em cada um de nós. É exatamente aqui que eles se encontram como determinantes para todo o caminhar que culminou na fantástica experiência do Mestrado.

Sem eles nada seria possível... Obrigado pela paixão que me transmitiram!

Samantha, razão de tudo... os últimos anos nos ensinaram muito, nos puseram em prova... como sempre, resistimos! Não apenas resistimos, mas trouxemos dois anjos para nossa vida, as doces Maria Cecília e Margaux.

Quem investigou a história de uma ciência específica, encontra em seu desenvolvimento um fio condutor para a compreensão dos mais antigos e mais comuns procedimentos de todo "saber e conhecer": tanto num caso quanto no outro, as hipóteses precipitadas, as ficções, a estúpida boa vontade de ter "fé", a falta de desconfiança e de paciência se desenvolveram primeiro – nossos sentidos aprendem tardiamente, e nunca aprendem inteiramente, a ser órgãos do conhecimento sutis, fiéis e cautelosos. É mais cômodo para o nosso olho, numa dada ocasião, produzir novamente uma imagem muitas vezes já produzida em vez de se ater ao diferente e novo de uma impressão: o que exige mais energia, mais "moralidade". Ouvir algo novo é penoso e difícil para o ouvido; ouvimos mal música estrangeira. Ao ouvir uma outra língua, involuntariamente tentamos dar aos sons ouvidos a forma de palavras que nos soem mais familiares e mais domésticas... Tão pouco quanto hoje um leitor lê uma a uma todas as palavras (sem falar nas sílabas) de uma página – antes toma de vinte palavras aproximadamente cinco ao acaso e "adivinha" o provável sentido correspondente –, assim tampouco observamos uma árvore minuciosa e inteiramente quanto a suas folhas, ramos, cor, forma; parece-nos muito mais fácil imaginar uma aproximação de árvore. Mesmo em meio à mais rara experiência ainda fazemos assim: nós inventamos a maior parte da experiência e dificilmente podemos ser obrigados a não observar como "inventores" qualquer acontecimento. Isso tudo significa: nós estamos desde a raiz, desde tempos idos – habituados à mentira.

Friedrich Nietzsche – Além do bem e do mal

RESUMO

O estudo que aqui se resume possui como escopo o desvelamento do fenômeno que representa a ideia de discricionariedade administrativa no Brasil, gerador de uma armadilha teórica que leva a conclusão de que, em grande medida, os atos administrativos, por serem tidos como atos de caráter político, não seriam controláveis materialmente pelo direito, excetuando-se os casos aberrantes. Muito disso ainda advém de um rasteiro discurso de separação dos poderes, que pretensamente não poderia ser violado por uma atuação de controle por parte de qualquer um dos poderes que não seja o de onde emanou o ato contestado. Isso dá espaço para que a atividade administrativa, ao invés de ter garantida sua legitimidade democrática e republicana pelo direito, passe a ter sua ilegitimidade acobertada por um direito de viés conservador, que cada vez mais promove a manutenção de históricas dominações sociais, típicas do Brasil e da América Latina. Isso em grande medida é proporcionado por uma Teoria do Direito que se mantém aprisionada em um paradigma filosófico incompatível com o Estado Democrático de Direito pretendido pela Constituição de 1988: o da filosofia da consciência. Muitos discursos jus administrativos contemporâneos, como o que privilegia o paradigma gerencial da administração pública, que também dá azo a abundância de princípios, os quais acabam por servir de álibi para as decisões administrativas tomadas, na exata medida que são considerados em sua faceta teleológica, como verdadeiros mandados de otimização e não em seu viés deontológico. A partir daí a administração (presente em todos os poderes) possuiu uma permissão jurídico-normativa para agir da forma que melhor entender, com o que o direito passa a chancelar a pluralidade de respostas, as quais são consideradas como pertencentes a uma esfera política. A atividade administrativa do Estado, especialmente no Brasil, onde podem ser verificadas as influências da cordialidade, do patriarcalismo e de um patrimonialismo estamental, conforme tratado por Buarque de Holanda, Gilberto Freyre e Raymundo Faoro, é passível de equiparação à vontade de poder, abordada por Nietzsche, com base em seu conceito de niilismo. Para que se possa alcançar o almejado Estado Democrático de Direito, que necessariamente passa por uma firme atuação estatal, imperioso que se recupere a noção de ciência da atividade administrativa, direta e completamente vinculada ao Direito. Este Direito deve possuir um cunho transformador, de projeção, para o que se tem como resposta a Crítica Hermenêutica do Direito, inaugurada por Lenio Streck, fundada na hermenêutica filosófica/filosofia hermenêutica, de Hans Georg Gadamer/Martin Heidegger e na integridade e coerência no Direito, de Ronald Dworkin, que afirma o direito fundamental à respostas corretas. O que em grande medida se faz é demonstrar que tal exigência é perfeitamente cabível na esfera da atividade administrativa e que a discricionariedade administrativa em nada difere da discricionariedade judicial, especialmente em sua função de álibi para o relativismo e para a chancela e manutenção de odiosas dominações.

SUMÁRIO

INTRODUÇÃO **15**

CAPÍTULO 1
A discricionariedade (administrativa) como trunfo argumentativo para a (des)construção do poder absoluto **25**

1.1 O desenvolvimento histórico da discricionariedade administrativa a partir do direito europeu-continental: bases filosóficas e dogmáticas 48

1.1.1 A Legalidade (Administrativa) e a Distinção entre o Público e o Privado 49

1.1.2 A Legalidade, a Atuação Estatal e seu Controle: a Discricionariedade Administrativa 58

1.2 O (inautêntico) desenvolvimento teórico brasileiro 79

1.2.1 Themístocles Cavalcanti 83

1.2.2 Francisco Campos 88

1.2.3 Hely Lopes Meirelles 91

1.2.4 Celso Antônio Bandeira de Mello 96

1.2.5 Eros Roberto Grau 101

1.2.6 Juarez Freitas 105

1.2.7 Marçal Justen Filho 107

CAPÍTULO 2
A discricionariedade administrativa como véu de legitimidade da erosão da legalidade e do Estado democrático de direito **111**

2.1 Discricionariedade administrativa e individualismo: uma incompatibilidade *ab initio*? 119

2.1.1 Individualismo, Estado (Moderno) e Discricionariedade: Democracia Delegativa? 123

2.2 Discricionariedade x liberdade: de como a teoria (brasileira) do ato administrativo privatiza o Estado de forma velada ... 127

2.2.1 Raymundo Faoro e "Os Donos do Poder" ... 128

2.2.2 Sérgio Buarque de Holanda e "Raízes do Brasil" ... 131

2.2.3 Gilberto Freyre e "Casa-grande & senzala" ... 134

2.2.4 A Formação das Relações Sociais Brasileiras e o Estado (Tripulado) – A Privatização Velada do Estado ... 136

2.2.5 Erosão da Legalidade e Incapacidade Interventiva do Estado ... 141

CAPÍTULO 3
A filosofia hermenêutica, hermenêutica filosófica e a discricionariedade administrativa: a destruição da metafísica ... 147

3.1 Indispensáveis noções de filosofia hermenêutica e hermenêutica filosófica: de como somos um diálogo ... 147

3.2 Atos vinculados como casos fáceis e atos discricionários como casos difíceis: uma dicotomia assujeitadora ... 157

3.2.1 A Indevida Cisão Entre Compreensão e Interpretação: a Linguagem não é uma Terceira Coisa entre o Sujeito e o Objeto ... 158

3.2.2 A (Pré-)Compreensão (de Constituição) e o Círculo Hermenêutico ... 161

3.2.3 Os sentidos não estão à disposição do intérprete (do Direito-Administrativo): O Direito Fundamental à Respostas Corretas ... 165

3.2.4 A Cisão entre Atos Administrativos Vinculados e Discricionários como Condição de Possibilidade para o Relativismo da Atividade Administrativa ... 168

3.2.5 De como (ao Direito) não é possível negar a inserção da faticidade no Estado Democrático de Direito ... 175

3.3 A discricionariedade (administrativa) como vontade de poder ... 181
3.3.1 A Pergunta pelo Ente (em Nietzsche) Eclipsa o Ser? ... 182
3.3.2 A Morte de Deus, a Queda do Mundo Suprassensível e o Niilismo ... 186
3.3.3 A Transmutação de Valores como Enredamento na Metafísica: a Entificação e Consequente Relativização do Direito ... 192
3.3.4 A vontade de poder como pensamento valorativo e a incompatibilidade dos preconceitos jurídicos brasileiros com o Estado Democrático de Direito ... 198
CONCLUSÃO ... 205
I. A discricionariedade (administrativa)?! ... 206
II. A crítica hermenêutica do direito como meio de quebrantamento da inautêntica discricionariedade (administrativa) 207

REFERÊNCIAS ... 227

INTRODUÇÃO

> "Eu tinha certeza de existir, simplesmente porque podia contar de noite o que me acontecia de manhã. (...). Por que é verdade. Mas não penses que te censuro. Se queres transformar-te num homem de letras, e quem sabe um dia escrever Histórias, deves também mentir, e inventar histórias, pois senão a tua História ficará monótona. Mas terás que fazê-lo com moderação. O mundo condena os mentirosos que só sabem mentir, até mesmo sobre as coisas mínimas, e premia os poetas que mentem apenas sobre coisas grandiosas"
>
> **Umberto Eco - Baudolino**

Mesmo diante dos diversos influxos predatórios, a Constituição permanece como a máxima expressão do Estado Democrático de Direito, de modo que quando relativizada sua normatividade, também são colocadas em risco todas as instituições democráticas e seculares forjadas para fulminar os governos tirânicos e absolutos, com o intuito de afastar a subjetividade do exercício do Poder, de modo a aproxima-lo da pretendida objetividade e legitimidade providas pela ideia de legalidade.

O direito em geral, e o direito público especialmente, trata a questão do controle do poder, de modo que seu objeto é disciplinar os cursos da ação dos agentes que atuam em nome do Estado, de modo a evitar que estes se prevaleçam de sua posição em detrimento dos demais cidadãos. Claro que este mesmo direito apenas pode ser compreendido historicamente, levando-se em conta os conflitos, as contradições e os diálogos que o forjaram, o que resta especialmente destacado sob o viés da Crítica Hermenêutica do Direito, em que a questão histórica, assim podemos chama-la por enquanto, assume central posição. Por essas razões o direito público é o que mais torna evidente essa relação do poder (estatal) frente aos indivíduos, a confrontação entre governantes e governados, de modo a equilibrar a relação.[1]

Ao tocar em Crítica Hermenêutica do Direito já se deve especificar desde já o lugar de fala deste trabalho, de modo que suas considerações

1. FERNÁNDEZ, Tomás-Ramón. **Del arbitrio e de la arbitrariedad judicial**. Madrid: Iustel, 2005. p. 14-15.

possam ter suas raízes imediatamente identificadas. Desvelar de raízes este, que certamente faz parte de tudo que aqui se pretende fazer. A matriz teórica posta é a hermenêutica filosófica, lastreada no método hermenêutico-fenomenológico, tendo como fundamento teórico a Crítica Hermenêutica do Direito, levada a cabo por Lenio Luiz Streck, com a qual passa a ser possível realizar uma reconstrução histórico-institucional do papel do direito no Brasil, sempre partindo do questionamento e, por consequência, de uma revisão dos temas centrais da tradição (jurídica).

Especialmente no Brasil, um país de modernidade tardia ou não realizada, observa-se a possibilidade de que a ideia moderna (com todas as implicações disto) de legalidade sofra uma verdadeira erosão por parte da vigente concepção de discricionariedade administrativa[2], que muitas vezes se apresenta como uma verdadeira blindagem à revisão jurisdicional da efetiva materialidade do ato administrativo.

Tal involucro, que muitas vezes se apresenta como inexpugnável, serve de proteção para que os indivíduos que ocupam posições na organização estatal sirvam-se deste "poder" em benefício próprio, de modo que o arcabouço teórico moderno e "maleável" lhes preste uma verdadeira função de justificação apriorística de qualquer conduta que venham a adotar, desde que inserida na noção de legalidade formal e mesmo que o resultado de tal agir seja contrário aos objetivos plasmados na Constituição.

Esta fragilidade da normatividade constitucional e do Estado Democrático de Direito, também é de muito bom tom para o grande capital transnacional e nacional, que pode manipular de forma muito mais eficiente o desmantelamento do Estado prestacional (ou do projeto que temos/tivemos no Brasil) que tanto atrapalha suas exigências, cada vez mais ligadas e necessitadas de uma desregulamentação da economia e de uma nula interferência estatal na esfera privada. Dentro de todo esse "negócio" torna-se muito lucrativo fazer as vezes de Estado, passando a prestar "serviços públicos" de forma pseudo-fiscalizada, o que apenas é possível por meio da "compra" do selo da legalidade, chancelada pela corrupção da discricionariedade.[3]

---

2. Especialmente em razão da liberdade que esta provê aos agentes estatais que atuam sob seu manto.
3. Importante destacar aqui que a presente obra não pretende defender um Estado prestacional arcaico de meados do século XX. Só o que se defende e fortemente acredita, é que o Estado não pode ser simplesmente afastado dos cidadãos, principalmente pela desculpa de sua pretensa ineficiência, tida como uma característica inerente a própria organização estatal. Conforme se verá no desenrolar do texto, em grande medida a tal ineficiência é gerada pelo próprio aparelhamento do Estado e de sua privatização interna, onde os indivíduos que fazem as vezes de agentes estatais utilizam a organização em prol de seus próprios interesses, deixando de lado as funções originalmente pensadas e formalizadas para a organização estatal. Defende-se, sim, um Estado moderno, necessariamente prestacional em face da situação brasileira, de um país de modernidade tardia, com muito ainda a avançar e toda uma Constituição a ser realizada.

Por isso, busca-se reafirmar a importância de se respeitar a lei, não na forma de um positivismo exegético, nem nos moldes da ênfase semântica proporcionada pelo positivismo normativista de cariz kelseniano, mas sim em face dos constrangimentos hermenêuticos provocados pelo texto legal, invariavelmente carregado de tradição, de historicidade, afastando-se por completo a possibilidade de relativização da normatividade do Direito e de seu pilar fundante na contemporaneidade: a Constituição. Tal se faz de importância ímpar especialmente no direito público, uma vez que o Estado acaba por ser, mesmo que em teoria (aqui não se desconhece o chamado interesse público secundário[4]), o principal meio de se alavancar e realizar os direitos fundamentais, dada ser esta a sua razão de existir.

A temática possui decisiva relevância para a sociedade civil, no sentido de que esta é a maior prejudicada em face do atual paradigma em que se encontra a concepção de discricionariedade e, consequentemente, do ato administrativo, a partir do que se torna possível a "legitimação" de decisões completamente destoantes do interesse social[5], muitas vezes revestidas pelo adaptável conceito de interesse público, que não raro presta-se a elidir os próprios direitos fundamentais, seja em seu cariz individual ou coletivo.

Quanto a importância acadêmica da temática, especificamente no direito brasileiro, a discricionariedade, desde seus baluartes teóricos, (ainda) é eminentemente vista como a margem que o direito acaba por deixar ao administrador para promover manifestações cujos fundamentos aceitam qualquer conteúdo, podendo receber orientação da política e da economia em detrimento do Direito, dentre outros, especificamente em face da indeterminação de diversos conceitos jurídicos ou de pontuais determinações normativas que acabam por fazer com que o Direito ceda.[6]

O Direito no Brasil, especialmente em sua função de regulador da atividade estatal ainda é muito semelhante ao L'État legal francês, com suas fundações eminentemente assentadas no Estado Liberal, apostando na ideia de superação do Estado de Polícia ou Estado autoritário/absolutista, suportado na hierarquia normativa decorrente da Déclaration de 1789, consagradora dos droits naturel et sacres de l'homme, pela qual dever-se-ia obedecer a

---

4. BANDEIRA DE MELLO, Celso Antônio. **Curso de Direito Administrativo**. 27. ed. São Paulo: Malheiros, 2010. p. 53-57.
5. ABBOUD, Georges. Jurisdição constitucional e direitos fundamentais. São Paulo: Revista dos Tribunais, 2011. p. 267-280.
6. CAMPOS, Francisco. **Direito Administrativo**. Rio de Janeiro: Freitas Bastos. 1958; MEIRELLES, Hely Lopes. **Direito administrativo brasileiro**. 39. ed. São Paulo: Malheiros, 2013; BANDEIRA DE MELLO, Celso Antônio. **Discricionariedade e controle judicial**. 2. ed. São Paulo: Malheiros. 2007. p. 18-32; BANDEIRA DE MELLO, Celso Antônio. **Curso de Direito Administrativo**. 30. ed. São Paulo: Malheiros. 2013.

Constituição, as leis dela derivadas, e por fim os atos (administrativos) do Executivo.[7]

Por essas razões e fundamentos reafirmar a ideia do mito do dado, ou seja, "de que as coisas são assim mesmo" e que não há como fugir da discricionariedade/liberdade interpretativa do intérprete, que leva a uma aceitável (por inescusável) margem de relativismo derivado das posições adotadas pelo sujeito ocupante da posição de agente estatal, nada mais é do que permanecer preso a uma dogmática objetificante, que por falta de oxigenação crítica acaba por transformar o Direito (que admite a discricionariedade e o "inescapável" relativismo) em um mero despachante do poder. Se não houver o constante questionamento, a constante crítica acerca de seus fundamentos, o Direito transforma-se em simples provedor de legitimidade para as posturas de dominação. De tal forma, o que aqui se propõe, nos termos da Crítica Hermenêutica do Direito, é promover uma necessária vivificação nos fundamentos do direito público brasileiro, mais especificamente dos fundamentos do direito administrativo em face da concepção de Estado que a Constituição de 1988 elegeu: o Estado Democrático de Direito.

Exatamente com este intuito, já nos encontramos na altura de explicar um dos aspectos mais relevantes do título da obra e que acabará por perseguir todo o desenvolvimento da exposição, qual seja, a expressão "discricionariedade (administrativa)", com especial ênfase aos parênteses. Como posto, em grande medida, a discricionariedade resta ligada ao relativismo e a indeterminação dos sentidos, o que também veremos mais detidamente na sequência. Diante disso, a qualificação de "administrativa" não se mostra pertinente, quiçá correta, visto que não há uma classe distinta de discricionariedade, a não ser nas palavras postas pela doutrina do direito administrativo, conforme já muito bem alertado por Tomás-Ramón Fernández[8].

Importante esclarecer que não se busca trazer algo novidadeiro, mas simplesmente repisar ideias desde há muito já postas, de modo a reafirmar seus fundamentos que são os que regem e justificam o direito público brasileiro. Isso, pois grande parte desses caminhos foram "perdidos na floresta", as "clareiras foram cobertas pela vegetação"[9] e não mais tornou-se possível encontra-los, pondo o direito como instrumento de dominação, exatamente em razão da prevalência de fundamentos que fogem de qualquer juridicidade, situando-se cada vez mais no âmbito da política. Essa mesma política passa a guiar a atividade estatal, aquela que devidamente prescrita pelo direito e

---

7. CANOTILHO, José Joaquim Gomes. **Direito Constitucional e Teoria da Constituição**. Coimbra: Almedina, 2003. p. 95.
8. FERNÁNDEZ, Tomás-Ramón. **Del arbitrio e de la arbitrariedad judicial**. p. 40-41.
9. HEIDEGGER, Martin. **Caminhos da floresta**. 2. ed. Tradução por Irene Borges-Duarte. Lisboa: Calouste Gulbenkian, 2012.

que jamais pode ser levada a cabo sem uma necessária interpretação jurídica, da qual jamais o Estado pode escapar.

Por isso, o que se persegue é relembrar os fundamentos do Estado (Democrático de Direito) e da ordem jurídica que o regula e em certa medida legitima, de modo a demonstrar que o afastamento da interpretação da normatização ou admissão do relativismo na interpretação deste direito que lhe é indissociável, é o mesmo que simplesmente jogar fora tudo o que se lhe legitima, transformando a estrutura estatal em uma quimera à serviço dos detentores do poder.

Em suma, tudo já está dito desde há muito, mas em face de seu velamento ou completa ignorância, o que aqui se pretende é uma vez mais insistir, reafirmar e relembrar tudo o que já dito, mesmo que de uma forma mais sofisticada e filosoficamente fundamentada, de modo a observar (novamente) o quão perigosa é a dominação de um indivíduo sobre o outro.

Por tais razões é que se realizará uma verdadeira desconstrução, uma "destruição" do caminho trilhado até aqui, nos moldes que nos apresentam Heidegger e Stein.[10]

O texto que se desenvolve na sequência, divide-se em três capítulos distintos, mas completamente interdependentes. No primeiro deles, constrói-se um panorama do desenvolvimento da ideia de discricionariedade administrativa, desde a Revolução Francesa, até as mais destacadas concepções hodiernas no Brasil. Passa-se pela construção da ideia sob o viés filosófico, diretamente derivada do medievo e sua necessidade de adaptação à concepção moderna de Estado, dependente diretamente da noção de legalidade, com o que se forma uma tríade que ainda perdura na atualidade: Estado-Legalidade-Discricionariedade.

A concepção posta neste primeiro movimento traz desde logo impressa a marca da matriz teórica sobre a qual erigida toda a obra: a Crítica Hermenêutica do Direito, derivada da obra de Lenio Streck, fundada na Filosofia Hermenêutica de Martin Heidegger e na Hermenêutica Filosófica de Hans-Georg Gadamer. Cinge-se na viragem linguística e na necessária quebra do aprisionamento decorrente do paradigma da subjetividade, gerado pela filosofia da consciência, que apesar de todas as estruturas filosóficas, sociológicas e jurídicas construídas sob seu primado, exatamente buscando afastar ou ao menos minimizar a influência do sujeito, acaba por gerar uma dependência perpétua da figura deste. A impressão da matriz teórica de que se parte pode ser vista desde o primeiro momento do texto, inicialmente em razão da impossibilidade de o falante velar seu lugar de fala, de acordo com a própria Crítica

10. STEIN, Ernildo. **Diferença e metafísica**: ensaios sobre a desconstrução. Ijuí: Unijuí, 2008.

Hermenêutica do Direito, dado que o texto já traz um compromisso "em si", que é o elemento regulador de qualquer enunciado que se faça a partir dele[11].

Em razão desta específica característica é que se apresenta a necessidade de um excerto explicativo, uma necessária preparação para sua compreensão, indispensável para a formação de uma necessária pré-compreensão, sem a qual o mesmo não servirá aos objetivos para os quais acabou forjado.

Exatamente em razão de não ser possível dizer "qualquer coisa sobre qualquer coisa"[12], de modo a arbitrariamente atribuir sentido a determinado texto, é que desde o primeiro momento a presente digressão não pretende estabelecer qualquer cisão entre "questões de fato e questões de direito", de modo a (pretensamente) descrever uma situação teórica para em um segundo momento criticá-la. Seria o mesmo que imaginar as coisas sem palavras, para apenas posteriormente promover tal acoplamento, ignorando que as coisas não são imaginadas em abstrato, de forma neutra e apartada da linguagem, que em verdade invade todos os espaços e constitui-se no modo de acesso ao mundo. Por isso, na construção realizada no primeiro capítulo, concomitantemente promove-se uma destruição que já leva a uma nova construção. O que é levado a cabo ao tecer críticas ao mesmo momento em que se apresenta o panorama, sem qualquer tipo de velamento argumentativo, e demonstrando como a própria construção dos institutos é incompatível com o fim que se pretende atingir.

Aqui aparece o que Heidegger chama de *Auseinandersetzung*, que traduzido ao pé da letra significa "pôr-se a parte um do outro", O que, no caso, apresenta-se como uma confrontação e que servirá de norte para a integralidade da digressão desenvolvida,. Inicialmente o termo sugere um certo afastamento entre as duas partes do embate dialógico de que se fala e o aparecimento de uma tomada de posição indispensável para a consideração crítica do que se mostra, em razão de que é sempre preciso se afastar de algo para poder vê-lo em sua identidade específica. Esse mesmo afastamento mantém uma tensão específica inerente à confrontação, à discussão entre dois, que jamais pode ser suprimida de forma autêntica[13].

---

11. É a pré-compreensão que antecipa o "em si", que se constitui no elemento regulador falado acima. Esse mesmo elemento regulador é o *als*, o "como" hermenêutico que acompanha e precede o "como" (*als*) apofântico (estrutura do texto ou enunciado manifestativo). Aqui entra a questão da ontologia fundamental, que será abordada com a necessária profundidade no decorrer do texto, mas que desde já deve ser ressaltada como o elemento fundamental do modo de ser-no-mundo (modo prático de ser-no-mundo), que já é sempre a dimensão de mundo que nos determina e que trazemos conosco, por isso (em razão da diferencia ontológica) a concepção e ao mesmo tempo hermenêutica e apofântica. Essa incindibilidade é a garantia própria contra a atribuição arbitrária de sentidos e a atribuição de sentidos arbitrários, que também são coisas diferentes. Cf. STRECK, Lenio Luiz. **Verdade e consenso**. 4. ed. São Paulo: Saraiva, 2011. p. 338.
12. Ibid., p. 192.
13. HEIDEGGER, Martin. **Nietzsche**. vol. I. Rio de Janeiro: Forense Universitária, 2010. p. VI.

Não se está a falar em hipótese alguma de qualquer forma de neutralidade científica e da conquista de um ponto de vista neutro e de uma visão pura e objetiva de determinado objeto. Este é um objetivo do superado paradigma subjetivista da filosofia da consciência. O distanciamento de que se fala é instaurador de uma proximidade, por mais contraditório que isso possa parecer, visto que é a partir dele que o pensador se afasta e conquista sua posição, ao mesmo tempo aproxima-se de forma definitiva do outro pensador a ser confrontado, o que se faz a todo o tempo no embate acadêmico, mesmo que de forma velada. Tal confrontação ainda pressupõe um horizonte, a partir do qual cada um dos dois confrontantes se revela em seu si próprio, de modo que esta não implica somente em um afastamento crítico formador de distância e de proximidade, mas a determinação de um horizonte hermenêutico que será o ponto de partida para o dissenso.

Tendo como base que interpretar é sempre ir além daquilo que se acha expresso nos textos e do que o próprio autor possuía condições de formular à época de sua produção, o que presente em Heidegger e Gadamer, mas que já aparecia em Schleiermacher, deve-se novamente trazer à colação a ideia de antecipação de sentido, de pré-compreensão. De forma contrária ao que inicialmente pode parecer, essas estruturas prévias, indispensáveis à superação do fosso que separa o intérprete do texto, não estão postas e condicionadas pelo próprio e sua subjetividade, ou seja, a pré-compreensão não pode ser manejada de forma assujeitadora pelo intérprete, visto que seria o mesmo que enaltecer ainda mais o paradigma da filosofia da consciência, entregando a chave da interpretação do sujeito. Claro, além de não ser possível. Tais estruturas prévias estão "jogadas no mundo", desde-já-sempre-postas, de modo que o intérprete vive no meio delas, também "jogado no mundo", pelo que por sempre nos movimentarmos por meio e em meio a tais estruturas prévias, sua evidência é tão intensa que acaba obscurecida.

Em face de tais questões é que o primeiro capítulo se apresenta de modo a buscar o não velamento de tais estruturas prévias, denunciando desde o primeiro momento o local de fala do intérprete e que inescapavelmente ele é desde sempre condicionado pelo mundo[14]. Enquanto permanecer a cegueira

---

14. PALMER, Richard. **Hermenêutica**. Lisboa: Edições 70, 1997. p. 136: "O termo "mundo" em Heidegger não significa o meio ambiente, objectivamente considerado, o universo tal como aparece aos olhos de um cientista. Está mais próximo daquilo a que poderíamos chamar o nosso mundo pessoal. O mundo não é a totalidade de todos os seres mas a totalidade em que o ser humano está mergulhado; o ser humano encontra-se rodeado pela manifestação dessa totalidade. Ela revela-se através de uma compreensão sempre englobante, anterior a qualquer captação. Conceber o mundo separado da pessoa é totalmente contrário à concepção de Heidegger, pois pressupõem a separação sujeito-objecto que aparece no interior do contexto relacional a que chamamos mundo. O mundo é anterior a qualquer separação da pessoa e do mundo num sentido objectivo. É anterior a qualquer "objectividade", a qualquer conceptualização: é também anterior à subjectividade, dado que tanto a objectividade como a subjectividade são concebidas dentro do esquema sujeito-objecto."

diante de tais estruturas condicionantes, com o que se as entende como assujeitáveis e consequentemente passíveis de manipulação pelo intérprete, sempre se terá a impressão de existência de um ponto neutro e "puro", a partir do qual pode ser simplesmente extraída a verdade pelo sujeito da modernidade. Mesmo assim, o ato de tomar consciência de tais estruturas prévias ainda é muito pouco para o que aqui se pretende. A mensagem a ser passada e que deve ser desde já posta no primeiro capítulo do trabalho, é a de que o mundo é sempre co-intérprete de toda interpretação.[15]

O segundo capítulo pretende demonstrar como a ideia relativista de discricionariedade, reinante tanto na concepção que privilegia o positivismo normativista de Francisco Campos e Celso Antônio Bandeira de Mello, como na visão "neoconstitucionalista", claro que na acepção panprincipiologista que damos à expressão no Brasil, acaba por servir de legitimadora para manutenção do *status quo*. Para tanto, é trazida a visão sociológica de Raymundo Faoro e sua visão patrimonialista, acompanhada de Sérgio Buarque de Holanda com sua ideia de cordialidade, além de Gilberto Freyre e seu patriarcalismo. Estes referenciais teóricos são dispostos no sentido de demonstrar como o relativismo, que pretensamente é negado por estruturas (sobrepostas) cada vez mais preenchidas pela necessidade do sujeito da modernidade apenas é progressivamente reafirmado, de maneira a reproduzir o modo de dominação das massas pela camada privilegiada, pelo estamento.

Desde já é importante ressaltar que são conhecidas as críticas sobre as obras dos autores mencionados no parágrafo anterior, as quais serão tratadas mais detidamente no próprio Capítulo, momento em que também demonstrar-se-á a congruência entre os pontos que serão "pinçados" de cada um dos autores.

---

15. Mesmo assim, deve-se ter em conta que a expressão "mundo" em Heidegger, onde abebera-se Streck, não pode ser alcançado por meio de uma paulatina extensão do conteúdo dos entes intramundanos, visto que desde já sempre nos encontramos em meio à abertura do mundo. Por isso, essa totalidade dos entes intramundanos, que efetivamente são "aquilo que é", é sempre transcendida pelo mundo. Com intuito de tratar de tal questão, Heidegger cunhou a expressão "abertura do ente na totalidade", onde sendo o mundo o campo de manifestação da totalidade do ente, ele não se manifesta em tal campo, o que não se dá na medida em que o mundo abre e as coisas vem ao nosso encontro, pelo que todas elas possuem algum modo de ser. Com tal abertura o que procura Heidegger é referir-se ao fato de o mundo ser o campo de manifestação dos entes e com isso tornar possível que as coisas apresentem-se como aquilo que são. Não se trata de uma via de aceder o mundo por meio do somatório dos diversos modos de ser dos entes, pela mera adição de ontologias regionais, da mesma forma que não se faz possível tal acessão utilizando-se de uma mera extensão do conteúdo do conjunto dos entes intramundanos. Por isso, o conceito de mundo como abertura transcendente em face do conjunto maximamente extenso dos entes, implica que se dê uma determinação do ente na totalidade, daquilo que é na totalidade, ou seja, do ser do ente na totalidade. A partir de tal ponto passa-se ao horizonte do mundo para o horizonte do ser, com base em uma constituição da verdade do ser como a medida ontológica dos entes em geral. Enfim, traduzindo em poucas palavras o que se busca realizar com a temática e a confrontação abordada é uma abertura específica do ser do ente na totalidade.

Postas as concepções sociológicas brasileiras serão evidenciados os pré-juízos que causam severos prejuízos ao Estado Democrático de Direito e que fazem da discricionariedade "administrativa" um campo mais do que fértil para sua proliferação. A análise histórica remonta ao reconhecimento de um Estado tripulado pelas elites, dominante da massa ignara, perfeitamente justificado, ora pela indeterminação do direito, ora pela multiplicidade principiológica do "neoconstitucionalismo" preso à concepção da teoria da argumentação. Na dependência de tal relativismo o Direito (administrativo) apenas limitar-se-á na reprodução de um retrato social que aí está posto há mais de quinhentos anos, traindo a missão transformadora que lhe foi repassada pela Constituição de 1988.

Na mesma esteira, fica evidente o que se denominará de erosão da legalidade, em que a normatividade de que deveria ser provida a normatização acaba por se esvair frente ao relativismo interpretativo dispensado à mesma diante de sua contrariedade aos interesses do estamento. Com isso, cada vez mais o Estado perde sua tão necessária e constitucionalmente determinada capacidade interventiva.

No terceiro capítulo adentrar-se-á na discricionariedade como vontade de poder, dando maior ênfase à questão filosófica, debatida constantemente em todo o restante do texto, mas de forma circunstancial. Serão evidenciadas as impropriedades (filosóficas) de se equiparar a discricionariedade (administrativa) à vontade de poder (Nietzsche), como sói ocorrer em terras brasileiras, eminentemente de maneira inadvertida, como quase que uma consequência "natural" e inescapável da (pretensa) indeterminação do direito.

Também aí intentar-se-á demonstrar como a ideia de incondicionalidade da vontade de poder e da discricionariedade, assim como da indeterminação do direito e sua inexorabilidade, acaba por ser uma falácia, presa a um paradigma filosófico (da filosofia da consciência) ultrapassado. Esta mesma ideia de uma filosofia calcada no indivíduo, na metafísica, mostrar-se-á incompatível com a ideia de intersubjetividade, tão indispensável ao Estado Democrático de Direito que se busca alcançar com a Constituição de 1988.

Muito disso é reproduzido na cisão (e não diferenciação) que se faz entre atos administrativos vinculados e discricionários, muito assemelhada à cisão entre casos fáceis e casos difíceis, e que acaba por reproduzir paradigma metafísico da filosofia da consciência, com todas as consequências disso. A principal delas para o que aqui se aborda, é o velamento da questão do controle das decisões estatais, sejam elas judiciais ou administrativas, de cunho executivo e não político, como se verá melhor na diferenciação a ser realizada na decorrência do texto.

Por fim, como direta consequência dessa digressão e, também como realizado ao longo de todo o texto, de maneira a cada vez mais sedimentar a necessária pré-compreensão para a apresentação da abordagem da Crítica Hermenêutica do Direito, passar-se-á à abordagem desta como meio de superação do paradigma relativista da discricionariedade (administrativa). Para tanto, será evidenciado como o direito não pode furtar-se do respeito à faticidade, da mesma maneira que tudo o mais também não consegue fazê-lo. Com isso, será proposto um caminho para que esta fuga não mais ocorra e que se possa respeitar o que prenunciado pela Constituição em seu caráter transformador e necessariamente prospectivo.

Capítulo 1

A DISCRICIONARIEDADE (ADMINISTRATIVA) COMO TRUNFO ARGUMENTATIVO[1] PARA A (DES) CONSTRUÇÃO DO PODER ABSOLUTO

De início importante retomarmos alguns apontamentos heideggerianos, essenciais para a justificação da tônica do texto, especificamente em face da Crítica Hermenêutica do Direito. A confrontação que se realizará entre diversos autores nacionais e de alhures e que por fim alcançará, já no terceiro capítulo Heidegger e Nietzsche, sempre se dá de forma histórica. Isso, pois interpretar específico pensador a partir de uma determinada abertura do ser do ente na totalidade (de um mundo, sempre), já aponta pensar a articulação de tal abertura em face das anteriores aberturas, que restam indissociavelmente articuladas.

O sentido da história de que aqui se fala, advindo de Heidegger, jamais pode ser confundido com uma análise metodologicamente fundada nos eventos ocorridos no passado, levando-se em conta seus traços estruturais específicos. A confrontação histórica referenciada não se atém ao passado como algo que se encontra distante do presente e do futuro. A ligação que se faz é com a dimensão do passado decisiva para o presente e que encerra as possibilidades para o futuro. Ao olhar para trás não se está a falar sobre um determinado acontecimento do passado, mas do próprio acontecimento do ser, que sempre continua vigente no momento que atrai e condiciona todo o futuro, de modo que a confrontação histórica se mostra dependente de uma intelecção que veio à tona de maneira inicial.

Tal projeto é o do Estado moderno, ainda vigente em seus primordiais fundamentos, como a legalidade moderna (e contemporânea!), o individualismo, determinada noção de liberdade e o positivismo, todos derivados da metafísica ocidental e da filosofia da consciência. Deste caldo surge a

1. A conotação que aqui se busca dar à noção de "trunfo" argumentativo é diversa daquela que Dworkin provê, tida como algo positivo e utilizada para enaltecer a igualdade na condição de um trunfo. No caso de que aqui se trata a ideia de trunfo remete a um álibi argumentativo que possibilita ao intérprete dar o sentido que melhor entender à prescrição normativa, que exatamente pode servir como violação da igualdade preconizada pela Constituição, especialmente em um país de modernidade tardia como o Brasil.

contemporânea (e moderna!) noção de discricionariedade administrativa, que privilegia o indivíduo como seu manipulador e consequente controlador, o que resta potencializado com o acoplamento de estruturas cada vez mais complexas no intuito de realizar tal domínio. Por isso iniciar-se-á a (des) construção que se pretende levar a cabo a partir da Revolução Francesa, desembocando no Brasil dos dias atuais.

Para que se possa falar sobre as origens e fundamentos da legalidade e da discricionariedade administrativa, com vistas a efetivamente desvelar o fenômeno e suas "obviedades", o senso comum teórico[2] que a "contamina", se faz importante que tratemos do Estado na Teoria Política Moderna[3] e sua perspectiva contratualista, origem de toda esta *ratio*.

O moderno contratualismo surge no período compreendido pelos séculos XVI a XVIII[4], possuindo estrutura básica assentada na contraposição entre o Estado de Natureza[5] e o Estado Civil, relação esta mediada pelo Contrato Social[6]. Na tradição contratualista, a visão instrumental de Estado faz com que tal instituição seja vista como uma criação artificial dos homens[7], constituindo-se em "instrumento" da vontade racional de seus "inventores", verdadeiramente utilizado como ferramenta para o atingimento de determinados fins que acabam por condicionar sua criação.[8]

Desta forma, a ideia contratualista de Estado pretende se estabelecer concomitantemente a fundação do mesmo e projetar-se como alicerce do poder político partindo de um acordo de vontades, tácito ou expresso, que acabe pondo fim ao estado de natureza[9], dando início à sociedade política, ou seja, ao estado civil.[10]

Daí o advento trazido pelo conceito de Estado Moderno, especialmente em razão do fato de que previamente, no medievo, o Poder era individualizado,

---

2. WARAT, Luis Alberto. **Introdução geral ao direito I**. Porto Alegre: Fabris, 1994.
3. STRECK, Lenio Luiz; MORAIS, José Luis Bolzan de. **Ciência política e teoria do estado**. 7. ed. Porto Alegre: Livraria do Advogado, 2010. p. 28-67.
4. Hobbes, **Leviatã** – 1651; Locke, **Dois Tratados sobre o Governo Civil** – 1690; Rousseau, **Contrato Social** – 1762.
5. Abstração que serve para justificar a superação do momento não contratualista e para legitimar a existência da sociedade política organizada, retratando estado de pretensa desordem, um ambiente dominado pelas paixões, em que configurar-se-ia situação de total insegurança e incerteza, predomínio da violência (guerra de todos contra todos) e consequente domínio dos mais fortes.
6. Em uma visão hobbesiana (que será utilizada em razão do corte metodológico útil ao desenvolvimento das ideias presentes nesta abordagem), o Contrato Social configura-se como um pacto estabelecido em favor de terceiro, firmado pelos indivíduos que no intuito de preservar de suas vidas acabam por transferir a este favorecido todos os seus poderes, expectando segurança.
7. Diversamente do que entendido pela concepção orgânica, que vê a sociedade como "natural" ao homem.
8. STRECK, Lenio Luiz; MORAIS, José Luis Bolzan de. **Ciência política e teoria do estado**. p. 28-29.
9. HOBBES, Thomas. **Leviatã**. 3. ed. Tradução: Rosina D'Angina. São Paulo: Ícone, 2008.
10. STRECK, Lenio Luiz; MORAIS, José Luis Bolzan de. **Ciência política e teoria do estado**. p. 28-29.

ou seja, integralmente concentrado em apenas uma pessoa, que detinha os instrumentos de potência, exercício, e a própria justificação de tal concentração, ao passo que com a ruptura de que se fala a dominação passa a deter fundamento lógico-racional, decorrente do próprio Contrato Social. Deriva daí a chamada "dominação burocrática" weberiana[11], onde pode ocorrer a criação ou modificação de qualquer direito mediante estatuto sancionado pela forma/procedimento correto. Em suma, separa-se a potência da justificação do Poder, pelo que se obedece ao soberano em decorrência da regra estatuída por meio do acordo de vontades.[12]

> Nessa linha, é importante registrar que, naquilo que se passou a denominar de Estado Moderno, o Poder se torna instituição (uma empresa a serviço de uma ideia, com potência superior à dos indivíduos). É a ideia de uma dissociação da autoridade e do indivíduo que a exerce. O Poder despersonalizado precisa de um titular: o Estado. Assim, o Estado precede da institucionalização do Poder, potência e autoridade. Esses elementos dão origem à ideia de Estado. Ou seja, o Estado Moderno deixa de ser patrimonial. Ao contrário da forma estatal medieval, em que os monarcas, marqueses, condes e barões eram os donos do território e de tudo que nele se encontrava (homens e bens), no Estado Moderno passa a haver identificação absoluta entre Estado e monarca em termos de soberania estatal.[13]

Disso, o que verdadeiramente nos interessa é a ideia de justificação do Poder, que passa diretamente para o estatuto, para o Contrato Social, em imediata decorrência do acordo de vontades. Em outras palavras, o Estado passa a ter uma determinada finalidade, diretamente relacionada aos indivíduos que alienaram seus poderes expectando algo em contrapartida (no caso a segurança) que sempre estará posta no acordo firmado. Com isso, caso haja descumprimento, não mais haverá justificativa sustentável para manutenção do Estado, de modo a que a relação de poder passa de *ex parte principis* para *ex parte principii.*

Reflexo disso é o Estado Absolutista, onde o rei não mais é proprietário de tudo, mas constitui-se no próprio Estado, dada sua condição de representante divino na Terra, não respondendo a quaisquer limitações de autoridade terrenas. Todavia, o rei não era proprietário dos indivíduos, como ocorria com o senhor feudal e os servos da gleba, sendo estes seus

---

11. WEBER, Max. Os três tipos de dominação legítima. **In: Sociologia**. Gabriel Cohn (org.). São Paulo: Ática, 1986.
12. Ibid., p. 40-41.
13. Ibid., p. 42

súditos. Esta noção impede a confusão entre o absolutismo e a tirania, pois o primeiro é ilimitado externamente, apenas respondendo internamente aos valores e crenças da época, não podendo ser violada sua justificação divina, ou seja, a vontade de Deus não pode ser ignorada.[14]

Em razão de tal ideia é que consideramos a afirmação de que o poder do rei não conhecia quaisquer tipos de controle, firmada nos postulados de que "the king can do no wrong" e "Le roi ne peut mal faire", minimamente ingênua, vez que tais limitações não se traduzem apenas em prescrições normativas que naquele determinado momento histórico da Europa sequer refletia as aspirações da maioria, que efetivamente acabou por dar fim ao ciclo absolutista.

Neste momento novidade também era a instituição do monopólio da tributação[15] e da violência nas mãos de apenas uma instituição: o rei/Estado. Isto indubitavelmente provia condições de segurança para o desenvolvimento das atividades da classe burguesa. Exatamente em razão da identificação entre o Estado e o rei, é que o monopólio da tributação e da força física consistia em um verdadeiro monopólio privado[16]. Isso, pois mesmo que o monarca fosse tido como uma instituição, alçado a posição de emissário de Deus, como representação do poder divino, conforme a paradigma filosófico da escolástica medieval, em especial com fundamento no argumento ontológico de Santo Anselmo[17], da quinta via de demonstração da existência da Deus e da filosofia de Estado de São Tomás de Aquino[18], ao fim e ao cabo, o poder restava ao alvedrio de um indivíduo[19].

Tal também restava reafirmado pelo paradigma renascentista, onde não se pode dizer que há uma verdadeira ruptura com a filosofia do medievo, vista a impossibilidade de "quebra" da tradição, conforme aponta Gadamer. O que efetivamente se deu foi um renascimento da antiguidade, exatamente por meio de uma releitura desta.[20] Nesta esteira, especialmente em seu Tratado das leis, Suárez nega a teoria do direito divinos dos reis, reafirmando a tese da "soberania" popular, ou seja, de que a autoridade se funda no consentimento do povo (visto que os homens foram criados a imagem e semelhança de Deus), real detentor do poder advindo de Deus, de modo que em razão disso seria capaz de destituir "soberanos" indignos de governar.

---

14. Ibid., p. 45-46.
15. Especificamente nos moldes do Estado Moderno.
16. GRAU, Eros Roberto. **A ordem econômica na constituição de 1988**. 13. ed. São Paulo: Malheiros, 2008. p. 14.
17. Rejeitado pela filosofia tomista Cf. MARÍAS, Julián. **História da filosofia**. São Paulo: Martins Fontes, 2004. p. 184.
18. Ibid., p. 141-186.
19. Isso visto sob o paradigma racionalista, moderno e, naturalmente anti-histórico.
20. MARÍAS, Julián. **História da filosofia**. p. 205.

Inobstante a mudança representada por Suárez, o fundamento para que se exerça o poder absoluto permanece em Deus, o que não muda com Descartes, que além de fazer uso do mesmo fundamento divino para "viabilizar" a ideia do cogito, recupera o argumento ontológico de Santo Anselmo.[21]

A fuga do fundamento divino ocorre apenas em Hobbes, visto que sua doutrina de Estado resta especialmente fundada no naturalismo, mesmo que deste ainda derive o movimento religioso do deísmo, segundo o qual Deus é conhecido pela razão e não o contrário.[22]

A segurança provida pelo Estado Absolutista foi crucial para o desenvolvimento da burguesia e de seus interesses nos primórdios do capitalismo, também por isso (e principalmente, talvez), ou seja, por questões econômicas, é que se deu a "alienação" do poder político em favor da entidade estatal e sua consequente delegação ao soberano.

Entretanto, na passagem do século XVIII para o XIX, a mesma "classe" já não mais se contentava em deter segurança para exercício de seu poder econômico, de modo que buscaria obter o poder político detido pela aristocracia Para tanto buscou legitimar tal tomada em um poder legal-racional, fundado em uma estrutura normativa legal, partindo de documento fundamental, chamado de "Constituição", configurado como verdadeira expressão jurídica do Contrato Social. Este processo culminou com a Revolução Francesa de 1789, que iniciou o sepultamento da ideia de Estado Absoluto[23].

Contribuindo para tal soterramento, o monopólio pessoal da violência e de tributação acabou por tornar-se público, exatamente em razão do afastamento das figuras do rei e do Estado.

Esse empoderamento apenas foi possível em face da crescente supremacia do poder legislativo, causando o que é possível chamar de um desequilíbrio no equilíbrio de poderes proposto por Montesquieu, o que já se pode ver em Locke, mesmo sendo este anterior ao primeiro. Não se pode deixar de considerar as contribuições de Rousseau e Kant para a ressaltada hipertrofia do legislativo e do princípio da legalidade, que possibilitou que aí passasse a residir a referência e justificação de poder que antes era posta sobre a figura do rei. A ideia é básica, visto que repousa na expressão da vontade popular por meio da representação realizada pelos ocupantes do parlamento que é encarregado por formalizar essa vontade por meio da lei, especificamente por meio da afirmação dos direitos do homem e na limitação do poder executivo, ainda protagonizado pela figura do monarca.[24]

---

21. Ibid., p. 223-243.
22. Ibid., p. 272-276.
23. STRECK, Lenio Luiz; MORAIS, José Luis Bolzan de. Ciência política e teoria do estado. p. 51-54.
24. OTERO, Paulo. **Legalidade e Administração Pública**. Coimbra: Almedina, 2003. p. 53.

O que se chama de princípio da legalidade administrativa surge como decorrência do "conceito democrático de lei", especificamente calcado em três postulados: a) supremacia da legalidade "democrática" sobre a legitimidade monárquica, donde advém a supremacia da instituição parlamentar sobre o executivo; b) absolutização do valor da lei, enquanto expressão da vontade popular e repositório da vontade popular, dotado do que Otero chama de uma "onipotência decisória" em face a todas as demais fontes de Direito, de modo que apenas o legislativo poderia criar o direito, também encaminhando uma hipertrofia do positivismo (exegético); c) Subordinação integral da Administração Pública à vontade expressada pelo legislativo, ou seja, da lei; de modo que o executivo restaria destituído de qualquer poder de normação não subordinado à legalidade, além de impossibilitado de atuar na ausência de norma que assim determine[25-26].

Essa ideia de vinculação da administração, do executivo, conforme será possível observar de maneira mais específica em momento ulterior, apresenta-se com um viés procedimentalista de democracia e pertencente ao que Ferrajoli chama de paleojuspositivismo, ou seja, ao positivismo primevo, exegético. Claro que a partir disso não apenas surge, mas potencializa-se a brecha para o relativismo que será exercido de sua forma plena, inicialmente no positivismo normativista, de forma confessa, para posteriormente passar ao velamento proporcionado pelas teorias da argumentação.

Em termos cronológicos Locke foi o primeiro dos pensadores que lançou as raízes filosóficas da formulação da legalidade administrativa assentada na supremacia do poder legislativo, o que fez diretamente fundado no entendimento de que é no consenso alcançado no seio da sociedade que se firmam os pilares fundamentais e a autoridade da lei. Por isso todos os poderes dimanariam do legislativo, visto que diretamente subordinados à sua produção. Mesmo assim, o próprio Locke subordina o exercício do poder legislativo à certas limitações, em que a primeira e mais significativa delas é de que este próprio não pode converter-se em um poder arbitrário e tirânico, devendo se orientar pela busca do bem comum da sociedade.[27]

Outra das destacadas limitações é a preservação da propriedade, que não seria passível de subversão pelo legislativo por ser, junto da liberdade e dos bens, a razão justificativa dos homens viverem em sociedade. Isso apresenta de forma clara a raiz liberal de toda a ideia aqui tratada e da derivação da discricionariedade.[28]

---

25. KELSEN, Hans. **A Democracia**. São Paulo: Martins Fontes, 2000.
26. OTERO, Paulo. **Legalidade e Administração Pública**. p. 53-54.
27. LOCKE, John. **Segundo Tratado sobre o Governo Civil**. Petrópolis: Vozes, 1994. p. 162.
28. OTERO, Paulo. **Legalidade e Administração Pública**. p. 55-56.

Partindo da ideia de "bem da sociedade", que deve ser perseguida incessantemente pelo legislativo, o próprio Locke demonstra como esta espécie de princípio teleológico pode servir de trunfo argumentativo, sendo capaz de justificar qualquer tipo de postura na medida em que o "intérprete" ou, no caso, utente, pode preenchê-lo com o sentido que melhor entender. Propugna Locke que deva se atribuir ao executivo a gestão de diversos assuntos, mesmo à míngua de regramento posto pelo legislativo ou mesmo em contrariedade ao que posto, que pode eventualmente perder normatividade em face do "bem da sociedade".[29] Com isso, desde seu nascedouro Locke reconhece a insuficiência (ôntica) da lei para cobrir todos as situações que a vida apresenta, de modo que aí já se encontra o gérmen da discricionariedade como liberdade argumentativa, diretamente derivada da pretensa indeterminação e insuficiência do direito.[30]

Invocando o direito natural Locke defende que necessariamente seja deixado, pelas leis, campo de livre atuação para o executivo, desde que subordinado à figura do "bem público", de modo que inclusive menciona a necessidade de que o "governante tenha poder para mitigar a severidade da lei e perdoar algumas transgressões", com o que a letra da lei poderia ser contrariada "sempre e quando favoreça o bem público e conte com a aquiescência da sociedade".[31]

Tendo isso em conta, a concepção de Locke, fundada na mencionada "prerrogativa", torna-a muito mais compatível com um "absolutismo do bom rei"[32], conforme trata Bonavides, do que um modelo político de verdadeira supremacia do legislativo e, em certa medida, democrático.

Já em Rousseau, a legalidade administrativa resta fundada na ideia de indivisibilidade da soberania, com o que se identifica com o próprio exercício da vontade geral[33], de modo que o poder legislativo aparece como único poder verdadeiramente soberano, ou o "coração do Estado"[34]. Por isso, exatamente em razão das leis serem a expressão da vontade geral, a obediência das mesmas sempre se mostra como uma expressão da liberdade[35]. De tal forma, o indivíduo encontra-se em uma relação de duas vias com o Estado, sendo uma enquanto legislador, visto que membro da coletividade soberana, e outra na condição de súdito (da lei), dado que destinatário das prescrições

29. LOCKE, John. **Segundo Tratado sobre o Governo Civil**. Petrópolis: Vozes, 1994. p. 181-186.
30. OTERO, Paulo. **Legalidade e Administração Pública**. p. 56-57.
31. LOCKE, John. **Segundo Tratado sobre o Governo Civil**. Petrópolis: Vozes, 1994. p. 181.
32. BONAVIDES, Paulo. **Do estado liberal ao estado social**. 4. ed. Rio de Janeiro: Forense, 1980. p. 49.
33. ROUSSEAU, Jean-Jacques. **O contrato social**. 3. ed. São Paulo: Martins Fontes, 1996. p. 33-36.
34. Ibid., p. 107-108.
35. Ibid., p. 25-26.

impostas pelas leis e às quais deve obediência exatamente em razão de ser seu autor. Donde falar-se em expressão da liberdade.[36]

A vontade da maioria é ideia que se apresenta como fundamento de uma democracia totalitária[37], exatamente por ser o maior número de indivíduos que a determina, impondo-se, desta feita, a liberdade[38], Em consequência de tais características a lei acaba por não poder disciplinar objetos individuais, sendo muito mais adequada para tratar de questões postas em termos gerais, donde exsurge a necessidade de generalidade e abstração. Essa especificação do caso concreto, no entendimento de Rousseau, deve ser dada pelo poder executivo, que seguindo a necessidade de manutenção da liberdade por meio da vontade geral (lei) nada mais seria do que "a força aplicada da lei"[39].

Isso muito bem demonstra Paulo Otero:

> O princípio da legalidade da administração encontra aqui os alicerces que o relacionam directamente com a legitimidade democrática, a formulação de um sentido material de lei e, por último, uma postura meramente executiva da função administrativa: a centralidade do poder legislativo e, em consequência, da lei, enquanto expressão da vontade geral, fazem da função executiva uma função de segundo plano, sem qualquer espaço autónomo e normativo de decisão e sem uma legitimidade política própria.[40]

O problema é que ao se esvaziar o conteúdo material da atividade administrativa, reduzindo-a a mera concretizadora das determinações legais, também se lhe retira qualquer tipo de controle, afinal será apenas o executivo o encarregado de dizer o direito no caso concreto e adequá-lo à situação que lhe é apresentada. Ao reduzi-la, em verdade se está hipertrofiando-a e ignorando sua importância, retirando-lhe qualquer tipo de freios, numa atividade de mitificação das leis, que posteriormente será retomada neste livro. O próprio Rousseau assim enxerga[41], ou seja, a insuficiência da lei e a necessidade de intervenção, completamento e adaptação da mesma aos casos concretos, na medida em que reconhece a necessidade de concentrar poderes no governo.[42]

Se Rousseau aposta todas as suas fichas no indivíduo, seja pela prevalência da legalidade e do poder legislativo, seja pela necessidade corretiva da

---

36. OTERO, Paulo. **Legalidade e Administração Pública**. p. 59-61.
37. OTERO, Paulo. **Legalidade e Administração Pública**. p. 61-62.
38. ROUSSEAU, Jean-Jacques. **O contrato social**. p. 23-25.
39. ROUSSEAU, Jean-Jacques. **O contrato social**. p. 112-116.
40. OTERO, Paulo. **Legalidade e Administração Pública**. p. 64.
41. ROUSSEAU, Jean-Jacques. **O contrato social**. p. 149-152.
42. OTERO, Paulo. **Legalidade e Administração Pública**. p. 64-65.

ditadura e da admissão da censura, Kant não faz diferente. Como terceiro precursor de uma concepção liberal de legalidade administrativa assentada na supremacia do poder legislativo, Kant parte de pressupostos como o iluminismo e a revolução francesa para chegar à conclusão que o homem não é uma coisa, mas um fim em si mesmo. De tal modo o homem resta dotado de uma dignidade que não tem preço, donde aparece a autonomia da vontade como expressão da liberdade humana e princípio supremo da moralidade.[43]

A "transformação" dos monopólios pessoais em monopólios públicos, apenas se opera em termos institucionais, ou seja, formais, pois o soberano acaba materialmente substituído pela burguesia que é quem efetivamente assume o controle do Estado, o qual passa a servir diretamente a seus interesses.[44]

Com a tomada do poder político pela burguesia na Revolução Francesa, apesar de utilizar toda a massa popular que não compunha a França e não era pertencente ao clero e à nobreza, este imenso contingente continuou relegado, de modo que os proprietários foram os efetivamente beneficiados, transformando todo o resto em meros proletários/operários, o que acabaria por culminar nos futuros embates políticos, que resultariam no modelo do Estado Social.

O Estado Liberal restava profundamente calcado no individualismo, especialmente como forma de romper a ideia central do absolutismo de poder emanado do soberano, enviado de Deus na Terra. Isso acabou por gerar profundo impacto na vida econômica e política dos indivíduos, consequentemente, em razão do sufrágio e do alargamento da participação eleitoral, o que acaba por alterar o conteúdo das demandas políticas, as quais passam a ser preenchidas com reivindicações sociais, muitas (ou quase todas) advindas da exploração econômica e social das classes menos favorecidas (e mais numerosas, obviamente) em decorrência da política liberal. Como não poderia deixar de ser tais demandas sociais desaguam em prestações positivas e necessário crescimento por parte do Estado, fazendo com que o liberalismo seja claramente autofágico, especialmente em razão do alargamento político proporcionado e utilizado como alavanca de seu desenvolvimento, que acaba por gerar possibilidade, ou uma necessidade, de que a "teoria antiestado" propugnada pelo mesmo seja ceifada, ou seja, alarga-se a participação política, o que gera aumento das demandas sociais em face dos "abusos liberais", exigindo intervenção estatal com o intuito de refrear tais "abusos" e assim diminuir em muito a própria liberalidade das relações econômicas.[45]

---

43. Ibid., p. 67.
44. GRAU, Eros Roberto. **A ordem econômica na constituição de 1988**. p. 15.
45. Ibid., p. 63-69.

Este é o início do chamado *Welfare State*[46], que deverá atender de modo prestacional e interventivo (especialmente no domínio econômico) as necessidades dos indivíduos que o liberalismo deu voz, encerrando a pretensa separação entre economia e política presente no "pacote" ideológico liberal.

O Direito terá papel fundamental em todas estas transformações, especialmente por meio do advento do Estado de Direito[47], desde a passagem do absolutismo para o Estado Liberal e deste para o *Welfare State*. Preliminarmente como limitador da intervenção estatal na vida dos indivíduos como modo de liberá-los dos grilhões do soberano absoluto e, posteriormente, após a implementação do autofágico liberalismo, assume a função de disciplinar a excessiva liberalidade concedida aos indivíduos, o que exige intervenções econômicas e políticas por parte do Estado. O Direito acaba por ser o meio pelo qual todas estas modificações advindas da política são efetivamente levadas a cabo e transformadas em realidade.

O Estado Liberal de Direito[48] surge como expressão jurídica da democracia liberal, o qual acaba por possuir como primordial função o estabelecimento e manutenção do Direito, cujas prescrições são definidas com o intuito de fazer com que o próprio Estado tenha seu poder limitado, com o que se acaba por separar a ideia de Estado de Direito e Estado Legal, onde o conteúdo das prescrições normativas é desimportante, de modo que apenas o confinamento de todos em face do Ordenamento, inclusive do Estado, é que se faria importante.[49]

Em suma, o Estado (Liberal) de Direito possui o intuito de limitar a atuação estatal, a intervenção do Poder Público na esfera privada, dando espaço para o desenvolvimento do indivíduo e suas potencialidades.

---

46. Importante diferir o Estado de bem-estar social ou *Welfare State* do Estado Assistencialista que se funda na característica assumida de promover a regulação em troca das garantias pela liberdade pessoal, vez que o beneficiado pela chamada "caritas protestante" era visto como não iluminado pelas bênçãos divinas, ao passo que no modelo de Bem-Estar as prestações públicas são percebidas e construídas como um direito conquistado por meio da cidadania. Ibid., p. 78.
47. STRECK, Lenio Luiz; MORAIS, José Luis Bolzan de. **Ciência política e teoria do estado**. 7. ed. Porto Alegre: Livraria do Advogado, 2010. p. 92-94: "Este Estado que se juridiciza/legaliza é, todavia, mais e não apenas um Estado jurídico/legal. Não basta, para ele, assumir-se e apresentar-se sob uma roupagem institucional normativa. Para além de uma legalidade estatal, o Estado de Direito representa e referenda um algo mais que irá se explicitar em seu conteúdo. Ou seja: não é apenas a forma jurídica que caracteriza o Estado mas, e sobretudo, a ela agregam-se conteúdos. (...) Assim, o Estado de Direito não se apresenta apenas sob uma forma jurídica calcada na hierarquia das leis, ou seja, ele não está limitado apenas a uma concepção formal de ordem jurídica, mas, também, a um conjunto de direitos fundamentais próprios de uma determinada tradição.
48. Importante anotar que o conceito de Estado de Direito possui nascimento concomitante e diretamente aliado ao próprio liberalismo, de modo a desembocar no Estado Liberal, ou seja, o ideário liberal passa a ser identificado com o princípio da legalidade.
49. STRECK, Lenio Luiz; MORAIS, José Luis Bolzan de. **Ciência política e teoria do estado**. p. 94.

Exatamente em razão de tais características, especialmente a de não exigir qualquer prestação positiva do Poder Público ou intervenção na esfera econômica, é que a Constituição do Estado Liberal era consideravelmente desprovida de normatividade[50], sendo geralmente tomada como documento de teor político, e doutrinariamente reconhecida como "Constituição Semântica"[51].

A transição do Estado (Liberal) de Direito para o Estado (Social) de Direito, já em sua "versão" de Estado Constitucional[52], se dá exatamente em razão da autofagia do primeiro, acima referenciada. Isso faz com que o segundo se erija sobre o próprio conteúdo do Estado de Direito orientado pelo individualismo liberal[53], de modo que a liberdade vai sendo paulatinamente suplantada pela igualdade, como "valor" fundante do ordenamento[54].

Com tal advento o Estado não mais deve apenas abster-se de invadir a esfera privada, ou seja, no que diz respeito ao Poder Público, o ordenamento não mais o impede de intervir na liberdade dos indivíduos, mas efetivamente

---

50. Para Hesse, "a Constituição não significa simples pedaço de papel, tal como caracterizada por Lassale", que a entendia como desprovida de força normativa, à luz dos valores predominantes no liberalismo. In: HESSE, Konrad. **A força normativa da Constituição**. Tradução: Gilmar Ferreira Mendes. Porto Alegre: Sérgio Antonio Fabris, 1991. p. 09 e 25.
51. LOEWENSTEIN, Karl. **Teoría de la Constitución**. Trad. De Alfredo Gallego Anabiarte. Barcelona: Ariel, 1975. p. 218.
52. Momento em que a Constituição deixa de ser formada e compreendida a partir do Estado e que este passa a ser conformado a partir da Constituição: "Como se explica então que, a partir do início do século XIX, a constituição passa a ter como referente o Estado e não na sociedade? Como é que a constituição é transmutada de constituição da República em constituição do Estado? Poderemos avançar três razões fundamentais, embora se deva ter em conta que não se trata de um processo linear nem de uma história conjugada no singular. A primeira razão – de cariz histórico-genético – reporta-se à evolução semântica do conceito. Quando, nos processos constituintes americano e francês, se criou a constituição como lei conformadora do corpo político passou a entender-se que ela "constituía" os "Estados Unidos" dos americanos ou o "Estado-Nação" dos franceses. A segunda razão – de natureza político-sociológica – relaciona-se com a progressiva estruturação do Estado Liberal cada vez mais assente na separação Estado-Sociedade. Os códigos políticos – as constituições e os códigos administrativos – diziam respeito à organização dos poderes do Estado; os códigos civis e comercial respondiam às necessidades jurídicas da sociedade civil. Em terceiro lugar, pode apontar-se uma justificação filosófico-política. Sob a influência da filosofia hegeliana e da juspublicística germânica, a constituição designa uma ordem – a ordem do Estado. Ergue-se, assim, o Estado a conceito ordenador da comunidade política, reduzindo-se a constituição a simples lei do Estado e do seu poder. A constituição só se compreende através do Estado. O conceito de Estado Constitucional servirá para resolver este impasse: a constituição é uma lei proeminente que conforma o Estado. In CANOTILHO, José Joaquim Gomes. **Direito Constitucional e Teoria da Constituição**. Coimbra: Almedina, 2003. p. 88-89.
53. STRECK, Lenio Luiz; MORAIS, José Luis Bolzan de. **Ciência política e teoria do estado**. p. 96.
54. Nesse passo é que se afirma que "(...) em meados do século XIX, atribui-se ao Estado a missão de buscar a igualdade entre os cidadãos; para atingir essa finalidade, o Estado deve intervir na ordem econômica e social para ajudar os menos favorecidos, a preocupação maior desloca-se da liberdade para a igualdade." In: DI PIETRO, Maria Sylvia Zanella. A defesa do cidadão e da res publica. **Revista do Serviço Público**, Fundação Escola Nacional da Administração Pública, Brasília, ano 49, n. 2, abr./jun. 1998, 1998. p. 127.

comanda-o a promover prestações, de modo que isso significa uma verdadeira mudança da própria noção de legalidade[55].

Diante desta conformação a Constituição não mais poderia ser desprovida de força normativa, inviabilizando sua caracterização como documento eminentemente político, ou seja, a concepção de Constituição semântica sucumbe, o que acaba por alterar a noção de separação entre esferas pública e privada, por óbvio, muito bem definida no Estado (Liberal) de Direito.

Todavia, na vigência do Estado Social de Direito, já transformado em Estado Constitucional[56], exatamente em razão da necessária intervenção estatal na esfera exclusivamente privada de outrora, as fronteiras entre o público e o privado tornaram-se muito tênues, senão acabaram por esmaecer-se, de modo que a atuação da Administração assume contornos fundamentais para a implementação das garantias individuais e coletivas previstas na Constituição e espraiadas por todo o ordenamento. A partir disso, tem-se que diante da ausência de um efetivo controle da atividade administrativa, ainda fundada na tradicional noção de discricionariedade advinda da ruptura institucional ocorrida na Revolução Francesa, berço do Estado Liberal, não há como garantir-se a efetividade e autonomia do direito.

O mesmo ocorre com a "evolução"[57] do Estado Social de Direito: o Estado Democrático de Direito. Este decorre da insuficiência do modelo anterior no intuito de suplantar as deficiências na prevalência da igualdade em detrimento da exacerbada liberdade do Estado Liberal, a partir do que se parte para a tentativa de fundir o ideal democrático e o Estado (Social) de Direito.[58]

A grande diferença do Estado Democrático de Direito para o Estado (Social) de Direito, é que o primeiro resta configurado como um verdadeiro projeto de transformação social, não se restringindo como o segundo, a uma adaptação (quase que darwiniana) das condições sociais de subsistência providas pelo liberalismo clássico, conforme posto pelo Estado (Liberal) de Direito, com o que passa a buscar-se também a efetiva participação pública no processo de (re)construção de uma nova sociedade. O conteúdo de transformação do status quo é fundamental para estabelecimento da decisiva diferença entre os modelos anteriores e o Estado Democrático de Direito, que representa uma verdadeira mudança de rumo no conceito de Estado.[59]

---

55. "A transformação do Estado Liberal de Direito não se dá, assim, apenas no seu conteúdo finalístico, mas, também na reconceitualização de seu mecanismo básico de atuação, a lei." In: STRECK, Lenio Luiz; MORAIS, José Luis Bolzan de. **Ciência política e teoria do estado**. p. 97.
56. CANOTILHO, José Joaquim Gomes. **Direito Constitucional e Teoria da Constituição**. Coimbra: Almedina, 2003. p. 92-99.
57. Que na verdade pode considerar-se como uma verdadeira ruptura.
58. STRECK, Lenio Luiz; MORAIS, José Luis Bolzan de. **Ciência política e teoria do estado**. p. 97.
59. Ibid., p. 97-98

Neste contexto, além de a Constituição adquirir força normativa, passa a ser um instrumento que efetivamente acaba por definir os rumos do agir político-estatal, de modo que passa a indicar o que fazer e o governo determina o "como" fazer, consubstanciando o que pioneiramente denominou Peter Lerche de Constituição Dirigente[60]. A emersão de tal fenômeno apenas acabou por ser possível no Estado Democrático de Direito, uma vez que é através do documento fundamental que determina os caminhos que o Estado deve seguir e que a democracia melhor se expressa. Ou seja, quem determina os rumos e as eventuais mudanças é a própria sociedade, de modo a evitar que o Estado se petrifique e passe a ser utilizado em prol de um grupo dominante.[61]

O "encarregado" de todas essas transformações passa a ser o Direito, aqui impulsionado pela ideia de legalidade decorrente da Revolução Francesa[62], de caráter moderno e liberal, como não poderia deixar de ser, mas que evolui conjuntamente com o Estado, adequando-se às "pretensões" do Estado Democrático de Direito e que em face da Administração Pública deixa de ser um limitador de suas atividades perante a esfera privada dos indivíduos[63], passando a efetivamente ordenar a concretização de diversos direitos, diretamente dependentes de uma manifestação comissiva e interventiva da organização estatal.

Exatamente como uma "válvula de escape" à impossibilidade da lei em prever todas as hipóteses de abstenção ou intervenção da Administração Pública, é que surge a discricionariedade, como um modo de "amoldar" a legalidade (sempre a respeitando) em face das características do caso concreto enfrentado pelo aparelho estatal, num nítido movimento de reconhecimento da insuficiência do positivismo exegético. Inovação esta, especialmente útil a um Estado interventivo, como o reclamado no momento pós-liberal.

Um dos vieses da discricionariedade é o poder normativo concedido à Administração Pública, de modo a "complementar" a legislação produzida pelo parlamento e que vincula sua própria atuação[64], além da dos cidadãos.[65]

---

60. LERCHE, Peter. Übermass und Verfassungsrecht: Zur Bildung des Gezetzgebers an die Grundsätze der Verhältnismässigkeit und der Erforderlichkeit. 2ª Goldbach, Keip Verlag, 1999, p. 60 e segs. *apud* STRECK, Lenio Luiz; MORAIS, José Luis Bolzan de. **Ciência política e teoria do estado**. p. 106-107.
61. STRECK, Lenio Luiz; MORAIS, José Luis Bolzan de. **Ciência política e teoria do estado**. p. 105.
62. BERMAN, George; PICARD, Etienne. **Introdução ao direito francês**. Rio de Janeiro: Forense, 2011. p. 90-94.
63. O que se justificava em razão do mito da igualdade reinante entre todos, o qual apenas poderia ser prejudicada por uma intervenção estatal desmedida e interventiva.
64. GRAU, Eros Roberto. **O direito posto e o direito pressuposto**. 8. ed. São Paulo: Malheiros, 2011. p. 183-186.
65. Deste poder normativo decorre a "inflação normativa" que acaba por servir como mais um instrumento de opressão da grande massa de cidadãos, em sua maioria excluídos, pelos estamentos que ocupam, "aparelham", a máquina do Estado, conforme se verá adiante.

Ademais, especificamente no direito brasileiro, a discricionariedade, desde seus baluartes teóricos, (ainda) é eminentemente vista como a margem que o direito acaba por deixar ao administrador, especificamente em face da indeterminação de diversos conceitos jurídicos ou de pontuais determinações normativas que acabam por fazer com que o direito ceda espaço para a manifestação de outros campos afetos à gestão pública, como a política e economia. Tudo visando a implementação do que preleciona o ordenamento no caso concreto.[66]

Nesse sentido, a legalidade ainda é vista como preenchedora, enquanto noção formal, de todos os espaços nos quais estaria em pauta qualquer debate acerca da legitimidade do direito[67], ou, no caso, das leis em face da Constituição, obstando a realização do Estado Democrático de Direito, que exatamente em decorrência de seu viés democrático pós-revolucionário e pós-liberal, apenas pode se realizar no Estado Constitucional, com o que também acabam vedadas as realizações das promessas da modernidade.

> Em primeiro lugar, é necessário considerar que a aspiração pelo Estado de Direito é nutrida pelas elites. A lei, para a grande maioria da população, nas sociedades latino-americanas, é um dado de pura abstração, inteiramente dissociado da realidade na qual imersa essa maioria. Em nada, absolutamente em nada, contribui a legalidade, enquanto apenas expressão formal do Estado de Direito, para alterar as condições sociais de existência dos economicamente desprivilegiados, no modo de produção capitalista.
>
> Por outro lado, a dogmática do direito público, que o cinde em direito constitucional e direito administrativo, constrói uma noção, para este último, em torno da legalidade que é, no mínimo, paradoxal. O direito administrativo, ao mesmo tempo em que é concebido como provedor da defesa do indivíduo contra o Estado, apresenta como princípio fundamental o da supremacia do interesse público; e isso ocorre sem que, em regra, seja questionada a dissociação entre interesse público – interesse cujo titular é o Estado – e interesse social – cujo titular é a sociedade.[68]

O que efetivamente ocorre é que a legalidade, ainda fundada em um prisma (neo)liberal, exatamente no sentido de servir muito mais como um

---

66. CAMPOS, Francisco. **Direito Administrativo**. Rio de Janeiro: Freitas Bastos. 1958; BANDEIRA DE MELLO, Celso Antônio. **Discricionariedade e controle judicial**. 2. ed. São Paulo: Malheiros. 2007. p. 18-32; BANDEIRA DE MELLO, Celso Antônio. **Curso de Direito Administrativo**. 27. ed. São Paulo: Malheiros. 2010. p. 430-443.
67. GRAU, Eros Roberto. **O direito posto e o direito pressuposto**. p. 167.
68. Ibid., p. 168-169.

limite para a atividade administrativa frente aos indivíduos do que uma ordem para que esta se manifeste no sentido de favorecer a coletividade, acaba por prestar-se a legitimar a posição dos estamentos[69] que terminam por "aparelhar" a própria Administração Pública, fazendo com que esta atue em favor de seus interesses e de forma efetivamente desfavorável a grande massa de excluídos, em contrariedade ao que determinado pela Constituição.

Exatamente em razão da não superação deste pensamento a legalidade acaba por não possuir qualquer preenchimento substancial[70], servindo como verdadeira capa de sentido – uma regra de reconhecimento[71] – para a

---

69. Categoria de origem weberiana, que nos interessa no viés trabalhado por Raymundo Faoro. FAORO, Raymundo. **Os donos do poder**. 3. ed. São Paulo: Globo, 2001. p. 60-67: "A realidade do Estado patrimonial, afastada a situação feudal, que ensejaria uma confederação política, amadureceu num quadro administrativo, de caráter precocemente ministerial. A direção dos negócios da Coroa exigia o trato da empresa econômica, definida em direção ao mar, requeria um grupo de conselheiros e executores, ao lado do rei, sob a incontestável supremacia do soberano. (...) Para isso, o Estado se aparelha, grau a grau, sempre que a necessidade sugere, com a organização político-administrativa, juridicamente pensada e escrita, racionalizada e sistematizada pelos juristas. Esta corporação de poder se estrutura numa comunidade: o estamento. Para a compreensão do fenômeno, observe-se, desde logo, que a ordem social, ao se afirmar nas classes, estamentos e castas, compreende uma distribuição de poder, em sentido amplo – a imposição de uma vontade sobre a conduta alheia. (...) O estamento político – de que aqui se cogita, abandonado o estamento profissional, por alheio ao assunto – constitui sempre uma comunidade, embora amorfa: os seus membros pensam e agem conscientes de pertencer a um mesmo grupo, a um círculo elevado, qualificado para o exercício do poder. (...) Ao contrário da classe, o estamento não vinga a igualdade das pessoas – o estamento é, na realidade, um grupo de membros cuja elevação se calca na desigualdade social. À abertura das classes, para as quais basta a dotação de meios econômicos ou de habilitações profissionais para integrá-las, opõe-se a tendência à exclusão dos recém-vindos, dos *parvenus*, não raro aceitos na camada senão depois de mais de uma geração. A entrada no estamento depende de qualidades que se impõem, que se cunham na personalidade, estilizando-lhe o perfil. (...) O estamento supõe distância social e se esforça pela conquista de vantagens materiais e espirituais exclusivas. As convenções, e não a ordem legal, determinam as sanções para desqualificação estamental, bem como asseguram privilégios materiais e de maneiras. O fechamento da comunidade leva à apropriação de oportunidades econômicas, que desembocam, no ponto extremo, nos monopólios de atividades lucrativas e de cargos públicos. (...) Significa esta realidade – o Estado patrimonial de estamento – que a forma de domínio, ao contrário da dinâmica da sociedade de classes, se projeta de cima para baixo. Todas as camadas, os artesãos e os jornaleiros, os lavradores e os senhores de terras, os comerciantes e os armadores, orientam suas atividades dentro das raias permitidas, respeitam os campos subtraídos ao controle superior, submetem-se a regras convencionalmente fixadas. Junto ao rei, livremente recrutada, uma comunidade – patronato, parceria, oligarquia, como quer que a denomine a censura pública – manda, governa, dirige orienta, determinando, não apenas formalmente, o curso da economia e as expressões da sociedade, sociedade tolhida, impedida amordaçada. (...) Há, com a emergência do fenômeno, um tipo de Estado que não se confunde com o Estado absoluto, bem como um tipo de comunidade dirigente do grupo de funcionários. As duas realidades, absolutismo e funcionalismo, estão em germe no Estado patrimonial de estamento, sem com elas se identificar."
70. Dado que diante do paradigma de Teoria do Estado que nos encontramos, se algum preenchimento houvesse, este deveria ser no sentido do privilégio da sociedade e não dos indivíduos e suas pretensas liberdades diante de uma falaciosa igualdade.
71. HART, Herbert Lionel Adolphus. **O conceito de direito**. São Paulo: Martins Fontes, 2009. p. 129-142: "Contudo, só podemos apresentar claramente essas verdades e avaliar corretamente sua importância se supusermos um contexto social mais complexo no qual, para a identificação de normas primárias de obrigação, seja aceita e utilizada uma norma secundária de reconhecimento. Se algo merece ser denominado fundamento de um sistema jurídico, trata-se dessa situação. (...) Onde quer que essa

atividade discricionária da Administração Pública. A qual também acaba por ser cava, possibilitando a infiltração de perversos influxos mercadológicos na atividade estatal que deveria restar juridicamente regulada, também partindo do pressuposto que o Direito não deveria ser predado pela economia.

> A política de legalidade, desta sorte, conduz à neutralidade axiológica do direito e à anulação do direito de resistência contra o direito ilegítimo. O que importa, desde a perspectiva instalada na consagração do princípio, tal como ainda atualmente concebido, é que as normas jurídicas sejam rigorosamente cumpridas. Importam os meios, à custa dos fins. Por consequência, a legalidade assume o caráter de dogma.[72]

Especificamente no Brasil, de forma ainda mais acentuada do que ocorrido com o Estado (Social) de Direito, especialmente com o advento do Estado Constitucional, o controle da atividade administrativa faz-se fundamental para efetividade de todo o ordenamento e para o modelo de Estado que se planeja. Especialmente em razão das presumíveis resistências em face da transformação buscada.

A questão da relação cordial[73] e em certa medida familiar que o brasileiro estende para a atividade estatal da qual participa como agente é tratada de forma bastante pertinente para a abordagem aqui realizada, especificamente por Sérgio Buarque de Holanda, notadamente quando frisa a oposição entre as vontades particularistas mantidas no seio da entidade familiar e o fim coletivista do Estado:

> O Estado não é uma ampliação do círculo familiar e, ainda menos, uma integração de certos agrupamentos, de certas vontades particularistas, de que a família é o melhor exemplo. Não existe, entre o círculo familiar e o Estado, uma gradação, mas antes uma descontinuidade e até uma oposição. A indistinção fundamental entre as duas formas é prejuízo romântico que teve os seus adeptos mais entusiastas durante o século XIX. (...) só pela transgressão da ordem doméstica e familiar é que nasce o Estado e que o simples indivíduo se faz cidadão, contribuinte, eleitor, elegível, recrutável e responsável, ante as leis da cidade.[74]

---

norma de reconhecimento seja aceita, tanto os indivíduos quanto as autoridades públicas dispõem de critérios válidos para a identificação das normas primárias de obrigação. Os critérios assim disponibilizados podem, como vimos, assumir qualquer uma, ou mais de uma, dentre diversas formas; a um ato legislativo; à prática consuetudinária; a declarações gerais de pessoas específicas; ou, em casos particulares, a decisões judiciais anteriores sobre casos específicos."

72. GRAU, Eros Roberto. **O direito posto e o direito pressuposto**. p. 173.
73. Importante asseverar que não se faz qualquer juízo de valor depreciativo.
74. HOLANDA, Sérgio Buarque de. **Raízes do Brasil**. 26. ed. São Paulo: Companhia das Letras, 1995. p. 141.

Obviamente que tais características sociais espraiam-se para a atividade estatal, dificultando sobremaneira a distinção entre os domínios do privado e do público aos indivíduos ocupantes de posições na organização estatal que acaba, em grande parte, perdendo seu essencial caráter burocrático (weberiano) e ganha um viés patrimonial[75], onde a gestão da coisa pública se mostra como um assunto de interesse particular destes, deixando evidente a falta de uma ordenação impessoal, essencial ao "triunfo" do idealizado Estado burocrático.[76]

> No Brasil, pode dizer-se que só excepcionalmente tivemos um sistema administrativo e um corpo de funcionários puramente dedicados a interesses objetivos e fundados nesses interesses. Ao contrário, é possível acompanhar, ao longo de nossa história, o predomínio constante das vontades particulares que encontram seu ambiente próprio em círculos fechados e pouco acessíveis a uma ordenação impessoal.[77]

Observe-se que esta erosão da legalidade[78] pelos influxos de uma discricionariedade utilizada com o fito de privilegiar interesses egoísticos ao invés de realizar a missão constitucional atribuída ao Estado, desemboca e influi de forma concomitante em todas as crises do Estado apontadas por Bolzan de Morais.[79] Assim, estas deixam de ser decorrentes passando a ser simultâneas e potencializadoras umas das outras.

Evidente que a crise mais potencializada com a peculiar prática (brasileira) é a constitucional/institucional[80] e que Paulo Bonavides chama de "golpe institucional por meio da derrubada da Constituição"[81], dado que este é exatamente o instrumento maior da legalidade (Constitucional), que coaduna os conteúdos políticos definidos pela sociedade e que acaba por racionalizar o exercício do poder e das relações entre o Estado e a Sociedade Civil[82].

---

75. Fala-se de um patrimônio político que acaba por tornar completamente subjetivas e políticas (para não dizer promíscuas) as relações mantidas internamente entre os agentes do Estado e para com os particulares interessados na gestão pública, onde "a escolha dos homens que irão exercer as funções públicas faz-se de acordo com a confiança pessoal que mereçam os candidatos, e muito menos de acordo com as suas capacidades próprias. Ibid., p. 146.
76. Ibid., p. 145-146.
77. Ibid. p. 146.
78. OTERO, Paulo. **Legalidade e Administração Pública**. Coimbra: Almedina, 2003. p. 893-955.
79. BOLZAN DE MORAIS, Jose Luis. **As crises do estado e da constituição e a transformação espaço--temporal dos direitos humanos**. 2. ed. Porto Alegre: Livraria do Advogado, 2011. p. 25-81.
80. Ibid., p. 51-56;
81. BONAVIDES, Paulo. **Do País Constitucional ao País Neocolonial**. 4. ed. São Paulo: Malheiros, 2009.
82. MORAIS, Jose Luis Bolzan. **As crises do estado e da constituição e a transformação espaço-temporal dos direitos humanos**. p. 51.

Toda esta flexibilização do poder normativo da Constituição, como documento jurídico-político, possibilita uma política de escusa "colonização econômica" do direito[83], pondo toda a democracia e as demais conquistas da modernidade à mercê dos influxos mercadológicos, especialmente por meio do afastamento dos limites impeditivos à atuação dos agentes econômicos hegemônicos, que passam a movimentar-se sem qualquer limite ou freio, subjugando toda a coletividade a seus auspícios e "domesticando" a democracia.[84]

É possível afirmar que, a partir do fenômeno abordado, incrementa-se o que posto por Bolzan de Morais[85] e Lenio Streck[86], exatamente em razão da economia[87] tornar-se o principal predador da autonomia do direito, de modo que a Crise Constitucional (Institucional) alastra-se por todas as demais crises do Estado, apresentando-se como uma verdadeira doença degenerativa, um câncer que mina a ideia de Estado.

O que parece ser uma grande inovação que permite esta verdadeira tomada do poder "por dentro" do Estado é a união dos estamentos com os interesses econômicos dominantes, originalmente apartados[88] e muitas vezes conflitantes, mas que, diante da possibilidade de benefício mútuo no caso de atividade conjugada, acabam por se unificar.

Inobstante isso, ao se observar o quadro de forma um pouco mais profunda, este tipo de relação subversiva mostra-se completamente autofágica e paradoxal, especialmente para os estamentos que viabilizam a erosão da legalidade por meio de uma espécie de "corrupção sistêmica"[89], nos moldes propostos por Marcelo Neves, derivada de uma inicial concepção

---

83. Fenômeno também referenciado por Lenio Streck, quando coloca a economia como um dos três "predadores externos" ou "exógenos" do direito: "Em outras palavras, sustentado no paradigma do Estado Democrático Constitucional, o direito, para não ser solapado pela economia, pela política e pela moral (para ficar apenas nessas três dimensões), adquire uma autonomia que, antes de tudo, funciona como uma blindagem contra as próprias dimensões que o engendra(ra)m. No fundo, a análise econômica do direito (AED) se insere no conjunto de discursos predadores do direito (e de sua autonomia), ao lado da política e da moral (lembremos o viés corretivo assumido pela moral no interior das teorias argumentativas, em especial a de Alexy). Estes podem ser denominados "predadores externos"; já os "predadores internos" são incontáveis e encontram terreno fértil na dogmática jurídica (senso comum teórico dos juristas) e até mesmo em algumas teorias críticas, valendo referir as teses que pretendem relativizar a coisa julgada, a substituição do direito legislado pela jurisprudencialização e, talvez o mais perigoso de todos, a discricionariedade judicial (caminho para arbitrariedades)." STRECK, Lenio Luiz. **Verdade e consenso**. p. 212.
84. Ibid., p. 52.
85. BOLZAN DE MORAIS, Jose Luis. **As crises do estado e da constituição e a transformação espaço-temporal dos direitos humanos**. p. 51-56.
86. STRECK, Lenio Luiz. **Verdade e consenso**. p. 212.
87. Diretamente movida pelos interesses egoísticos dos "tripulantes" do aparato estatal, que o subvertem de modo a vergá-lo em face das benesses pessoais que pretendem auferir.
88. FAORO, Raymundo. **Os donos do poder**. p. 60-67.
89. NEVES, Marcelo. **Entre Têmis e Leviatã: uma relação difícil**. São Paulo: Martins Fontes, 2006. p. 236-244.

Luhmaniana[90], dado que fazem parte de um Estado que perde soberania[91]. Em suma, inicialmente pode haver um benefício que a médio ou longo prazo apresentar-se-á como uma inconteste fragilidade perante a marginalização que os próprios estamentos serão expostos, dado que estes apenas acabam por sobressaírem-se socialmente em razão de um Estado que ao fim e ao cabo "sabotam" dia após dia. Se trata de um evidente paradoxo.

Diante deste quadro, vê-se que tal postura somente gera mais exclusão e incremento das desigualdades presentes nos países de modernidade tardia, vez que apenas os já incluídos possuem capacidades de acessar as "prestações" (os chamados serviços públicos) essenciais.[92]

De tudo isso, o que efetivamente pode-se observar é uma paulatina erosão da soberania, concomitante a da legalidade, por meio da discricionariedade (em grande parte) praticada no Brasil, que acaba por simbolizar um tipo de "comercialização" das conquistas da modernidade e do próprio liberalismo, que como todo ato de troca comercial implica a alienação ou entrega de algo em favor do recebimento de outro bem, seja ele material ou imaterial.

Afora o principal problema desta prática, que é o de dispor de um direito do qual não se é titular, denotando uma tremenda ausência de postura republicana, tem-se algo que parece simples, mas que é fundamental

---

90. Diante de tal matriz teórica, cumpre firmar posição que apenas referencia-se a mesma em razão da pertinência do específico conceito de "corrupção sistêmica" para o assunto tratado, especificamente para os países periféricos, como o Brasil, também chamados por Marcelo Neves de países de modernidade periférica. De um todo, a teoria dos sistemas de Niklas Luhmann, trabalhada por Marcelo Neves, não se adequa ao paradigma teórico ao qual filiam-se as críticas traçadas no presente trabalho, diretamente ligadas à hermenêutica filosófica de cunho gadameriano e à filosofia hermenêutica de cunho heideggeriano, trabalhadas pela Crítica Hermenêutica do Direito, construída por Lenio Streck (em certa medida utilizada e desenvolvida por Bolzan de Morais em sua visão crítica acerca dos predatórios influxos econômicos sobre o Estado de Direito) com pilares fincados nestes marcos acadêmicos que acabam por rechaçar a relação sujeito-objeto e a filosofia da consciência, que servem de fundamento para o desenvolvimento de todo o pensamento sistêmico de Niklas Luhmann e Marcelo Neves.
91. BONAVIDES, Paulo. **Teoria Geral do Estado**. 9. ed. São Paulo: Malheiros, 2012. p. 35: "O Estado Moderno já manifestava traços inconfundíveis de sua aparição cristalizadora naquele conceito sumo e unificador – o de soberania, que ainda hoje é seu traço mais característico, sem embargo das relutâncias globalizadoras e neoliberais convergentes no sentido de expurgá-los das teorias contemporâneas de poder. A base da justificativa dessa pretensão aniquiladora daquele conceito consiste em apontar uma realidade distinta, imposta por novos modelos associativos de mútua interdependência estatal, os quais, para ganharem eficácia e prevalência na conjuntura globalizadora, buscam a todo transe remover e apagar e amortecer o conceito de soberania. E tais diligências destrutivas da autodeterminação das Nações se fazem com muito empenho, porque a soberania nacional é óbice à soberania dos mercados."
92. "O que chama atenção aqui é que a fórmula includente do Estado Social vem substituída por estratégias individuais ou corporativas de proteção contra perigos e riscos, sendo que aqueles outros – os excluídos – não têm chance de se assegurarem contra os mesmos, ficando sujeitos às prestações públicas já, agora, subsidiárias". BOLZAN DE MORAIS, Jose Luis. A atualidade dos direitos sociais e a sua realização estatal em um contexto complexo e em transformação. In: STRECK, Lenio Luiz; ______ (Orgs.). **Constituição, sistemas sociais e hermenêutica**: anuário do programa de Pós-Graduação em Direito da UNISINOS. Porto Alegre: Livraria do Advogado, 2010, pp. 101-119.

para o entendimento da autofagia mencionada: quando se aliena algo, não mais é possível dispor deste, que no caso é o meio de produção das benesses ou concessões estatais utilizadas pelos agentes estatais (estamentos) que se apropriam de seu poder decisório com o fito de obter vantagens pessoais.

Observe-se que não se fala de uma simples corrupção que seja capaz de ser abarcada pela atual e dominante concepção de discricionariedade administrativa vigente no Brasil, mas de "escolhas"/decisões aparentemente adequadas ao ordenamento e, portanto, insindicáveis, que acabam por mostrar-se extremamente danosas aos próprios fundamentos materiais do mesmo.

García de Enterría demonstra que o tema central do direito administrativo é o controle da discricionariedade, o que faz especialmente fundado no juspublicista estadunidense Bernard Schwartz, quando este indaga "¿de *qué trata el Derecho Administrativo si no es del control de la discrecionalidad?*".[93]

Dá-se tal importância à discricionariedade e seu necessário controle vez que é por meio de tal expediente que se manifesta o Estado em todos os seus vieses, ou seja, é fazendo uso do "poder"[94] discricional que a entidade estatal deve levar a cabo todos os seus misteres constitucionalmente definidos, especialmente os objetivos fundamentais da república dado o inescusável caráter dirigente de nossa Constituição[95].

---

93. ENTERRÍA, Eduardo García de. **Democracia, jueces y control de la administración**. 3. ed. Madrid: Civitas, 1997. p. 31.

94. Apesar da modificação do conceito de poder discricional ao longo do tempo, que deve ser especialmente ressaltado após a colocação de Celso Antônio Bandeira de Mello (Cf. BANDEIRA DE MELLO, Celso Antônio. **Discricionariedade e controle judicial**. 2. ed. São Paulo: Malheiros. 2007. p. 14-16.), de que o poder se trata de mero instrumento para o cumprimento do dever da Administração, a abordagem que se pretende realizar funda-se em demonstrar que a mera alteração conceitual, quase que nominalista, do conceito de discricionariedade não possui o condão de fazer com que a atividade estatal deixe de se traduzir na vontade assujeitadora dos indivíduos que restam alçados na condição de agentes estatais, de modo a desvirtuar a função da instituição, especialmente em um regime democrático. Aliás, a mera mudança de denominação do conceito, olvidando-se da imperativa (des)construção ontológica que deve sofrer o fundamento teórico da atividade estatal no Brasil, nada mais é do que uma nova manifestação assujeitadora de nossa academia, ainda presa à filosofia da consciência, que efetivamente busca alterar o ser por meio do ente, como se a forma de ser-no-mundo fosse capaz de ser modificada com uma mera modificação textual, onde palavras ainda estariam presas às coisas, de modo que restaria possível alterar a "essência" da atividade administrativa apenas por meio da mudança meramente textual de sua descrição teórica. No fundo, isso nada mais é do que clara manifestação da vontade de poder de que nos falou Nietzsche, devidamente tratada por Heidegger posteriormente, e adiante abordado.

95. Como muito bem posto por Lenio Streck e José Luis Bolzan de Morais ao comentar o artigo 3º da Constituição de 1988, "não há referência de norma similar no constitucionalismo brasileiro anterior à 1988". Cf. STRECK, Lenio Luiz; BOLZAN DE MORAIS, José Luis. Comentário ao artigo 3º In: CANOTILHO, J.J. Gomes; MENDES, Gilmar Ferreira; SARLET, Ingo Wolfgang; ______ (Coords.). **Comentários à Constituição do Brasil.** São Paulo: Saraiva/Almedina, 2013. p. 146-150: "I. Com a opção presente no art. 1º - Estado Democrático de Direito – a Constituição brasileira de 1988 inegavelmente incorpora a tese do constitucionalismo dirigente e compromissório. Como se identifica com o constitucionalismo português emergente da Revolução do Cravos, no contexto do processo de redemocratização de Portugal, após longo período de autoritarismo. Tal proposta, contida no texto constitucional português, assume um texto de caráter revolucionário, na medida em que até mesmo especificava

Ao fim e ao cabo, se não for possível controlar a discricionariedade administrativa, não se poderá controlar a atividade estatal, fazendo com que todas as mudanças previstas em nossa Constituição acabem por verdadeiramente perder normatividade, retornando ao que Karl Loewenstein chamou de constituições semânticas, típicas do Estado (Liberal) de Direito[96]. Sendo assim, com razão Marcelo Neves e sua "Constitucionalização Simbólica"[97], especialmente ao mencionar que a Constituição servirá como verdadeiro álibi para o seu próprio não acontecimento. Isso apenas é possível em razão da permanência do que Warat chamou de Senso Comum Teórico[98], que mantém a comunidade jurídica aprisionada à relação sujeito objeto e à ideia inautêntica de que texto e norma permanecem "colados".

Esta fragilidade da normatividade constitucional e do Estado Democrático de Direito é de muito bom tom para o grande capital transnacional e nacional, que pode manipular de forma muito mais eficaz e eficiente o desmantelamento do Estado prestacional (ou do projeto de Estado prestacional que temos/tivemos no Brasil) que tanto atrapalha suas exigências, cada vez mais ligadas e necessitadas de uma desregulamentação da economia e de uma nula interferência estatal na esfera privada. Dentro de todo esse "negócio"

---

a transformação do modo de produção rumo ao socialismo. As sucessivas revisões constitucionais em Portugal acabaram por retirar esse caráter revolucionário do Texto Maior português, ocorrendo aquilo que foi chamado por Vital Moreira de 'normalização constitucional'. Já a Constituição do Brasil ficou distante dessa veia revolucionária que estava explícita na Constituição de Portugal. Com efeito, enquanto aquela claramente apontava para a transformação do modo de produção do Estado português, esta – embora isso significasse expressivo avanço – limitou-se a apontar para a transformação do modelo de Estado (Estado Democrático de Direito), restringindo-se, no plano econômico, a estabelecer as bases (núcleo político) de um Estado Social (Welfare State). Em síntese a Constituição brasileira não contém, ao contrário do que continha, na sua origem, a portuguesa, uma função normativo-revolucionária; mesmo assim ela incorpora um conjunto de objetivos que devem pautar e marcar toda ação política do Estado, em todos os seus ambientes – executivo, legislativo e judiciário. Ou seja: o caráter compromissório do constitucionalismo vem expresso na opção finalística, a qual deve ser obtida pela persecução dos objetivos que indicam os fins da ação estatal, delimitando formal e substancialmente as decisões políticas. (...) III. Assim, para que se compreenda o papel da Constituição nestes duros tempos de globalização e de fragilização dos Estados Nacionais, parece imprescindível ter como norte uma teoria da Constituição como uma teoria que resguarde as especificidades histórico-factuais de cada Estado nacional. Nesse sentido, absorvidas as críticas ao modelo original-dirigista da Constituição do Brasil, é preciso entender as especificidades do país. As promessas da modernidade continuam incumpridas, circunstância que reforça o papel do direito constitucional e da teoria constitucional. Desse modo, a teoria da Constituição deve conter um núcleo (básico) que albergue as conquistas civilizatórias próprias do Estado Democrático (e Social) de Direito, assentado, como já se viu à saciedade, no binômio democracia e direitos humanos-fundamentais. Esse núcleo derivado do Estado Democrático de Direito faz parte, hoje, de um núcleo básico geral-universal que comporta elementos que poderiam confortar uma teoria geral da Constituição e do constitucionalismo do Ocidente. Já os demais substratos constitucionais aptos a confortar uma teoria da Constituição derivam das especificidades regionais e da identidade nacional de cada Estado."

96. LOEWENSTEIN, Karl. **Teoría de la Constitución**. Tradução: Alfredo Gallego Anabiarte. Barcelona: Ariel, 1975. p. 218.
97. NEVES, Marcelo. **A constitucionalização simbólica**. 2. ed. São Paulo: Martins Fontes, 2007.
98. WARAT, Luis Alberto. **Introdução geral ao direito I**. Porto Alegre: Fabris, 1994.

torna-se muito lucrativo fazer as vezes de Estado, passando a prestar "serviços públicos" de forma pseudo-fiscalizada, muito em razão da também facilidade em cooptar os agentes estatais, fenômeno legitimamente brasileiro que bem nos explicam Sérgio Buarque de Holanda e Raymundo Faoro. Diante de tudo, o que efetivamente é muito preocupante é a facilidade na obtenção do selo da legalidade, chancelada pela corrupção da discricionariedade.

Exatamente pela permissividade da atual teoria que aí está, possibilitadora de incontáveis desvios que acabam recobertos pelo véu de legitimidade provido pela inautêntica discricionariedade, tem-se que deve ser realizada uma (des)construção do modelo adotado no Brasil. Exatamente nos moldes de que nos fala Reyes Mate ao encampar uma ideia de Walter Benjamin, de não ser possível tratar a história como uma "prostituta", sempre à disposição para ser visitada e à mercê do visitante, de modo que este pode servir-se dela da forma que melhor aproveitar a seus interesses, como se fosse uma coisa da qual o sujeito pudesse livremente dispor, assujeitar.[99] Com tal intui-se criar condições de possibilidade para que seja possível realizar uma apropriada e autêntica construção, que vá ao encontro das especiais necessidades de um país com enorme potencial nas mais diversas áreas e possuidor de abissais diferenças. Tais desigualdades acabam por comprometer de forma decisiva qualquer tipo de crescimento, que ao invés de representar um grande alívio para a grande massa de excluídos, pode significar uma opressão ainda mais aguda.

Uma visão que permeará toda a construção que aqui se busca empreender é a de que não se pretende substituir um sistema democrático por um governo de juízes, ou seja, não se pregará um controle do que decide a administração, mas de como decide ela. Intentar-se-á construir bases sólidas que sirvam de um balizamento, uma verdadeira teoria da decisão administrativa, que traga a moral para dentro da atividade estatal, tendo os princípios a função de efetivamente trazer o mundo da vida para o direito, livrando-o da função de mero legitimador de condutas inautênticas.

---

99. "Também o conceito de realidade fica profundamente alterado. Identificamos habitualmente realidade com fatos, com aquilo que teve lugar. Nessa formulação – "o que teve lugar" – ser vê a cumplicidade entre passado e realidade, como se a realidade fosse algo que teve lugar e continua presente. É inevitável referir-se, neste ponto, a uma fórmula de Hegel, muito certeira em sua sobriedade: "o ser é o que foi e continua sendo [*das Wesen ist das Gewesene]*". Pois bem, se o que é foi e continua presente, ninguém deve enganar-se quanto ao alcance do presente desse passado. Um acontecimento passado está no presente, é certo, mas assim como estão as montanhas ou os rios: como fatos mudos que dizem o que o visitante quiser. O historiador pode visitar os fatos como turistas as pirâmides do Egito: sempre estão lá, a mercê do visitante. "À mercê do visitante" significa que dirão o que quisermos ouvir. A Benjamin não ocorre outra imagem para desacreditar essa ideia da realidade como um fato imutável e à disposição além da imagem da "prostituta". Quem considera a realidade dessa maneira se comporta como o cliente de um lupanar que visita a prostituta como o historiador visita o passado: chega, se serve, se larga e ela continua ali, sempre a mesma, à espera do seguinte." MATE, Reyes. **Meia-noite na história**. São Leopoldo: UNISINOS, 2011. p. 22-23

Como muito bem coloca Garcia de Enterría:

> Uno de los quicios del debate sobre el control judicial de la discrecionalidad es que ese control debe respetar, en cualquier caso, subraya una de las posiciones de este último debate, con resolución, el papel constitucional que al Ejecutivo (o a los administradores autonómicos o locales) reserva el sistema político. Ese respecto es tanto más exigible cuanto que, en el Estado democrático y social de Derecho en que estamos, quienes ejercitan esas funciones ostentan una legitimación popular, han sido colocados en sus puestos por el voto y con confianza del pueblo para que gestionen sus intereses, lo que hacen en su nombre.
>
> Seguramente no habrá nadie que pueda discrepar seriamente de esos asertos en su primera y elemental significación. Más aún: un gobierno sería, simplemente una catástrofe, y no sólo por el posible argumento de que los jueces no hayan sido designados por elección del pueblo, que es un argumento impropio (los jueces tienen la legitimidad del Derecho que están llamados a aplicar; su independencia es la expresión misma de la objetividad de ese Derecho; nada añadiría a su función una designación electiva, que más bien pondría en riesgo ese valor esencial de su función que es la independencia, y desde luego el de la competencia, exigencia también de esa independencia misma), sino, sobre todo, porque el poder judicial no está erigido, ni está por tanto capacitado, para gobernar, sino para dar efectividad al Derecho, el cual es una parte, y no toda, del gobierno humano, aunque sea cierto que ese gobierno haya de realizarse en un Estado de Derecho en el marco propio del Derecho. Un gobierno de jueces es, pues, una alternativa absolutamente inimaginable, y por tanto insoportable, rigurosamente, como supuesta fórmula política.[100]

Inobstante as inúmeras colocações doutrinárias, as quais retiram importância da entidade estatal na contemporaneidade, especialmente ressaltando sua progressiva (pretensa) perda de soberania, filiamo-nos à corrente que aponta a permanência do Estado como principal meio de alteração ou manutenção das relações sociais, razão pela qual a análise de como sua atividade é levada a cabo e quais os resultados que esta atinge, especialmente em um país de modernidade tardia e possuidor de pressupostos filosóficos em grande parte superados e/ou incompatíveis, se coloca como imprescindível, destacadamente em face de sua capacidade de comprometer a autonomia do direito como um todo.

---

100. ENTERRÍA, Eduardo García de. **Democracia, jueces y control de la administracion**. p. 33-34.

O direito administrativo brasileiro, assim como a maior parte[101] de nossa teoria jurídica, calca-se nas influências advindas do direito europeu[102], especificamente das matrizes francesa[103], alemã[104] e italiana[105], ainda mais após o corte revolucionário francês. É exatamente a partir dos fundamentos filosóficos que sustentaram tal virada que será iniciada nossa (re)caminhada.

Por todas estas questões, diante de toda a problemática apresentada e suas influências, não apenas sobre a Teoria do Direito, mas também sobre a Teoria do Estado, colocando ambos os campos do conhecimento em cheque, é que se faz importante a recuperação dos fundamentos teóricos da disciplina.

1.1 O desenvolvimento histórico da discricionariedade administrativa a partir do direito europeu-continental: bases filosóficas e dogmáticas

Lançadas as fundações teóricas, conforme acima, exatamente pela matriz filosófica que subsidia o presente trabalho, calcada na experiência e no desvelamento dos efeitos da história, calha-nos trazer a resposta dada por Arthur Kaufmann acerca da motivação de se estudar problemas históricos, no clássico Filosofia do Direito:

> Esta questão será provavelmente colocada por alguns leitores. No quadro do presente livro, não estão em causa interesses históricos, mas sim a compreensão da filosofia jurídica actual. Assim sendo, devemos nós ocuparmo-nos dos antigos gregos, dos antigos romanos, dos jusracionalistas, de Kant, Hegel e assim por diante? Podemos explicar.
>
> Já no primeiro capítulo foi dito que a filosofia do direito tem, como as outras ciências, que se apoiar na experiência; também ela tem, como diz Reinhold Zippelius, que proceder "de modo experimental", também nela se tem de estudar e discutir os problemas em vista do

101. Fala-se em "maior parte" dado risco de se estar patrocinando uma inverdade ao afirmar que a totalidade da teoria jurídica brasileira é uma direta decorrência do que produzido no velho continente, uma vez que este não é o espaço adequado para que se realize uma pesquisa exauriente em tal sentido e que permite uma resposta com tal grau de abrangência e precisão.

102. CAMPOS, Francisco. **Direito Administrativo**. Rio de Janeiro: Freitas Bastos. 1958; BANDEIRA DE MELLO, Celso Antônio. **Discricionariedade e controle judicial**. 2. ed. São Paulo: Malheiros. 2007; BANDEIRA DE MELLO, Celso Antônio. **Curso de Direito Administrativo**. 27. ed. São Paulo: Malheiros. 2010; GRAU, Eros Roberto. **O direito posto e o direito pressuposto**. SANTOS, Eurico Oliveira. **Direito administrativo e sciencia da administração**. Rio de Janeiro: J.r. dos Santos. 1919; CAVALCANTI, Themístocles Brandão. **Instituições de direito administrativo brasileiro**. 2. ed. Rio de Janeiro: Freitas Bastos. 1938.

103. HAURIOU, Maurice. **Obra escogida**. Madrid: Instituto de Estudios Administrativos. 1976; CHAPUS, René. **Droit administratif général**. 11. ed. Paris: Montchrestien. 1997; LAFERRIERE, M.F. **Cours de droit public et administratif**. 5. ed. Paris: Libraire Cotillon. 1860.

104. MAYER, Otto. **Derecho administrativo alemán**. Buenos Aires: Depalma. 1949.

105. MEUCCI, Lorenzo. **Instituzioni di diritto amministrativo**. 5. ed. Torino: Fratelli Bocca. 1905.

> "caso". Ora o caso da filosofia do direito é o seu surgimento ao longo da história.[106]

O que se pode dizer é que o caso da discricionariedade, conforme tratado aqui, é seu surgimento e transformação ao longo da história, de suas raízes europeias até sua acomodação em terras brasileiras, em grande medida derivada de diversos acochambramentos, tendo em conta os efeitos daí derivados.

Diante disso, importante delimitar que a ideia de discricionariedade administrativa, como hodiernamente entendida, ao menos desde o corte representado pela Revolução Francesa, resta intimamente ligada à ideia de legalidade. Ou seja, a discricionariedade é tida como o braço da lei que deve ceder em face da política e/ou da impossibilidade do direito (aqui entendido como um sistema de regras) em prever todas as hipóteses de aplicação, conforme se pode observar das colocações doutrinárias de alguns dos maiores expoentes desde a última metade do século passado. Assim, cumpre tratar preliminarmente da legalidade e seus recortes pertinentes à temática que será abordada ao longo do trabalho.

1.1.1 A Legalidade (Administrativa) e a Distinção entre o Público e o Privado

O centro da noção de legalidade, especificamente no que diz respeito ao presente caso, é o seguinte: o "governo das leis e não dos homens". Tal foi concebido como meio de afastar o arbítrio e salvaguardar a liberdade ínsita na condição humana originária.[107]

Os atos estatais legislativamente ordenados e controlados eram uma clara oposição aos regimes absolutistas, nos quais, grosso modo, prevaleceria a vontade do soberano sobre a dos demais indivíduos. Claro que esta afirmação é muito simples para revelar as verdadeiras nuances filosóficas que deram fundamento para esta maneira de exercício do poder.

A atividade das estruturas estatais comandadas pelos governantes absolutistas claramente necessitava de uma apurada atividade burocrática interna, de modo que, mesmo para garantir a prevalência da vontade do soberano, se fazia importante controlar a atividade dos indispensáveis agentes estatais. Se assim não fosse, como seria possível assegurar que um nomeado do rei cumpriria de forma escorreita com suas funções, ou seja, que um coletor de impostos efetivamente não deixaria de cobrar de ninguém por qualquer

106. KAUFMANN, Arthur. **Filosofia do direito**. 4. ed. Lisboa: Fundação Calouste Gulbenkian, 2010. p. 31.
107. CORREIA, José Manuel Sérvulo. **Legalidade e autonomia contratual nos contratos administrativos**. Coimbra: Almedina, 2003. p. 24-25.

motivo que fosse, excluindo-o da incidência da normatização geral imposta pelo soberano. Afinal, o monarca não poderia ser onipotente e onipresente.[108]

Das principais provas físicas da grandiosidade da burocracia[109] estatal necessária ao Estado pré-revolucionário eram os grandes castelos e palácios, unicamente utilizados para abrigar a organização que se fazia indispensável para o monarca, como o Palais Royal e Versalhes na França, o bávaro Nymphenburg, o austríaco Schönnbrunn e o prussiano Charlottenburg, todos cercados por um jardim formal onde até as árvores eram obrigadas a obedecer seu dono, assumindo formas geométricas.[110]

O fundamento normativo de toda essa estrutura era a vontade do monarca, que até certo momento se mostrava como incontestável, dado seu alicerce divino. Daí a ideia de que o poder do rei não conhecia quaisquer tipos de controle, firmada nos postulados de que "the king can do no wrong" e "Le roi ne peut mal faire"; de modo que o sistema de governo surgido na Europa entre 1337 e 1648, na maioria dos aspectos, era ainda completamente pessoal, inexistindo Estado como entidade abstrata separada da persona do governante.[111]

Exatamente nesse período é que os colaboradores do monarca poderiam ser alçados a posições mais interessantes para si dentro da estrutura estatal, especificamente por meio de destaque ao servir o rei, pelo que como recompensa estes poderiam casar-se com alguém da aristocracia feudal, de modo a obter propriedades etc. Ora, ao fim e ao cabo isso nada mais é senão uma corrupção das exigências formais para atingimento de postos de nobreza e prevalência social e econômica, em favor das benesses pessoais que poderiam ser alcançadas pelos mais aguerridos colaboradores do soberano.[112]

Exemplo concreto desta prática é caso do paulette[113], na França de 1604, ápice da venda de cargos dos séculos XVI e XVII, que consistia em um tributo que acabou por transformar os cargos públicos em propriedade privada, por meio do pagamento de uma quantia anual pelo qual concedia-se

---

108. CREVELD, Martin Van. **Ascenção e declínio do Estado**. São Paulo: Martins Fontes, 2004. p. 172-173: "Entre 1500 e 1700, o número de servos reais muitas vezes chegava aos milhares e até às dezenas de milhares. Das princesas de sangue-azul – que às vezes eram vistas correndo pelo palácio para não perder alguma cerimônia em que se contava com sua presença – ao mais humilde lacaio, todos se submetiam a uma disciplina quase militar que definia quem faria o quê, como, e para quem; e que, por sua vez, só podia ser mantida se o próprio monarca todo-poderoso aderisse a ela, como a mola de um imenso relógio. (...)"
109. O termo foi cunhado em 1765 por Jacques Claude Marie Vincent, o marquês de Gournay, filósofo francês especializado em assuntos econômicos e administrativos.
110. CREVELD, Martin Van. **Ascenção e declínio do Estado**. p. 173.
111. Ibid., p. 177.
112. Ibid., p. 182.
113. Assim nomeado em homenagem ao secretário de Estado Paulet.

aos donos a segurança da estabilidade. Estes cargos poderiam inclusive ser comercializados posteriormente.[114]

Apenas a partir de 1648 é que a pessoa do governante foi sendo descolada da figura do Estado, para que em 1789 houvesse a completa separação. Este movimento é exatamente o que resultou na obra de Hobbes e na própria Revolução Francesa.

No entanto, este caminho teórico não é tão singelo e deve ser detalhado sob o ponto de vista da teoria política, começando em Erasmo de Roterdã, passando por Maquiavel e Bodin, para finalmente chegar a Hobbes.

Obra que demonstra a total equiparação do Estado ao soberano, equiparando-o a pessoa física deste último, é a *Institutio principis christiani* ou A Educação do Príncipe Cristão, de Desiderius Erasmus Roterodamus, também conhecido como Erasmo de Roterdã. A obra foi destinada ao jovem Rei Carlos da Espanha, futuro Imperador Carlos V, do Sacro Império Romano-Germânico, quando seu autor se encontrava a seu serviço. De posicionamento humanista e cristão Erasmo entendia que o príncipe era indicado por Deus e responsável perante Ele, o que se evidencia nas inúmeras vezes em que adverte na indigitada obra que os governantes terrestres serão levados a prestar contas Àquele que está no céu[115-116].

A incapacidade de Carlos V em distinguir entre o público e o privado é ressaltada por van Creveld, mesmo levando em conta que ele pode jamais sequer haver lido a obra de Erasmo, mas que ressalta o fundamento teórico da época:

> Embora não se possa provar que Carlos V sofreu influência direta de Erasmo – é provável que jamais tenha lido a obra que lhe é dedicada –, os dois estavam perfeitamente de acordo com a ideia de que o governo era um assunto pessoal. Os dois grandes testamentos que escreveu par ao filho de Felipe, então com 16 anos, em 1543, nos deixam vislumbrar o mundo do imperador. Paradoxalmente, o que trata da pessoa do príncipe, do modo como deve comportar-se (também em suas relações com as mulheres), e das qualidades que deve adotar tem caráter semipúblico; consiste em conselhos virtuosos acerca da necessidade de ter fé em Deus, exercer moderação sexual, levar a sério as responsabilidades etc. Pelo contrário, o que se dedica ao que hoje chamamos de assuntos políticos é confidencial. Contém descrições argutas dos mais íntimos colaboradores do imperador, em alguns dos quais ele

---

114. CREVELD, Martin Van. **Ascenção e declínio do Estado**. p. 185.

115. ROTERODAMUS, Desiderius Erasmus. **Institutio principis christiani**. Disponível em: http://www.intratext.com/IXT/LAT0924/. Acesso em 17/04/2020.

116. CREVELD, Martin Van. **Ascenção e declínio do Estado**. p. 245-256.

> confiava mais do em outros. A incapacidade de Carlos de distinguir entre o privado e o público fica mais acentuado com suas constantes menções ao "meu" (ou, quando fala da família Habsburgo, "nosso") tesouro, "meus" recursos, "meus" criados, "meus" comandantes, "meu" exército, "meus" países e até "meus" povos; jamais passou pela sua cabeça a possibilidade de que as duas esferas não fossem idênticas.[117]

Tal indistinção dá-se exatamente pelo fundamento teológico do poder, plenamente vigente em Erasmo.

Outro exemplo da indistinção entre a figura do Estado e do soberano, entre assuntos de governo e assuntos privados do governante, é Nicolau Maquiavel. Também O Príncipe, obra mais conhecida do florentino, a identidade do que fez Erasmo em *Institutio principis christiani*, foi dedicada na forma de uma verdadeiro manual, a Lorenzo de Medici e apresenta profunda confusão entre as esferas privada do governante e pública, a ponto de incluir um capítulo descrevendo a importância de deixar em paz as filhas dos "cidadãos", que em verdade apresentavam-se como súditos.[118]

A notável diferença entre a obra de Erasmo e a de Maquiavel, era que o governante se fazia por seu próprio esforço, não havendo qualquer indicação nas páginas do florentino de que o soberano haveria sido escolhido por Deus, também deixando de lado a responsabilidade mística, sobrenatural.[119]

Assim, a justificação do exercício do poder não mais deveria ser feita perante as leis divinas, mas segundo as necessidades para manter-se no poder diante das adversidades terrenas, advindas de adversários políticos e das insatisfações dos governados.

Avançando, Jean Bodin abandonou tanto o caminho trilhado por Erasmo, como o percorrido por Maquiavel, deixando de lado o fundamento teológico do poder e o manual destinado aos governantes, como forma de manter seu domínio em face das adversidades mundanas. Bodin preocupou-se com a natureza da *République*, o que resta evidenciado em *Les six livres de la république*[120], quando se discute a diferença entre o governo dentro da casa, exercido pelo marido sobre seus dependentes, enfaticamente sobre a esposa, e pelo senhor sobre os escravos, confrontando-o com poder político que prevalecia entre pessoas que haviam nascido livres, possuidoras de *persona* jurídica própria.[121]

---

117. Ibid., p. 247.
118. MAQUIAVEL, Nicolau. **O Príncipe**. 4. ed. São Paulo: Martins Fontes, 2010.
119. CREVELD, Martin Van. **Ascenção e declínio do Estado**. p. 247-248.
120. BODIN, Jean. **Los seis libros de la república**. Madrid: Centro de Estudios Constitucionales, 1992.
121. CREVELD, Martin Van. **Ascenção e declínio do Estado**. p. 249-250.

As concepções de Erasmo e Maquiavel foram substituídas pelo fundamento jurídico, ficando a vista que Bodin adotou a definição de *res publica* de Cícero, tida como comunidade de pessoas governadas pela lei.

Mesmo assim, para Bodin, a lei não era suficiente para a manutenção da ordem, que deveria ser levada a cabo com o auxílio das determinações do governante, o qual não era impedido de exercer as funções legislativas, executivas e judicantes de forma concomitante.

> Conforme assinala Bodin, a soberania – termo que não inventou, mas que a ele deve grande parte de sua popularidade – deve ser una, indivisível e perpétua. Quando há dois soberanos, nenhum o é verdadeiramente; onde a soberania não é perpétua, tudo o que o soberano fez pode ser desfeito pelo sucessor.
>
> Num mundo onde Deus não é mais capaz de oferecer uma base consensual para a vida política, Bodin queria dotar o soberano de Suas qualidades e colocá-lo no Seu lugar, pelo menos na Terra e em território bem definido.[122]

Mesmo com este "advento jurídico-normativo", Bodin não conseguiu livrar-se da ideia medieval de que as leis existiam de forma independente da vontade dos homens, de modo que as leis de autoria do homem buscavam fundamento na lei divina e nas leis da natureza.

Nos 25 anos finais do século XV, na Europa ocidental, aos poucos foi surgindo a ideia de "Estado" (Alemanha, Itália e França) e de "coroa" (Inglaterra e França), criando uma espécie de território neutro entre a propriedade privada do governante e suas responsabilidades públicas.

A partir daí, especificamente no século XVII, pode-se trazer Thomas Hobbes e o Leviatã, como grande divisor de águas ao ser o primeiro a definir o Estado como um "homem artificial", dada a metáfora do monstro bíblico, cujas origens remontam a mitologia fenícia, o qual efetivamente separa-se da pessoa do governante.

A identidade de Bodin, Hobbes possuía como norte o estabelecimento da ordem por meio de um soberano poderosíssimo, de atributos excepcionalmente semelhantes. Afora isso a destacada diferença entre ambos era o fundamento de sua ideia, que em Bodin residia em Aristóteles, ao passo que em Hobbes partia de Galileu, possuindo como primordial objetivo dotar a política de uma "precisão" até então apenas alcançada pela física.

O advento trazido pela noção de legalidade moderna foi a mudança no fundamento das normatizações que deveriam ser obedecidas pelos agentes

122. Ibid., p. 250.

estatais, especificamente no que tange a sua produção, provedora de legitimidade às mesmas perante os cidadãos. Com isso, Hobbes foi o "inventor" do Estado moderno, especificamente como entidade abstrata, separada do soberano e dos governados, dos cidadãos, os quais transferem parte de seus direitos para tal abstração, por meio de instrumento contratual, com intuito de salvaguardar parcela destes, sem a ameaça da violência presente no estado de natureza. Este é exatamente um dos momentos que mais nos interessa, não apenas por constituir a origem teórica da entidade jurídica estatal, mas por este fundamento ser absolutamente positivista, dado que Hobbes acreditava que as leis pactuadas advinham única e exclusivamente do contrato social, de modo que apenas existiam dentro da comunidade política, não havendo qualquer imanência destas (normatizações acordadas) com a natureza.[123]

Mesmo assim, inicialmente a noção moderna de legalidade era possuidora de fundamento jusnaturalista[124], ainda tendo a lei, o direito positivo, como uma verdadeira materialização da prevalência da moderna razão humana, claramente fundada no *cogito* cartesiano[125], ou seja, a ideia de que a lei não é *voluntas*, mas *ratio*, sendo diretamente ligada à noção de justiça.[126]

Ainda mais do que Descartes, que como já visto acima ainda faz uso do divino para dar fundamento ao "método", Hobbes é fundamental na "virada" do jusnaturalismo para o positivismo, especialmente por meio da metáfora do contrato social, através da qual explica a necessidade de superação da barbárie representada pela fragmentação advinda do medievo e, mais importante, demonstrando que o Estado é produto da razão humana.[127]

---

123. Ibid., p. 254.

124. Este fundamento no Direito Natural merece destaque, uma vez que, no momento ora referido, este já havia passado pelo que Simone GOYARD-FABRE chama de "antropologização", ou seja, uma "desnaturalização" do direito natural: "(...) o direito natural, que já não é reportado à natureza das coisas desejada por Deus, está fundamentalmente ligado à ideia que se tem da natureza humana. À desnaturalização do direito natural acompanha sua antropologização; já não se procura fundar o direito nem na ordem da Natureza, nem na potência sobrenatural do divino. Porque, num mundo em que o homem se instala com uma autoridade crescente, a ideia de um fim ontologicamente definido que indicaria um horizonte de valor já não está no centro da reflexão filosófica, parece que o direito dos homens, feito para os homens, só pode fundamentar-se no homem." GOYARD-FABRE, Simone. **Os fundamentos da ordem jurídica**. 2. ed. Tradução por Claudia Berliner. São Paulo: Martins Fontes, 2007. p. 42-43.

125. Mesmo que toda esta racionalidade restasse fundada na ideia de Deus, ou seja, de que o acerto do raciocínio humano seria garantido por uma força efetivamente metafísica, inexplicável/inalcançável pela própria razão. Enfim, a razão, inadvertidamente tida por muitos como expressão máxima da autonomia e, eventualmente, soberania do homem em relação a Deus, recebia seu fechamento filosófico pela própria ideia de Deus como garantia de sua credibilidade. Este é um apontamento que mostra o quão importante se faz revisitar conceitos por meio de desconstrução de que nos falava Heidegger, como forma de abandono de concepções e fundamentos inautênticos, os quais comprometem todo o desenvolvimento teórico.

126. GOYARD-FABRE, Simone. **Os fundamentos da ordem jurídica**. p. 42-43.

127. STRECK, Lenio Luiz. **Verdade e consenso**. 4. ed. São Paulo: Saraiva, 2011. p. 388: "Para tanto, Hobbes contrapôs a soberania "do um" para superar a soberania fragmentada/dilacerada "de todos", isto é, contra a barbárie representada pelo Estado de Natureza contrapôs a civilização. E isso somente seria possível por meio de um contrato. Não um contrato *stricto sensu*, mas um 'contrato metafórico'."

Hobbes assim o faz ao produzir contundentes objeções às teses cartesianas, com o que acaba colocando em evidência os ensinamentos do próprio Descartes acerca do homem-sujeito, que com o rigor do projeto filosófico hobbesiano confere ao individualismo a posição de categoria epistemológica que se contrapõe seriamente a teoria jusnaturalista tradicional, fundada na ideia de comunidade. Com isso, a postura científica hobbesiana se mostrou antimetafísica, antiidealista, ao associar as noções de indivíduo e direito de natureza, colocando este último em uma perspectiva antropológica em que o realismo analítico suplanta o idealismo metafísico.[128]

Como posto na abordagem da questão religiosa em Hobbes, especificamente com o deísmo, ele não cai em um ateísmo com suas reflexões, mas a partir da "descoberta" do específico local que o homem ocupa na natureza, passa-se a entender que a compreensão da ordem da *Civitas* partindo do homem e não de Deus, donde a razão parte do primeiro para o conhecimento do segundo, de modo que a antropologização do direito (natural) corresponde a uma filosofia antimetafísica, obra da ciência rigorosa. Sendo a filosofia uma ciência, a partir de Hobbes ela jamais poderia atribuir a uma fonte supra-humana o nascimento ou o ordenamento da Cidade dos homens.[129]

Assim o Estado-Leviatã, tanto em sua gênese como em sua estrutura, nada mais é do que uma artificialidade, uma estrutura metafórica criada pelo homem, derivado de uma poderosa vontade da racionalidade e não por qualquer entidade metafísica.

Estes traços da obra hobbesiana são muito importantes, especificamente quanto a prevalência do indivíduo sobre a comunidade e da racionalidade deste como sendo a maior expressão da vontade legítima, desenfreando-a completamente, visto que suas consequências nos "assombram"[130] até hoje.

---

128. GOYARD-FABRE, Simone. **Os fundamentos da ordem jurídica**. p. 46.

129. Ibid., p. 46-47.

130. Fala-se em assombramento diante das leituras feitas sobre a obra hobbesiana, a partir da qual se transformou o Estado (uma estrutura antropológica que originariamente, em especial nas chamadas organizações pré-estatais, visto que pré-modernas, possuía a função de organização da comunidade, exatamente para superar a prevalência da vontade de um indivíduo soberano sobre os demais "servos") em uma organização destinada a assegurar individualmente os direitos de todos os indivíduos, que passaram de servos a cidadãos, ou seja, de devedores a credores. Tal condição de privilégio do indivíduo parece um tanto quanto incompatível com a ideia de comunidade, a qual foi efetivamente tida como "superada", o que pode ser traduzido em uma prevalência do privado sobre o comum, onde este último apenas serve para viabilizar o primeiro. Os efeitos de tal imaginário, especificamente para o fim pretendido por esta obra, serão abordados de forma mais detida em momento ulterior, especificamente no caso brasileiro, onde a discricionariedade administrativa torna-se um álibi para a transviada utilização do Estado (do comum) para benefício do particular, do individual. Em suma, não se busca realizar uma apologia da prevalência do Estado como um fim em si mesmo, mas uma (des)leitura da inautêntica tradição estabelecida no Brasil, segundo a qual o indivíduo deve banquetear-se do Estado da melhor forma possível, afinal o comum, o público, é tido quase como uma terra sem dono a espera do primeiro que dela venha se apossar.

Em grande medida pode-se dizer que esta desnaturalização da ordem jurídica possibilitou a erupção do Estado moderno e individualista como hodiernamente (ainda) conhecido.

Para tanto, calha observar o que menciona Goyard-Fabre sobre a temática:

> Por um lado, o fundamento do direito positivo da República já não deve ser procurado no horizonte metafísico desenhado pela Natureza ou decidido por um Deus todo-poderoso. As "fábulas" da metafísica não passam de trevas. Segundo o método rigoroso das análises e das sínteses correlativas, a filosofia erigida em ciência busca o fundamento do direito no poder do Estado soberano que, "o único legislador", é também o único jurislador. Hobbes retoma assim as vias do convencionalismo preconizado pelos sofistas. Não se refere, contudo, a essa corrente doutrinária, assim como tampouco menciona Epicuro, cujas *Máximas principiais*, no final do século IV a.C., empenhavam-se em devolver a noção de *nomoi* um vigor que Platão e Aristóteles lhe tinham roubado. Mesmo descartando a problemática investigação das fontes de Hobbes, a verdade é que o convencionalismo jurídico que caracteriza o Estado-Leviatã implica o repúdio das "vãs doutrinas" que fundaram o direito das Cidades no direito natural.[131]

Importante frisar que Hobbes "supera", mas não repudia o direito da natureza (*jus naturae*). O que se dá é uma transformação semântica do conceito, que na leitura hobbesiana deixa de identificar-se com a "ordem natural das coisas" ligadas a um macrocosmo que repercutia sobre o microcosmo humano, do indivíduo, passando a traduzir-se pela potência (*potentia* ou *power*) que o indivíduo possui de utilizar-se das capacidades que dispõe para preservação de sua existência. Em razão desta inversão, surge a ideia de direito natural do indivíduo, em razão do que se inaugura a corrente filosófica do individualismo, chave para o "contrato social".[132]

Neste ponto a ruptura torna-se clara, na medida em que embora Deus seja o Criador do mundo, não é seu legislador imediato. Tal função é, agora, ocupada pelo homem-sujeito.

A grande ligação de Hobbes com o positivismo, exatamente representado pelo mote acima abordado, é claramente exposta por Goyard-Fabre:

> O convencionalismo jurídico de Hobbes é inimigo mortal do direito natural clássico. Constata-se, pois, que a revolução epistemológica

---

131. GOYARD-FABRE, Simone. **Os fundamentos da ordem jurídica**. p. 48.

132. Ibid., p. 48-49.

> que Hobbes colocou sob a égide do mecanicismo e do racionalismo introduz uma reviravolta radical na filosofia e, particularmente, na maneira de conceber o direito. A metamorfose mais espetacular reside nesse convencionalismo mediante o qual Hobbes transforma a fonte, a forma e o sentido da juridicidade, uma vez que, a ser ver, cabe à forma da lei determinada pela única autoridade legiferante do poder público definir o direito e conferir-lhe força obrigatória. Nessa metamorfose antinaturalista, encontra-se o princípio do que, três séculos depois, se chamará "positivismo jurídico". A intuição "positivista" de Hobbes fica ainda mais forte porque o formalismo legalista que caracteriza a dinâmica funcional do Estado-Leviatã parece bastar-se a si mesmo a ponto de repudiar qualquer referência a um horizonte normativista ou axiológico. (...) O direito do Estado é essencialmente um direito positivo determinado por uma razão construtiva que, além disso, disciplina sozinha a autoridade de coerção vinculada às leis e às regras de direito. Com Hobbes, fica plenamente estabelecido que o direito nada deve ao Céu, nem à experiência, nem à história: ele se insere no âmbito do legicentrismo estatal que é obra de razão, e seu valor provém apenas do poder de decisão do poder público.[133]

Bobbio também reconhece Hobbes como o grande arauto do positivismo, quando aponta que este afasta qualquer critério de justeza que não resida na lei positiva, criando um verdadeiro hiato entre direito e moral, na exata medida em que o equipara à lei. O conceito de justo do direito justifica-se como tal, uma vez que resta previsto de forma positiva no Ordenamento, da mesma forma que o injusto é o que se apresenta proibido, única e exclusivamente em razão desta última característica. Hobbes chega a tal ideia em razão de ser um consequencialista, dado que no intuito de buscar a paz social, tida como a primeira lei da razão, admite a moral como inteiramente convencional uma vez que os homens transmitem parte de seu direito de escolha ao soberano, exatamente como forma de evitar o arbítrio e a forçada sujeição de um homem em face do outro de forma individual. Em suma, cede-se convencionalmente o arbítrio (que com isso deixaria de ser arbítrio) ao soberano, que decidirá o que se tem como justo e injusto, com o que justiça resta equiparada a validade.[134]

---

133. Ibid., p. 50-51.

134. BOBBIO, Norberto. **Teoria geral do direito**. São Paulo: Martins Fontes, 2007. p. 39-41.

1.1.2 A Legalidade, a Atuação Estatal e seu Controle: a Discricionariedade Administrativa

É a partir de tais raízes que se busca controlar o poder público constituído por indivíduos (homem-sujeito), exatamente reconhecendo que cada um possui interesses próprios, muitas vezes conflitantes com os dos demais. A grande dificuldade ainda reside em estabelecer uma fórmula, um método, para impedir que a estrutura estatal, indissociavelmente coletiva, seja tomada por específicas vontades individuais.

Com o positivismo, solidificado decisivamente no século XIX, pensou-se ter encontrado a fórmula para controle da arbitrariedade por meio das decisões estatais, sejam elas de cunho judicial ou administrativo, dado que derivadas de mandamentos legais, os quais equiparavam justiça e validade, ao que Bobbio alerta como uma armadilha quando menciona que de acordo com a doutrina hobbesiana a justiça acaba reduzida à força. Este véu de sentido (uma recorrente caraterística do positivismo em seus diversos vieses) se desvela ao se observar que a sujeição apenas muda de fundamentação e lugar, juntamente com a força, integralmente concentrada no soberano. Ao fim e ao cabo, Hobbes legitima de maneira formidável o absolutismo, efetivamente criando uma explicação "científica" para ele.[135]

O encontro entre Hobbes e o positivismo é decisivo para a temática tratada, especialmente por consubstanciar o liame filosófico entre a Teoria do Estado a e Teoria do Direito na questão da discricionariedade administrativa. De tal relação, ponto que deve ser destacado é sua ligação com legitimidade da produção legislativa estatal, fruto direto do contrato social, que representa a mensurabilidade e certeza positivistas, especialmente derivadas do que se chama de legalismo.[136]

Aqui, exatamente pela natureza da matéria que tratamos, ou seja, o direito administrativo, nos interessam os vieses francês e alemão do positivismo jurídico, mais especificamente o primeiro, dado ser o berço da teoria administrativista brasileira e de todas as concepções (autênticas e inautênticas) que nos perseguem até hoje.

Lenio Streck levanta esta questão:

> No que tange às experiências francesas e alemãs, isso pode ser debitado à forte influência que o direito romano exerceu na formação de seus respectivos direitos privados. Não em virtude do que comumente se

---

135. Id.

136. STRECK, Lenio Luiz. **Hermenêutica jurídica e(m) crise: uma exploração hermenêutica da construção do Direito**. 10. ed. Porto Alegre: Livraria do Advogado, 2011. p. 119.

> pensa – de que os romanos "criaram as leis escritas" –, mas sim, em virtude do modo como o direito romano era estudado e ensinado. Isso que se chama de exegetismo tem sua origem aí: havia um texto específico em torno do qual giravam os mais sofisticados estudos sobre o direito. Este texto era – no período pré-codificação – o *Corpus Juris Civilis*. A codificação efetua a seguinte "marcha": antes dos códigos, havia uma espécie de função complementar atribuída ao Direito Romano. Aquilo que não poderia ser resolvido pelo Direito Comum seria resolvido segundo critérios oriundos da autoridade dos estudos sobre o Direito Romano – dos comentadores ou glosadores. O movimento codificador incorpora, de alguma forma, todas as discussões romanísticas e acaba "criando" um novo dado: os Códigos Civis (França, 1804, e Alemanha, 1900).[137]

Em outras palavras, deve-se lembrar que nos encontramos no paradigma do positivismo exegético, no qual a principal ideia era exatamente a de afastar quaisquer fundamentos da normatividade que fugissem do "controle" da razão humana, de modo a buscar sua afirmação em detrimento de quaisquer outros poderes que pudesse possuir o soberano. A batalha era contra o *ancien* régime, representado pelos resquícios arbitrários do Estado Absoluto[138], pelo que ainda não verificadas as "deficiências" deste chamado positivismo legalista, nem mesmo a diferença ontológica entre texto e norma.

Naquele momento, o objetivo era a "despolitização" do Poder Judiciário, exatamente pela tradição, tendente a favorecer o decadente poder absolutista monárquico.[139]

Deve-se frisar que este recorte se mostra de pertinência ímpar, eminentemente para os ordenamentos fundados na matriz jurídica europeia-continental, como é o caso brasileiro, que teve a via revolucionária de passagem de um Estado absoluto (em profunda crise econômica e de legitimidade) para o Estado liberal como norte teórico, conforme aponta Rafael Diaz Roca[140].

Em suma, o Estado de Direito, fundado na legalidade, surge para (pretensamente) condicionar a atividade do Governante, com o intuito de que ele sirva aos cidadãos e não os assujeite como fazia na fase absolutista:

> *Como consecuencia de todo ello, la actividad del Estado está jurídicamente condicionada, lo que implica necesariamente que el Derecho nacido en última instancia de la voluntad de la Nación y expresado*

---

137. Id.
138. STRECK, Lenio Luiz. **Verdade e consenso**. 4. ed. São Paulo: Saraiva, 2011. p. 28.
139. ROCA, Rafael Díaz. **Teoría General del Derecho**. Madrid: Tecnos, 1997. p. 36.
140. Ibid., p. 34-35.

> *fundamentalmente en la Ley y la Constitución, nunca más el capricho de un autócrata, es el único medio de acción del Estado con respecto a la propia comunidad.*[141]

Em um segundo momento do positivismo, e, no caso, também da legalidade, surgem propostas de aperfeiçoamento do rigor lógico do trabalho já desenvolvido, dado o crescente problema da indeterminação do sentido do Direito.[142]

No positivismo exegético ou legalista a principal característica era, especificamente no que diz respeito ao problema da interpretação do direito, proceder com uma análise sintática das prescrições normativas, buscando uma rigorosa determinação da conexão lógica dos signos que as compõem, pois acreditava-se que isso seria suficiente para resolver a questão. Daí surgiram conceitos como o de analogia e princípios gerais do direito, com o intuito de construir-se um quadro conceitual rigoroso com o intuito de representar as extremamente excepcionais hipóteses de inadequação dos fatos às hipóteses legislativas.[143]

Diante da insuficiência da solução exegética, nas primeiras décadas do século XX, Hans Kelsen chega a uma constatação importantíssima: o problema da interpretação do direito é muito mais semântico do que sintático[144]. É em tal sentido que ele aponta suas baterias, buscando reforçar o rigor jurídico anteriormente propalado, em oposição ao espraiamento da Jurisprudência dos Interesses e da Escola do Direito Livre, as quais promoviam argumentos políticos, psicológicos e ideológicos, na busca da solução ao "problema" da interpretação do Direito.[145]

---

141. Ibid., p. 37.

142. STRECK, Lenio Luiz. Hermenêutica e (pós)positivismo: porque o ensino jurídico continua de(sin) formando os alunos? In: ______; BOLZAN DE MORAIS, Jose Luis (Orgs.). **Constituição, sistemas sociais e hermenêutica**: anuário do programa de Pós-Graduação em Direito da UNISINOS. Porto Alegre: Livraria do Advogado, 2010, pp. 163-186.

143. Id.,

144. Isso se verifica no momento em que KELSEN admite que a indeterminação não-intencional do ato de aplicação do Direito, acaba por ser em razão de tal dificuldade: "Simplesmente, a indeterminação do ato jurídico pode também ser a consequência não intencional da própria constituição da norma jurídica que deve ser aplicada pelo ato em questão. Aqui temos em primeira linha a pluralidade de significações de uma palavra ou de uma sequência de palavras em que a norma se exprime: o sentido verbal da norma não é unívoco, o órgão que tem de aplicar a norma encontra-se perante várias significações possíveis. A mesma situação se apresenta quando o que executa a norma crê poder presumir que entre a expressão verbal da norma e a vontade da autoridade legisladora, que se há de exprimir através daquela expressão verbal, existe uma discrepância, podendo em tal caso deixar por completo de lado a resposta à questão de saber por que modos aquela vontade pode ser determinada." KELSEN, Hans. **Teoria Pura do Direito**. 6. ed. São Paulo: Martins Fontes, 1999. p. 246.

145. STRECK, Lenio Luiz. Hermenêutica e (pós)positivismo: porque o ensino jurídico continua de(sin) formando os alunos? In: ______; BOLZAN DE MORAIS, Jose Luis (Orgs.). **Constituição, sistemas sociais e hermenêutica**: anuário do programa de Pós-Graduação em Direito da UNISINOS. Porto Alegre: Livraria do Advogado, 2010, pp. 163-186.

Neste momento surge o chamado positivismo normativista, em que Kelsen definitivamente reduz o direito a um sistema de normas, afastando-o definitivamente do direito natural e do universo dos valores sociais comuns, com o que a autonomia epistemológica da ciência do direito passa a depender da irredutibilidade de seu objeto aos fatos sociais que disciplina.

É nesse sentido que Palombella diz que:

> A ciência só pode ser "pura" e pertinente ao fenômeno ideal e normativo que o direito é; a separação entre fatos e normas decorre de uma duplicação ontológica do mundo, ou seja, de pertencerem eles, respectivamente, ao mundo do ser (*Sein*) e ao mundo do dever ser (*Sollen*).
>
> Tal duplicação da realidade decorre, por sua vez, da pressuposição de que os dois âmbitos são regidos por "princípios" diferentes, mais precisamente o princípio da causalidade e o princípio da imputação.
>
> (...)
>
> Desde que subsista um nexo de imputação é necessário um ato humano, sem o qual não pode haver a passagem da premissa à consequência (do ilícito à sanção), ao contrário do que ocorre entre eventos ligados causalmente (Se A – ilícito –, deve ser B – sanção). Portanto, só a intervenção humana, cominadora da sanção, realiza o dever-ser próprio do nexo de imputação.[146]

Em Kelsen, a moral é extirpada do direito, exatamente em face da conclusão de que a moral é relativa[147], de modo que o direito pode possuir qualquer conteúdo, pois consiste em mero procedimento, que parece não implicar em si nenhuma consequência em termos de justiça, diversamente do direito oitocentista, plasmado por pressupostos de valor e conteúdo que remontam as conquistas liberais, sendo indiscutivelmente dotado de fundamento externo à ciência jurídica.[148]

Inobstante todo este pretenso rigor científico, acaba-se por deixar espaço para a discricionariedade do intérprete, conforme se pode observar do capítulo VIII da Teoria Pura do Direito[149]. Isso ocorre em razão

---

146. PALOMBELLA, Gianluigi. **Filosofia do direito**. São Paulo: Martins Fontes, 2005. p. 161-162.
147. STRECK, Lenio Luiz. **Verdade e consenso**. 4. ed. São Paulo: Saraiva, 2011. p. 458: "Mas Kelsen era um pessimista moral, uma espécie de cético que apostava em uma moral relativista. Para ele, o problema da vinculação do direito à moral se apresenta problemático, porque não há como sustentar uma moral absoluta – válida e vigente em todos os lugares e em todos os tempos – que possa servir como parâmetro para determinação dos conteúdos das normas jurídicas. Sua argumentação procura demonstrar como há vários sistemas morais, que variam de acordo com a época e o lugar de onde se originam: (...)"
148. PALOMBELLA, Gianluigi. **Filosofia do direito**. p. 165.
149. KELSEN, Hans. **Teoria Pura do Direito**. p. 245-252.

desconsiderar-se o indivíduo, privilegiando as instituições, ou seja, dando ênfase às pessoas jurídicas em detrimento das físicas[150]. Claro que estas instituições são ficções criadas pelos indivíduos, sendo impossível que o sistema "feche" sem passar por estes. No caso, exatamente por quem decide e necessariamente interpreta, em sua específica condição de indivíduo, pessoa natural. Aqui está um dos velamentos metafísicos que posteriormente serão abordados como impulsionadores da utilização da discricionariedade e da teoria do Ato Administrativo como meio de legitimação para a subversão dos objetivos do Estado.

Veja-se o que fala o próprio Kelsen:

> Esta determinação nunca é, porém, completa. A norma do escalão superior não pode vincular em todas as direções (sob todos os aspectos) o ato através do qual é aplicada. Tem sempre de ficar uma margem, ora maior ora menor, de livre apreciação, de tal forma que a norma do escalão superior tem sempre, em relação ao ato de produção normativa ou de execução que a aplica, o caráter de um quadro ou moldura a preencher por este ato. Mesmo uma ordem, o mais pormenorizada possível, tem de deixar àquele que a cumpre ou executa uma pluralidade de determinações a fazer. Se o órgão A emite um comando para que o órgão B prenda o súdito C, o órgão B tem de decidir, segundo o seu próprio critério, quando, onde e como realizará a ordem de prisão, decisões essas que dependem de circunstâncias externas que o órgão emissor do comando não previu e, em grande parte, nem sequer podia prever.[151]

É neste ambiente que surge a ideia de que o direito é uma moldura dentro da qual há várias possibilidades de aplicação, por meio da qual se admite a discricionariedade[152] do intérprete autêntico como inescapável:

> Se por "interpretação" se entende a fixação por via cognoscitiva do sentido do objeto a interpretar, o resultado de uma interpretação jurídica somente pode ser a fixação da moldura que representa o Direito a interpretar e, consequentemente, o conhecimento das várias possibilidades que dentro desta moldura existem. Sendo assim, a interpretação de uma lei não deve necessariamente conduzir a uma única solução como sendo a única correta, mas possivelmente a

---

150. PALOMBELLA, Gianluigi. **Filosofia do direito**. p. 167.
151. KELSEN, Hans. **Teoria Pura do Direito**. p. 246.
152. Não a que deriva das opções políticas inerentes à democracia, mas as decorrentes da interpretação do que posto na normatização, também democraticamente posta, ou seja, Kelsen não nos falou da discricionariedade política, mas da discricionariedade na interpretação do direito.

> várias soluções que – na medida em que apenas sejam aferidas pela lei a aplicar – têm igual valor, se bem que apenas uma delas se torne Direito positivo no ato do órgão aplicador do Direito – no ato do tribunal, especialmente. Dizer que uma sentença judicial é fundada na lei, não significa, na verdade, senão que ela se contém dentro da moldura ou quadro que a lei representa – não significa que ela é a norma individual, mas apenas que é uma das normas individuais que podem ser produzidas dentro da moldura da norma geral.[153]

De forma resumida, ao se tentar superar o positivismo primitivo, o exegético, especificamente pelo caminho normativista kelseniano, acabou-se por construir uma tese voluntária-axiologista, passando da "razão" para a "vontade".[154]

Diante da possibilidade de que o direito fosse tratado de forma completamente apartada da moral e da inescapável discricionariedade decisória gerada pela Teoria Pura, o modelo positivista normativista também acabou por entrar em crise.

Este é o pano de fundo teórico da interpretação única e exclusivamente jurídica, desconsiderando a "janela" política que deve estar presente nas decisões tomadas pela Administração Pública, o que torna sua atividade, a igualdade do controle, ainda mais complexa do que a atividade jurisdicional pura. Na atividade administrativa do Estado, no momento decisório há de se respeitar uma vontade política, sim, mas desde que devidamente calcada em preceitos jurídicos e políticos válidos.

Derivada e acompanhando tais fundamentos, desenvolveu-se a dogmática administrativista europeia, calcada nos ideais contratualistas, diretamente advinda do positivismo hobbesiano, como pretenso meio de controle dos possíveis arbítrios dos ocupantes dos cargos públicos.

Conforme refere Lorenzo Meucci, em obra originariamente datada do final do século XIX, a França, mas especificamente a partir do processo revolucionário de 1789, converteu-se no berço dos ideais dogmáticos do direito administrativo europeu ocidental, de onde se espraiou a concepção de discricionariedade administrativa como forma de manifestação política estatal, permitida por uma necessária janela da legalidade. Política esta que é inerente a forma estatal pós-absolutista. No mesmo momento Meucci aponta a indissociável confusão entre a história das instituições de direito administrativo (*istituzioni amministrative*) e o caminhar do Estado.[155]

---

153. KELSEN, Hans. **Teoria Pura do Direito**. p. 247.
154. STRECK, Lenio Luiz. **Hermenêutica jurídica e(m) crise: uma exploração hermenêutica da construção do Direito**. 8. ed. Porto Alegre: Livraria do Advogado, 2009. p. 122.
155. MEUCCI, Lorenzo. **Instituzioni di diritto amministrativo**. 5. ed. Turim: Fratelli Bocca, 1905. p. 10-18.

Não se nega que houvesse já uma grande organização jurídico-administrativa na França absolutista, ao menos desde o século XV, mas que o fundamento de validade de toda esta organização acabou por migrar da *voluntas* do soberano para a (*voluntas* da) lei, colocando a suprema autoridade administrativa (*suprema autorità amministrativa*) no corpo coletivo, ou seja, nas decisões tomadas pelos administradores.[156] Isto efetivamente criou a necessidade de uma janela de escolha para que estes pudessem trabalhar as opções administrativas dentro de um espectro de legalidade, ao mesmo tempo que atendiam os anseios políticos da coletividade, que passou a ser o fundamento de validade do poder estatal.

Em suma, antes da transferência do fundamento de validade do poder decisório do soberano para a coletividade, não havia qualquer necessidade de uma janela política na atuação da administração, dada a inexistência de qualquer dissenso político derivado de tal fundamento, que residia única a exclusivamente na palavra de um indivíduo. Após a introdução do ingrediente revolucionário que passa o fundamento de validade do poder para a coletividade, torna-se inafastável o dissenso e a necessidade de se levar em conta escolhas politicamente eleitas, pelo que necessária uma "janela" que permita ao corpo administrativo atuar como implementador da *voluntas* derivada da coletividade.

A grande questão que paira neste momento é a de definir se esta vontade resta completamente expressa na lei, que haveria de ser seguida de forma literal, ou seja, 'sem ser interpretada', ou se caberia ao administrador, ao agente estatal, dentro de sua margem (discricionária) de atuação, apreender, definir e implementar a vontade coletiva em complementaridade ao que posto nas prescrições normativas.

Como não poderia deixar de ser, dado o momento histórico da abordagem doutrinária de que se fala, não há qualquer menção mais específica a tal embate entre "os positivismos", mas há a conclusão de que a interpretação do direito administrativo pode e deve ser controlada por meio de normatizações que a disciplinem. Uma crença que ainda deita raízes naquele positivismo primevo, que não questiona sequer como deverá segurar-se a interpretação das prescrições que definem como deverá ser levada a cabo a interpretação das demais previsões, ou seja, isso sequer é visto como um problema, mesmo que presente e devidamente identificado.

Como dito pelo próprio Meucci, toda a construção da organização visando a regulação estatal, confunde-se com a própria ideia de Estado, calcando-se na individualidade moral, primordialmente derivada da

156. Ibid., p. 12-13.

reflexão filosófica de Kant[157] e seu sujeito transcendental, o que explica toda a postura exegética acima posta, que possui plena confiança na ciência desenvolvida pela capacidade de observação do homem, capaz de puxar-se para fora de um problema interpretativo quase que sozinho, para o qual anteriormente criou uma regra interpretativa, mas que ao fim e ao cabo acaba por dispensar.

Este é o resultado da concepção francesa pós-revolucionária, de que o direito advém da lei, dado esta última ser expressão da vontade popular, centrando-se na produção do poder legislativo e não o contrário como ocorrido na Alemanha[158], com a Escola histórica, onde a lei adveio do processos acadêmico de apuração conceitual, fundado na figura do erudito, do doutrinador, que possui como grande nome Friedrich Carl von Savigny.[159]

Partindo disso, a autoridade estatal é tida como mera condição para a conservação da liberdade, desde que fundada nos pressupostos da razão e do liberalismo.

> La restaurazione d'un ordine giuridico-politico sulla base della libertà è idea splendida e profondamente scientifica. Ché questa libertà, lungi de essere nemica, è fattore principale dell'ordine, del bene, è verità feconda. La libertà è un diritto, è il primo de' diritti, è il diritto essenziale, la personalità, è la presunzione sovrana, che non bisogna di prova, che nel dubbio si afferma da sé e trionfa. Ma questo concetto fu esagerato: la libertà fu presa come fine non come facoltà, come forma astratta e senza il suo contenuto vivificatore che è il bene e senza la sua norma inseparabile che è la legge.
>
> Dal concetto esagerato della libertà per la libertà, venne il concetto erroneo dello Stato e del diritto come ostacoli della libertà.[160]

Clássico "produto" revolucionário que confirma tal posição da lei, de forma ainda mais dramática, ligando-a diretamente ao senso de liberdade, é a Declaração dos Direitos do Homem e do Cidadão, de agosto de 1789, especificamente em seus artigos 5º e 6º, os quais preconizam que tudo o que não está proibido pela lei não está impedido e que ninguém pode ser constrangido a realizar o que a lei não ordena, dado que esta é a expressão da vontade geral.[161]

---

157. Ibid., p. 31-32.
158. CABRAL DE MONCADA, Luis. **Lei e regulamento**. Coimbra: Coimbra, 2002. p. 654.
159. ABBOUD, Georges; CARNIO, Henrique Garbellini; OLIVEIRA, Rafael Tomaz de. **Introdução à teoria e à filosofia do direito**. São Paulo: Revista dos Tribunais, 2013. p. 330.
160. MEUCCI, Lorenzo. **Instituzioni di diritto amministrativo**. p. 32-33.
161. BOBBIO, Norberto. **A era dos direitos**. Rio de Janeiro: Elsevier, 2004. p. 99-100.

A primazia da lei no Estado francês pós-revolucionário também é flagrante, o que resta evidente ao se observar que o controle de constitucionalidade destas era feito de modo preventivo, inclusive sob a égide da Constituição de 1958, além da delegação legislativa ser expressamente vedada, já na Constituição de 1791.[162]

Estas são demonstrações claras de que a lei era o instrumento científico da modernidade que era capaz de efetivamente "portar" o sentido de liberdade individual que justificava todo o movimento revolucionário.

Tal diferença se faz fundamental para entender o desenvolvimento da ideia de discricionariedade derivada do processo revolucionário francês e diretamente fundada na legítima expressão da vontade popular provida pelo involucro representado pela lei, a qual deveria ser estritamente respeitada pela Administração quando de sua atuação. Em suma, a Administração somente poderia realizar aquilo que a norma expressamente determinava. Um dogma que se mantém até os dias atuais, primordialmente no Brasil, e que acaba servindo muitas vezes de capa de sentido para atos que pouco se identificam aos comandos normativos.

É claro que isso fazia com que o Legislativo tivesse primazia sobre o Executivo e sobre o Judiciário. Estes dois últimos acabavam por subjugar-se ao poder legiferante por meio do exegetismo, que foi aplicado para produzir efeitos não apenas sobre as decisões judiciais, no intuito de amarrá-las de forma mais apertada possível aos ditames das prescrições normativas, colando texto e norma, mas também sobre a atuação executiva estatal, que apenas podia ocorrer nos exatos limites definidos pela lei.[163]

Aqui se vê claramente a influência de Kant sobre o Direito, especificamente quando texto e norma ainda se achavam "colados" de modo que bastaria haver inteligência do que se pretendia direito pela mera leitura das prescrições normativas. Kant confere ao sujeito cognoscente posição central e prevalente em face da natureza e ao "objeto" em geral. A natureza não seria cognoscível se o sujeito não dispusesse de faculdades *a priori*, transcendentais, as quais não são extraídas da experiência e indispensáveis para que qualquer experiência seja apreendida. O conhecimento dos fenômenos termina por captar o lado cognoscível da realidade, deixando para a metafísica, que se apresenta como exigência última da razão para a compreensão do mundo, a formulação de hipóteses dialéticas sobre tudo o que se oculta por detrás dos fenômenos. Por isso, o homem torna-se o legislador do universo, propondo leis e definindo o mundo a partir delas.[164]

---

162. CABRAL DE MONCADA, Luis S. **Lei e regulamento**. Coimbra: Coimbra, 2002. p. 703.
163. A referência aqui feita se refere ao âmbito teórico, não sendo direcionada a qualquer caso concreto específico.nh
164. PALOMBELLA, Gianluigi. **Filosofia do direito**. p. 62-63.

Para Kant, o direito como instrumento de coerção levado a cabo por meio de imperativos categóricos, os quais devem condicionar a subjetividade do sujeito cognoscente, apenas justifica-se por visar garantir a liberdade, único valor que deve ser protegido. A coerção seria um meio-termo lógico entre a liberdade e a necessidade, de modo que se apresenta como instrumento do direito para criar condições para que o arbítrio de um possa conviver pacificamente com o arbítrio do outro, respeitando uma lei universal de liberdade.[165]

Em um segundo momento, que foi de capital importância para o florescimento do Executivo como um verdadeiro Poder, advindo do que se chama de "dissidência revolucionária"[166], viu-se um considerável incremento de margem de atuaçao e força das decisões da Administração Pública, exatamente por meio da abertura para a aplicação da escolha normativa, mesmo que esta permanecesse estritamente vinculada aos ditames legais. Tal decorreu da particular interpretação dada na França à ideia de separação de poderes, que passou a ser vista como divisão de poderes, em grande medida pela incompatibilidade da visão originariamente britânica e estadunidense em face das circunstâncias francesas, em especial da desconfiança que se tinha do Judiciário e dos privilégios estamentais por ele defendidos.[167]

Exemplo disso é situação histórica trazida por Garcia de Enterría, em grande medida "esquecida", quando relata que Montesquieu (o aristocrata Barão de La Brede e Montesquieu), um dos idealizadores da divisão (não separação) de poderes, foi presidente do parlamento bordelês e assim mesmo acabou execrado pelos revolucionários no mesmo momento em que estes entenderam pela utilização do esquema central de Constituição.[168]

Esta fundamental diferença é que permitiu o surgimento de uma Administração Pública autônoma e poderosa, diversamente do que ocorrido na tradição constitucional anglo-saxã. A falada separação e não a mera divisão, é que possibilitou a fundamentação de um poder regulamentar da lei, preliminarmente de mera execução e, em um segundo momento, independente.[169]

A partir desse marco é que se passa a entender que o administrador pode realizar escolhas não mais absolutamente vinculadas à lei, mas, também, as relativamente vinculadas, em razão da impossibilidade da lei alcançar todos os aspectos da vida a serem ordenados pela Administração Pública, algo que já era anunciado por Rousseau no Contrato Social.[170]

---

165. Ibid., p. 66-67.
166. ENTERRÍA, Eduardo García de. **Revolución francesa e administración contemporánea**. 5. ed. Madrid: Civitas, 1998. p. 41.
167. GUERRA, Sérgio. **Discricionariedade e reflexividade**. Belo Horizonte: Fórum, 2008. p. 48.
168. ENTERRÍA, Eduardo García de. **Revolución francesa e administración contemporánea**. p. 47.
169. Ibid., p. 50-51.
170. GUERRA, Sérgio. **Discricionariedade e reflexividade**. p. 49.

Importante anotar que, mesmo reconhecida a impossibilidade do Direito em reger todas as hipóteses da vida, ainda resta evidente sua equiparação a lei, de modo que ao agente do Estado apenas cabe aplica-lo de forma sintática, ou seja, apenas levando em conta os conceitos que compõem a legislação, de modo a especificar a prescrição normativa diante da situação que se apresenta, sem a criação de uma norma específica para o mesmo, deixando de lado qualquer análise semântica ou pragmática[171-172].

Sobre o positivismo legalista do período, tratou Castanheira Neves de forma mais do que elucidativa:

> Já terá um sentido positivista, se o texto for compreendido em termos não apenas expressivos, mas *constitutivos* – se se entender que a significação é constituída exclusivamente *pelo* texto e que só no texto, no seu conteúdo significativo, deve ser procurada. É deste modo que o positivismo legalista postula que a lei é o seu texto, e implicará isso não só que o direito positivo se tenha por auto-suficiente e fechado em si (a excluir o recurso a critérios normativos além dele próprio para a sua determinação e a sua realização), como do mesmo modo se entenda que o direito posto ou legalmente imposto encontrará unicamente no sentido da sua formal expressão prescrita, no sentido incorporado na sua expressão textual, o seu interpretando sentido jurídico. Entendimentos estes em que se podem ver, respectivamente, o "dogma do existir-em-si-mesmo do direito positivo", e a "teoria da imanência do 'sentido' no direito positivo" (HRUSCHKA) e pelos quais conjuntamente se definiram os princípios capitais do positivismo jurídico tradicional – a partir de SAVIGNY e de *L'École de l'exégèse.*[173]

Por mais que o intérprete administrativo da normatização lhe desse um específico sentido para cada caso em que fosse atuar, o mesmo era decorrente único e exclusivo do que posto no texto da lei, na medida em que *lex* equivalia a *ius*, de forma que os sentido já estavam dados no texto normativo, esperando uma mera "reconstrução do pensamento contido na lei", de modo que a tarefa do intérprete (no caso o agente estatal do Executivo, da mesma

---

171. Em uma aproximação do Direito proporcionada pela semiótica como meio de análise da linguagem (admitindo-se que Direito é linguagem), é possível realizar um corte sintático, um semântico e outro pragmático. Segundo a verificação sintática (que é a levada a cabo pelo positivismo legalista, exegético) tem-se a linguagem como uma estrutura de signos que se relacionam, atendo-se a uma relação interna do tipo signo-signo, deixando-se completamente de lado a relação do signo com o objeto ao qual ele faz referência. Sob o viés semântico, a linguagem é confrontada com o objeto ao qual se refere, observando-se o signo linguístico diante do objeto a que se refere. Por fim, a dimensão pragmática observa a linguagem na perspectiva de seu uso, ou seja, daquele que é realizado por quem a opera.

172. STRECK, Lenio Luiz. **Verdade e consenso**. p. 31-32.

173. CASTANHEIRA NEVES, António. **Metodologia Jurídica:** problemas fundamentais, Coimbra: Coimbra, 1993. p. 96.

forma que eram os do Judiciário) era trazer à consciência o conteúdo da lei. Tudo o que não fazia parte de tal conteúdo, qualquer que fosse sua afinidade com ele, colocava-se rigorosamente fora dos limites da tarefa.[174]

Mesmo assim, não se pode olvidar que os atos da Administração não ficaram carentes de controle, na medida em que o Judiciário foi afastado deste papel. Peça fundamental no esquema armado nessa França pós-revolucionária, foi o Conselho de Estado, criado em 1799, pelo artigo 52 da Constituição do Consulado, de 22 frimário do ano VIII[175] (13 de dezembro de 1799), exatamente com o intuito de controlar os atos do Executivo e que se aprofundou em tal função com o passar do tempo, inclusive criando grande parte das figuras e teorias jurídicas pertinentes à reponsabilidade civil do Estado e efetivo controle dos atos administrativos. O Conselho de Estado inicialmente não era um tribunal, constituindo-se em órgão administrativo consultivo, mesmo que seu posicionamento possuísse acentuado peso. Em consequência disso, formalmente a justiça administrativa ainda era realizada pelo chefe do Executivo sob um sistema da chamada "justiça reservada" (*justice retenue*). Em algumas oportunidades a competência para a resolução de específicas controvérsias acabava delegada pelo chefe do Executivo a alguns funcionários públicos, em sua maioria ministros, no denominado sistema de *ministre-juge*. Ainda que figurasse na referida posição de órgão consultivo, o Conselho de Estado acabou por desenvolver farta jurisprudência que aos poucos formou a base do direito administrativo francês.[176]

Tal situação perdurou até o próprio Conselho de Estado converter-se em um efetivo tribunal administrativo, com poderes para decidir de forma definitiva e cogente os casos que lhe eram levados, o que apenas ocorreu em 24 de maio de 1872. Com isso o Conselho de Estado converteu-se em um tribunal soberano, com o que na sequência aboliu a doutrina do ministro-juiz, possibilitando que os autores das ações frente à administração acabassem por invocar sua jurisdição de forma direta, o que inicialmente

---

174. Ibid., p. 96-97

175. Frimário era o terceiro mês do outono no calendário revolucionário francês, instituído pela Convenção Internacional de 1792 e possuidor do mesmo espírito de ruptura do referenciado dia da razão, ou seja, com o intuito de despregar-se de todas as antigas tradições que pudessem fazer qualquer remissão ao ancien régime. O calendário tinha início no outono sendo que o primeiro mês da estação chamava-se vindemiário (em referência a Víndima ou colheita de uvas), seguiam-se o brumário (relativo à bruma ou nevoeiro), o frimário (mês das geadas ou frimas em francês), após vinha o inverno iniciado no nivoso (referente à neve), o pluvioso (chuvoso), o ventoso, na sequência a primavera, começando no germinal (relativo à germinação das sementes), o floreal (mês das flores), o pradial (em referência a prados), e, por fim, o verão, começando no messiador (nome originário de messis, palavra latina que significa colheita), o termidor (referente ao calor) e o frutidor (relativo aos frutos); como cada mês tinha trinta dias, sobravam cinco dias no final do ano (de 17 a 21 de setembro): eram os dias dos sans-culottes, considerados feriados nacionais.

176. BERMAN, George; PICARD, Etienne. **Introdução ao direito francês**. Rio de Janeiro: Forense, 2011. p. 79-80.

não era possível, vez que apenas manifestava-se em face de recursos movidos em face das decisões proferidas pelos ministros.[177]

A atuação do Conselho de Estado é absolutamente pertinente e importante, dada a característica do direito administrativo francês ser basicamente não escrito, não apenas em face da dificuldade de criar prescrições normativas específicas para as diversas hipóteses de aplicação deste ramo da ciência jurídica, visto que trata eminentemente do modo de atuação específica da Administração tendo em conta as normatizações gerais postas na legislação, mas também em razão do tradicional e inteligível comedimento do legislativo acerca da matéria:

> O direito administrativo francês continua a ser basicamente um direito não escrito em razão do comedimento tradicional do legislativo a esse respeito. Ainda assim, desde a Revolução de 1789, o legislativo vem promulgando lei, algumas delas bem importantes e muito conhecidas. Na maioria das vezes, contudo, as leis promulgadas estabeleceram somente dispositivos muito específicos ou práticos. No geral, as questões mais importantes com as quais os tribunais precisam se confrontar ao decidir casos não são as alcançadas por princípios ou dispositivos legais gerais e abrangentes, inclusive, por exemplo, regras determinando o escopo de aplicação do direito administrativo, a jurisdição de autoridades administrativas, as formas que as medidas administrativas precisam assumir, os procedimentos gerais a serem seguidos quando tais medidas são tomadas, limitações no arbítrio de que gozam os funcionários públicos administrativos, as circunstâncias nas quais os oficiais executivos ou individuais podem incorrer em responsabilidade civil, os remédios jurídicos disponíveis para infrações do direito administrativo ou os procedimentos a serem seguidos perante os tribunais administrativos.[178]

Exatamente à míngua de tais prescrições normativas específicas, o Conselho de Estado transformou-se na principal fonte do direito administrativo francês, que em grande medida converteu-se em um direito fundado nas tradições jurisprudenciais[179], ou seja, na coerência decisória[180], o que é muito

177. Ibid., p. 80.

178. Ibid., p. 81.

179. Id.: "Em vista dessa falta de um conjunto de leis escritas, cabe ao *Conseil d'État* desenvolver as normas de acordo com as quais possa tratar dessas questões de uma forma consistente e apropriada. O *Conseil d'État* fez isso aos poucos, caso a caso, produzindo uma verdadeira jurisprudência. Assim sendo, diferentemente do que frequentemente declarado, o direito francês em geral não é apenas um direito amplamente escrito, como também um direito feito por juízes."

180. Esta coerência decisória de que aqui se trata, deve ser associada ao que prega Dworkin e a Crítica Hermenêutica do Direito, pelo que muito importante para a pertinência das constatações e afirmações subsequentes para o "fechamento" teórico deste texto.

importante para a temática aqui abordada. Tal característica será resgatada em momento oportuno, em especial na conclusão da presente obra.

Grande exemplo disso é o popular caso que marca o surgimento da responsabilidade objetiva do Estado, ensinado recorrentemente nas cadeiras da graduação, popularmente conhecido como caso *Blanco*, quando o Conselho de Estado decidiu que o Código Civil não pode ser aplicado às relações entre entes estatais e particulares, especificamente no campo da responsabilidade civil.

O ponto não é falar pela enésima vez do caso *Blanco*, mas que a chave para o contemporâneo aprendizado da origem da reponsabilidade objetiva do Estado é um caso decidido pelo Conselho de Estado, não uma prescrição normativa qualquer, ou uma decisão judicial outra.

Outro destes célebres exemplos didáticos acerca das origens dos institutos do direito administrativo é o da diferenciação entre atos de autoridade (*actes d'autorité*), tidos como tipicamente públicos, levados a cabo pelo Estado e os chamados atos de gestão (*actes de gestion*), tidos como atos dos particulares, dos quais os primeiros, em face de sua natureza, estavam sujeitos a exclusiva revisão pelos tribunais administrativos, ao passo que os últimos estariam sujeitos à jurisdição dos "ordinários" tribunais judiciais. Mais uma vez a chave do instituto encontra-se na jurisprudência do Conselho de Estado.

Além da influência da tradição jurisprudencial, o que faz do direito administrativo francês ramo bastante peculiar em face das características do direito pós-revolucionário daquele país, quebrando dogmas e mitos, além de promover aproximação da ideia que se possui(a) do Direito anglo-saxão, também sofreu considerável influência da *doctrine*, de modo a aproxima-lo em certa medida da tradição jurídica germânica. A *doctrine*, que reúne todos os escritos que tratam da consolidação de leis ou que comentam as sentenças proferidas, detinha a função de aconselhamento, de efetivamente informar publicamente o Conselho de Estado acerca de qual seria a solução mais adequada para cada caso, indubitavelmente contribuindo para a questão da coerência das decisões, tão importante para o Estado Democrático de Direito da contemporaneidade, conforme trata Dworkin.

> A importância da *doctrine* e, em especial, este último tipo de *doctrine*, se deve ao fato de a jurisprudência não emanar diretamente de decisões judiciais. Em vez disso, a jurisprudência representa uma interpretação intelectual construída com base em decisões judiciais e que tenta tornar seu modo de raciocínio, suas bases, seu escopo, suas limitações e suas exceções mais claros e aparentes. O direito administrativo é, consequentemente, o produto de um diálogo entre juízes e doutrinadores, cujas contribuições têm sido muito bem

comparadas pelo famoso autor já falecido, Jean Rivero, a um "coro de duas vozes".[181]

Do desenvolvimento de tal tradição jurisprudencial e doutrinária, participaram conhecidos nomes do direito administrativo mundial, não apenas Jean Rivero, mas Léon Duguit (1859-1928) e Maurice Hauriou (1856-1929), que em momento anterior travaram embate acerca de uma única ideia que poderia expressar o direito administrativo. Hauriou defendeu vigorosamente que quase tudo concernente ao direito administrativo ou, como ele chamava, o "regime administrativo" (*le régime administratif*) poderia ser explicado pela noção de "poder público" (*la puissance publique*), ao tempo que Duguit buscava explicar a ideia do direito administrativo por meio da concepção de "serviço público" (*le service publique*).

Como dito anteriormente, a noção de legalidade foi a base de toda a construção da ideia de Estado de Direito e superação do absolutismo, pelo que também sobre ela erigiu-se a atividade desse novo Estado, de modo que em França seu delineador e guardião passou a ser o Conselho de Estado.

Mesmo assim, há atos exarados pelo Estado sobre os quais o Conselho de Estado não se pronuncia. São os chamados atos de governo, considerados atos de autoridade, não de execução, de administração, de modo que a atuação do Conselho de Estado se dá acerca da gestão, não das decisões políticas promovidas pelas mais altas autoridades.

Importante notar que a limitação ressaltada não se dá em razão da estatura da autoridade envolvida ou da "importância" do ato levado a cabo pelo Estado, mas em decorrência da natureza deste. Exemplo disso é o ocorrido na audaciosa e célebre decisão *Dame Lamotte*, em que o órgão foi instado a pronunciar-se acerca da previsão disposta em ato normativo que não seria sindicável. Em tal oportunidade declarou-se que tal dispositivo significaria exatamente o oposto do que ali deduzido textualmente, ou seja, de que a medida não seria sindicável por qualquer outra via que não fosse o próprio Conselho de Estado e pelo estrito procedimento do recurso por excesso de poder, exatamente manifestado na materialidade da prescrição.[182]

Ao fim e cabo, o direito administrativo francês, com especial enfoque na noção de discricionariedade, desde seus primeiros passos restou decisivamente atrelado ao controle, inclusive meritório, levado a cabo pelo Conselho de Estado, que o fazia não com base em uma mera interpretação

181. Ibid., p. 82.

182. CONSEIL D'ÉTAT. 17 février 1950 – Ministre de l'agriculture c/ Dame Lamotte. Disponível em: [https://www.conseil-etat.fr/ressources/decisions-contentieuses/les-grandes-decisions-du-conseil-d-etat/conseil-d-etat-17-fevrier-1950-ministre-de-l-agriculture-c-dame-lamotte]. Acesso em: 17/04/2020.

dos comandos normativos postos nas prescrições normativas aplicáveis ao caso que julgava, mas respeitando a coerência das decisões anteriores e o que dizia a *doctrine*.

É claro que ainda se estava no estágio do positivismo legalista, no âmbito da escola da exegese, mas não se pode dizer que a única fonte do direito administrativo fosse a lei, muito pelo contrário. Sob um olhar semiótico realizava-se uma análise meramente sintática, não semântica ou pragmática, mas esta incidia apenas sobre as prescrições normativas aplicáveis, as quais não manifestavam seus efeitos de forma avulsa nas decisões do Conselho de Estado, que claramente possuía obrigação de coerência, não apenas com suas decisões, mas com o que teorizava a doutrina.

Uma diferença fundamental do desenvolvimento do direito administrativo alemão para o francês é que em terras tedescas não se deu a revolução ocorrida em França, ou seja, não houve um específico momento de ruptura, um pontual trauma que tenha alterado a constituição do Direito, criando um verdadeiro direito público, uma fratura que pudesse marcar a passagem do Estado policial absolutista (*der Polizeistaat*)[183] ao Estado de direito (*Rechtsstaat*). Daí não se ter observado a mudança de paradigmas e extrema necessidade de controle das atividades do (novo) Estado, possibilitando a subsistência de um regime de Estado de direito na presença de um soberano, de um príncipe, de modo que a ideia de que o povo seria o

---

183. De forma muito sintética e concisa, especialmente pela temática não ser o foco do trabalho, mas simplesmente um conceito que se faz indispensável para a compreensão do momento do direito (público) germânico da época, Mayer ressalta que uma das principais características do Estado policial era a divisão da noção de Estado em duas figuras jurídicas distintas: o fisco, que agia como uma pessoa jurídica de direito privado, de modo a opor seus direitos (subjetivos) sobre os demais particulares (súditos, não cidadãos), o que se justificava para viabilizar o Estado em si (aqui como ponto de partida para o poder público), que não possuía fundamento na promoção dos direito individuais dos cidadãos, mas na promoção da pessoa ideal que o representava, o soberano. Com tais bases, especificamente derivadas das quais cabe ao soberano a edição das leis que regerão os súditos, podendo inclusive decidir o que será feito em pontuais casos, Mayer aponta que efetivamente inexiste um específico ramo do direito que discipline a atividade da administração perante os súditos. Esta limitação ocorria, sim, mas apenas em função de previsões pertencentes a outros ramos do direito, como o civil, processual ou penal, os quais eram aplicados por um Judiciário, que apesar de estar a serviço de uma das "partes", tinha o cuidado de trabalhar de forma imparcial, de modo a inspirar confiança e legitimidade perante os jurisdicionados. Mesmo assim, tais limitações incidem sobre o fisco, jamais sobre o Estado propriamente dito. Aqui se deve entender a distinção exatamente nos termos que vigorava à época, ou seja, não se trata de funções diferentes de uma mesma pessoa, de uma mesma figura jurídica, mas de duas figuras diversas. O Estado, diretamente vinculado ao soberano, não possuía patrimônio (aqui se verifica a importante contribuição da figura do fisco para a separação entre os bens do "príncipe" e os bens do Estado), mas autoridade por meio do "príncipe", ao passo que o fisco possuía patrimônio, mas tinha de submeter frente a autoridade do poder estatal, de modo a alimentar o restante da "máquina". Define Mayer que o decisivo para a distinção entre uma ou outra figura e a incidência ou não do controle do direito (privado), é a forma de atuação do Estado. Se o Estado unicamente possui o poder público, expressado sob a forma de mandados coercitivos, verifica-se o Estado. Em todos os demais, estará presente o fisco e a sindicabilidade judicial de sua atuação. Ao fim e ao cabo, Mayer posiciona-se pela inexistência de um direito público do Estado de polícia.

soberano do poder não chegou a ser a fundação sobre a qual se erigiu o direito administrativo germânico.[184]

Derivado deste caldo histórico é que também foi erguida a estrutura de controle dos atos da administração pública no *Rechtsstaat*, segundo a qual o Estado deveria apenas atuar nos trilhos em que a lei determinasse, de forma muito menos desconfiada e, consequentemente mais despreocupada do que na França, de modo que as "esperanças" de tal controle apresentavam fundamento exclusivamente no método da modernidade, como a divisão em categorias jurídicas da estirpe da discricionariedade técnica, sem que se tivesse uma preocupação de coerência e princípios no atuar da Administração, como visto pelo controle exercido pelo Conselho de Estado francês.

Uma grande comprovação da não ruptura para com a "aristocracia administrativa" pode ser encontrada no paralelo que Otto Mayer realiza entre a sentença judicial e o ato administrativo, quando aponta que ambos representam a concretização individual das normas gerais postas no ordenamento, especificadas pelos magistrados, no caso das sentenças, e pelo administrador, no caso do ato administrativo. Na concepção germânica, conforme abordado por Mayer, estes responsáveis pelas decisões estatais que devem levar a cabo as prescrições normativas nos casos concretos em que são levados a se manifestar, efetivamente seriam uma espécie de aristocracia que se distingue em uma grande massa de funcionários, meros cumpridores de determinações.[185]

O que diz Mayer e que se mostra de importância ímpar para a pesquisa é que mesmo diante de todas as garantias (procedimentais) do *Rechtsstaat* sua efetividade passa diretamente pela chancela do indivíduo, que é quem deve implementar a vontade geral impressa na lei.

Este mesmo indivíduo não sofreu a ruptura com o *ancien régime*, de modo que sua atuação era muito menos passível de impugnação material do que na França, buscando-se garantir cada vez mais o cumprimento do que posto na lei por meio de um estreitamento da linha procedimental que deveria ser seguida, ou seja, especificando de forma gradativamente mais acentuada o método decisório dos agentes públicos, para que sua margem de liberdade fosse cada vez mais reduzida. Mas a busca da diminuição de tal margem (de liberdade do administrador) mostrar-se-á um caminho infinito, o qual jamais levará a uma única decisão correta, que procedimentalmente possa ser afirmada como sendo aquela que efetivamente atende ao direito.

A partir disso, importa frisar que ao final do século XIX teve lugar discussão acerca dos conceitos legais indeterminados e a discricionariedade

---

184. MAYER, Otto. **Derecho administrativo alemán**. p. 76.
185. Ibid., p. 126-127.

dos atos administrativos, especialmente na Áustria, com o debate doutrinário entre Bernatzik e Tezner.[186]

Na ideia de Bernatzik, pertencente à escola de Viena, as situações previstas por determinados conceitos constantes das leis apenas podiam ser verificadas, obtidas, após a realização do que chamava de um "complexo processo interpretativo em cadeia"[187]. Como meio de resolução de tal problema, concluiu que a indeterminação dos conceitos jurídicos impingia a discricionariedade na escolha/definição de tais conceitos pelo Administrador Público.[188]

Não se negava o controle de tal determinação conceitual, que ao fim e ao cabo consistia na atuação da Administração, da mesma forma que ocorria na França um século antes, com o Conselho de Estado, conforme acima posto.

O embate de Bernatzik e Tezner derivava da afirmação atribuída ao primeiro, de que havia uma discricionariedade técnica[189], ou seja, advinda da extrema complexidade derivada dos problemas administrativos, dependentes de normatizações que envolviam diversos campos do conhecimento, não apreensíveis pela seara jurídica por completo. Tezner foi quem primeiro estabeleceu a diferença entre a função discricionária de competência do administrador e os conceitos jurídicos indeterminados, o que fez exatamente ao criticar a atuação da Corte Administrativa da Áustria, órgão que considerava como pertencente a esfera de incidência do poder discricionário da Administração Pública, sendo suas decisões insuscetíveis de revisão judicial.[190]

O que Tezner denunciava era que o preenchimento da indeterminação não poderia ser realizado de forma inexpugnável pela Corte Administrativa da Áustria, devendo ser necessariamente passível de revisão judicial.

Aqui cabe uma destaque na afirmação realizada por Karl Engisch ao tratar da questão da discricionariedade frente a indeterminação dos conceitos normativos, onde menciona a indiferença entre a discricionariedade administrativa e o parecer do agente do Estado[191], o que certamente é por si só incompatível com o modelo estatal pretendido desde o período revolucionário, dado que como frisado acima por Bobbio, fazia com que a teoria hobbesiana acaba-se por chancelar cada vez mais a dominação do homem pelo próprio homem. Evidente que a afirmação de Engisch foi realizada em momento consideravelmente ulterior à discussão destacada.

---

186. OHLWEILER, Leonel. **Direito administrativo em perspectiva**. Porto Alegre: Livraria do Advogado, 2000. p. 15.
187. *Rechtsprechung um materielle Rechtskraft.*
188. GUERRA, Sérgio. **Discricionariedade e reflexividade**. p. 54-55.
189. Expressão pioneiramente utilizada por Bernatzik em 1864, Cf. SOUSA, António Francisco de. **"Conceitos Indeterminados" no Direito Administrativo**. Coimbra: Almedina, 1994. p. 105-106.
190. Id.
191. ENGISCH, Karl. **Introdução ao pensamento jurídico**. 8. ed. Lisboa: Calouste Gulbenkian, 2001. p. 214.

Em face do que feito na França anteriormente, no caso da discussão austríaca, o que se verifica é uma discordância da forma de controle dos atos da Administração, que não poderia ser meramente realizada por um órgão de controle inserido no próprio Executivo, como o Conselho de Estado francês. Isso, como é amplamente reconhecido, tratou-se de uma escolha política, historicamente determinada, exatamente em face da desconfiança que se tinha sobre o Judiciário e sua relação com o *ancien régime*. Para além disso, que a discricionariedade administrativa derivada da indeterminação dos conceitos jurídico-administrativos postos na normatização inerente à matéria, especialmente o que se denominou de discricionariedade técnica, não se viu nada de muito novo diante do que já se fazia na França.

Ainda estando dentro do positivismo exegético, deve-se lembrar que não há espaço para falar em discricionariedade que não seja derivada desta indeterminação dos conceitos legais. A um, pois a lei, tida como expressão da vontade geral e da liberdade individual considerada em conjunto, uma ideia kantiana, era a garantia contra os arbítrios do Estado (liberal). A dois, em razão de não se ter a noção de outra discricionariedade que não fosse a técnica, conforme especificou Bernatzik, dado que não havia qualquer necessidade de manifestação política nos atos da Administração, uma vez que se acreditava que esta janela apenas deveria restar presente na atuação do legislativo, que deveria ser seguida à risca pelo Executivo e pelo Judiciário, seja este último na função de controlador da Administração ou não.

Outrossim, dizer-se que há discricionariedade técnica acaba por ser um contrassenso, dado que se há técnica, por mais complexa que esta possa ser, certamente apresentará uma resposta específica tida como correta. Afinal é o que se espera de um produto da modernidade, claramente derivado do método.

Assim sendo, sempre haverá uma resposta correta tecnicamente capaz de ser verificada em seu mérito (ou em seu demérito), fazendo com que esta "modalidade" de discricionariedade possa ser equiparada ao que se chama de atos administrativos vinculados, que são aqueles que a lei determina o como devem ser executados de forma prévia, sendo resolvidos por mera subsunção, quase como os "casos fáceis".[192]

Ao fim e ao cabo, por mais que discricionariedade técnica e conceitos jurídicos indeterminados fossem ideias diversas em sua origem, acabaram

---

192. A temática dos atos administrativos vinculados será retomada ulteriormente, especialmente no que diz respeito a impropriedade da cisão entre atos vinculados e atos discricionários, equiparável a que é feita entre casos fáceis e casos difíceis, não apenas sob o viés de estar inegavelmente ligada a filosofia da consciência e de tudo que daí advém, sendo amplamente capaz de gerar críticas mais do que sólidas, mas eminentemente em face de sua total incompatibilidade com o Estado Democrático de Direito e a margem de liberdade que provê ao agente público que "tripula" a máquina pública, especialmente em face das características muito peculiares do Estado brasileiro.

por confundir-se, de modo que a discussão repousou sobre a questão de aceitar-se ou não determinada margem de discricionariedade na atuação da Administração, o que discutia-se ser passível de revisão ou não, exatamente pela especialidade da atuação em busca da única solução correta para o problema. A pergunta era (e ainda é!): há uma liberdade – arbítrio – de opção nas escolhas da Administração, na medida da discussão de "se" e "como" deve haver um controle de tais opções?

A partir do momento em que introduzida a ideia de que as opções, a atuação da Administração, não se restringe meramente ao que posto na legislação escrita, ou seja, foge-se do exegetismo, efetivamente trazendo à baila a possibilidade de que haja duas ou mais opções, igualmente contempladoras dos objetivos postos na lei, dentre as quais apenas uma deve ser eleita pelo administrador, é que se inicia a passagem da fundamentação da discricionariedade para o positivismo normativista, coroado com a obra de Hans Kelsen.

No caso da atuação executiva do Estado a discricionariedade fundada na indeterminação dos conceitos jurídicos aos quais a atividade estatal deve restar vinculada, possibilitadora de uma pluralidade de respostas corretas, desde que respeitadoras de um procedimento em sua gestação, abre uma possibilidade política que não é tão fácil de ser visualizada como ilegítima e danosa, mas que torna delicada a questão de seu controle meritório.

Característica que norteia de forma decisiva a busca de controle da discricionariedade na prolação dos atos administrativos na tradição germânica é, como pontuado acima, a utilização do procedimento para tanto, de modo que por meio das exigências deste caminho moderno, que nada mais é do que um clássico método, possa-se chegar na "verdade" da atuação estatal, não com o princípio de garantir a vontade geral, a materialidade na busca da vontade geral, do interesse público, por meio da coerência com o que anteriormente foi realizado, eminentemente de forma meritória, como levado a cabo no caso francês. O princípio buscado pela ideia germânica de controle é a da maior especificação possível do mandamento legal sob o qual deve atuar o Estado, buscando cumprir cada vez de forma mais aproximada tais preceitos, com uma preocupação bastante reduzida (pode-se dizer assim) a respeito dos objetivos que deverão ser alcançados com este tipo de conduta.

Tal noção torna-se ainda mais dramática no âmbito da Administração Pública com a inserção do (cada vez mais indeterminado) conceito de "interesse público" como fundamento da indeterminação conceitual com a qual deve lidar o Estado em sua atuação executiva, que servirá como pedra de toque da atuação carente de controle, na exata medida em que se passa a entender que o único com legitimidade política para tal definição é o próprio Poder Público.[193]

A passagem abaixo é fundamental para o entendimento da problemática, enfaticamente em razão de sua concisão:

> De facto, a discricionariedade genuína, lá onde ela é reconhecida, é interpretada já pelos clássicos da doutrina da discricionariedade no sentido de que o ponto de vista daquele que exerce o poder discricionário deve valer como relevante e decisivo. Assim, diz RUDOLF LAUN: Quando é conferido um poder discricionário aos órgãos do poder executivo, estes "têm o poder de determinar eles próprios, segundo o seu modo de ver e o seu próprio querer, um e outro em consonância com os deveres do cargo, qual deva ser o fim próximo, imediato, de sua actuação". Quando o "interesse público" é incluído no conceito de discricionariedade, isto significa (segundo LAUN): "Aquilo que a autoridade considera ser o interesse público é no sentido jurídico efectivamente o interesse público". Por outras palavras: "Quando podemos admitir que, segundo a vontade da lei, duas possibilidades entre si contrapostas são igualmente conformes o direito, e a autoridade, portanto, pode optar por A ou não-A, sem agir contrariamente ao direito em qualquer das alternativas, então temos... poder discricionário". Igualmente W. JELLINEK vê a essência do poder discricionário no facto de que "decide a concepção pessoal do agente administrativo". Mesmo casos de recorte igual podem ser apreciados e decididos de maneira diferente por diferentes funcionários, sem que isso signifique uma violação do direito. "Esta pluralidade de sentidos querida pelo legislador é imanente ao poder discricionário". Em algumas destas formulações ecoam, porém, além do momento do "ponto de vista pessoal", também outros momentos como critérios do poder discricionário: possibilidade de escolha entre possibilidades opostas de decisão, pluralidade de sentidos. Para FORSTHOFF as coisas apresentam-se assim: poder discricionário significa "um espaço de liberdade para a acção e para a resolução, a escolha entre várias espécies de conduta igualmente possíveis... o direito positivo não dá a qualquer destas espécies de conduta preferência sobre as outras." Põe-se neste momento a questão de saber como é que estas diferentes formulações do conceito de discricionariedade (ponto de vista pessoal, possibilidade de escolha, espaço de liberdade, multiplicidade de sentidos) se correlacionam entre si. Significam elas porventura todas o mesmo?[194]

193. ENGISCH, Karl. **Introdução ao pensamento jurídico**. p. 216.

194. Ibid., p. 216-217.

A grande herança das escolas francesa e alemã, principalmente, em um momento posterior, é confiar a decisão sobre a vontade geral a ser definida em caso específico ao indivíduo, partindo do pressuposto que esta não possui parâmetros de controle, o que faz com que a atividade estatal não consiga se desvencilhar do sujeito, que efetivamente continua a possuir a capacidade de assujeitar todos os demais, não mais sob o manto do místico, mas sob o véu do mítico[195], ou seja, o método, a lei. Exatamente pela lei ainda restar equiparada ao Direito em um primeiro momento, ao passo que em um segundo, quando "descobre-se" que a lei não é portadora do justo, pelo que carente de um "fechamento", este novamente é feito com fundamento no indivíduo.

O ponto que parece ter permitido esta "mudança de 360º" reside em outorgar a soberania da vontade popular, traduzida no moderno veículo da lei, em um poder sem limites ao(s) indivíduo(s) que atuam em nome do poder do Estado. Por mais que se tenha visto que um ou mais indivíduos poderiam submeter todos os outros ao fazer uso do poder, a ira voltou-se contra seus possuidores, não contra o poder de sujeição em si. Donde se não pensou em rever o exercício do poder, senão simplesmente mudá-lo de lugar. Com o que, no lugar de ser uma praga, o arbítrio, passou a ser considerado uma conquista, a discricionariedade.[196]

1.2 O (inautêntico[197]) desenvolvimento teórico brasileiro

Retomados estes marcos históricos, das doutrinas francesa e alemã, cumpre (des)construirmos o caminho trilhado no Brasil. Não o fazendo

---

195. FITZPATRICK, Peter. **A mitologia da lei moderna**. São Leopoldo: Unisinos, 2005.

196. A ideia é brilhantemente exposta por Henry Barthélemy ao prefaciar a edição francesa (posteriormente traduzida para o espanhol) da clássica obra de Otto Mayer: MAYER, Otto. **Derecho administrativo alemán**. Tomo I. Buenos Aires: Depalma, 1949, que arrebata-a da seguinte forma: ¿No se incurre en este mismo error cuando entre el régimen abolido hace cien años y la era en la cual vivimos sólo se percibe esta diferencia: los derechos subjetivos del Estado sustituyendo a los derechos subjetivos de príncipe?

197. Ao longo do texto, sempre que utilizada a adjetivação "inautêntico(a)", esta deve ser considerada em seu sentido hermenêutico, ou seja, a partir que posto por Heidegger, quando tratou de existência inautêntica (Cf. HEIDEGGER, Martin. **Ser e Tempo**. 3. ed. Tradução por Márcia Sá Cavalcante Schuback. Petrópolis: Vozes, 2008.) e Gadamer ao tratar da tradição inautêntica (GADAMER, Hans-Georg. **Verdade e método II**. 2. ed. Tradução por Enio Paulo Giachini. Petrópolis: Vozes, 2002.). Em Heidegger, a questão da existência autêntica, que impede a fixação do sujeito em um projeto inautêntico, resta vinculada a questão do ser-para-a-morte. A morte é o único evento de que não se pode fugir, ou seja, é a "possibilidade" que torna todas as demais impossíveis. Ainda em Heidegger, a existência autêntica consiste na aceitação da própria finitude, quando o sujeito aceita a singularidade da morte como inexorável, não de maneira intelectiva, mas pelo sentimento de angústia. Já a existência inautêntica é a tentativa de fugir da angústia provocada da morte por meio de uma vida "banal", visando apenas a preocupação com êxito, sucesso, enquanto futuro, esquecendo-se da mundaneidade. Em Gadamer, na esteira do que desenvolvido por Heidegger, entende-se ser muito difícil a compreensão do sentido da experiência, que acaba por ser substituída por outra característica mais "adequada", donde exsurgem os pré-juízos inautênticos, que acabam por produzir uma tradição inautêntica, levando a verdadeiros prejuízos, conforme aponta Streck. A partir do momento em que se olvida a finitude (Heidegger) e vê-se possível a apreensão de todo o conhecimento, ou seja, sua entificação,

em mera reprodução de descrições históricas acríticas, como muito se vê na doutrina pátria, mas dando ênfase aos pilares sobre os quais erigimos nossas concepções sobre a temática.

O que será buscado é um olhar crítico sobre como um sincretismo das teorias estrangeiras, especialmente aliado (ou quiçá mesmo) em razão das peculiares caraterísticas da formação social do Brasil, promoveram um desenvolvimento que cada vez mais afasta o atuar estatal das prioridades eleitas no ordenamento, especialmente impressas na Constituição, justamente pelo uso equivocado de uma tal discricionariedade que não se sustenta sob um olhar crítico-filosófico.

Na mesma medida que realizado no ponto anterior, buscar-se-á um corte na matéria a ser abordada, com o que se aponta um marco teórico do qual derivaram as correntes de pensamento do direito administrativo brasileiro. Ao que nos pareceu, tendo em conta os autores com maior repercussão hodierna, este marco foi representado por Themístocles Cavalcanti e sua célebre obra "Instituições de direito administrativo brasileiro"[198].

Claro que não se desconhece a existência de autores com produção mais antiga e também importante para a formação do direito administrativo brasileiro[199], dos quais se faz indispensável abordar a extraordinária obra de Augusto Olympio Viveiros de Castro, "Tratado da sciencia da administração e direito administrativo", que inclusive foi Ministro do Supremo Tribunal Federal, entre 1915 e 1927, quando faleceu.

Em muitos aspectos, a destacada obra de Viveiros de Castro apresenta-se em um formato bastante distinto das que posteriormente serão abordadas, especialmente na medida em que traz uma divisão entre direito administrativo e ciência (sciencia) da administração, além de apresentar texto com divisões didáticas completamente diversas e, o que mais nos interessa, uma abordagem bastante diferente das obras que lhe sucederam no que diz respeito ao assunto que aqui se trata: a discricionariedade administrativa.

Para tanto, parte da ideia que administrar no âmbito da administração pública é o mesmo que administrar na esfera privada, ou seja, cuidar de algo que não lhe pertence diretamente, mas que se encontra sob sua responsabilidade. Em razão disso, evidente que o administrador não pode proceder

---

não mais se está falando em experiência. A partir do momento que se deixa de perguntar, deixa-se de adentrar em novas experiências, a partir do que se mergulha em uma tradição inautêntica.

198. CAVALCANTI, Themístocles. **Instituições de direito administrativo brasileiro**. 2. ed. Rio de Janeiro: Freitas Bastos, 1938.

199. Exemplos disso são: CASTRO, Augusto Olympio Viveiros de. **Tratado da sciencia da administração e direito administrativo**. 3. ed. Rio de Janeiro: Jachinto Ribeiro dos Santos, 1914; e SANTOS, Oliveira. **Direito Administrativo e sciencia da administração**. Rio de Janeiro: Jachinto Ribeiro dos Santos, 1919.

sua administração que melhor lhe aprouver, mas sempre de acordo com os melhores interesses para quem ele exerce suas funções.

Com esta simples concepção, construída de forma indubitavelmente complexa, Viveiros de Castro afasta grande parte do descontrole que poderia pairar sobre os rumos da atividade administrativa, criando um item verificador de utilidade indefectível: o benefício do cidadão. Claro que a aferição deste benefício não caberia diretamente ao indivíduo do administrador, mas às opiniões politicamente construídas.

Outra imensa contribuição de Viveiros de Castro é derivada de uma abordagem completamente heterodoxa da concepção de divisão de poderes, partindo da teoria do órgão, o que faz com redação surpreendentemente agradável e fluida para uma densa obra jurídica. Para tanto, partindo de uma ideia claramente moderna, aponta que o estudo do organismo político não pode ser diverso do estudo destinado ao organismo humano. Para ele, não há hierarquia fundada na importância dos órgãos, mas diversidade de funções.

Mesmo assim, a divisão de funções não faz com que estas sejam estanques, dado que um órgão que é encarregado precipuamente de uma delas, muitas vezes desempenha de forma secundária a função que é primordial em outro.

De tal forma, aponta como caduca a ideia de separação dos poderes[200], segundo a qual o Estado seria um corpo inorgânico composto de partes desconexas, de modo a vincular cada função a um órgão específico e independente. A tal caducidade manifestar-se-ia eminentemente no momento de controle de tais atos, mais especificamente na ideia de que um dos poderes não poderia controlar os atos levados a cabo por qualquer um dos outros, sobe pena de violação da separação.

Viveiros de Castro diz que o Estado não pode ser considerado um agregado de partes desconexas, semelhante a um mineral. A partir disso aponta que apesar da ciência da administração ter estabelecido a distinção entre as primordiais funções estatais (legislativa, judicial e administrativa), é impossível que a distinção de funções corresponda perfeitamente à especialização dos órgãos.

---

200. Certamente que a concepção de separação de poderes aqui abordada não é a que atualmente vige no Brasil. Conforme a História dos Conceitos, de Reinhart Koselleck (cf. BEZERRA, Danieli Machado. **Reinhart Koselleck e a Linguagem**. Curitiba: Appris, 2018; e PEREIRA, Luisa Rauter. O debate entre Hans-Georg Gadamer e Reinhart Koselleck a respeito do conhecimento histórico: entre tradição e objetividade. *In:* **História da Historiografia: International journal of theory and history of historiography.** Disponível em:[https://www.historiadahistoriografia.com.br/revista/article/view/240/210]. Acesso em: 19/03/2019 as 17:30), não se deve atribuir o mesmo significado a significante que sofreu a ação do tempo (especialmente a partir da concepção de Heidegger e Gadamer, que servem de marco teórico para Koselleck). O conceito de Separação de Poderes abordado por Viveiros de Castro não é o mesmo que hodiernamente debatido. Não se pode criticar autor de outro tempo a partir das lentes da atualidade, sob pena de incorrer em anacronismo e consequente não compreensão do objeto de estudo.

Daí, conclui que é conveniente repudiar as consequências da metafísica doutrina da separação de poderes, a qual faz acreditar que cada um dos corpos do Estado possuiria vida própria, ou seja, seriam três esferas independentes e soberanas, impondo um estado de luta e anarquia, exatamente por levar a noção de que os atos de uma delas jamais poderia ser controla por uma outra.[201]

As seguintes passagens elucidam bastante a ideia transmitida na indigitada obra:

> Essencialmente, a Administração não exerce autoridade, e, portanto não é um poder, é simples gestão de interesses, guarda de institutos, prestação de serviços.
>
> (...)
>
> É o Governo que manda executar uma obra pública, a Administração a controle; o Governo estabelece bases para a celebração de um contracto, a Administração contracta; o Governo nomeia empregados, a Administração dá-lhes ocupação; o Governo regulamenta os serviços, e a Administração os desempenha; finalmente, emquanto a Administração serve, o Governo a dirige, a inspeciona, impulsiona e organiza.
>
> Ordinariamente todo o trabalho administrativo começa por um ato politico que o autoriza, decreta ou regulamenta.[202]

Obra das mais antigas que também merece referência é a de Oliveira Santos[203], em que o autor expressamente trata da discricionariedade inerente a determinados atos excepcionais do Estado.

A obra de Oliveira Santos, quase que contemporânea da de Viveiros de Castro, também promove a separação entre governo e administração, como sendo ambas funções desempenhadas pelo Estado, não de forma estanque e asséptica, mas como duas instâncias de atuação diversas, de modo que a primeira eminentemente guiada pelas escolhas políticas e a segunda, orientada pelo seguimento a tais escolhas previamente ocorridas.[204]

Na função de administração, Oliveira Santos apenas admite a discricionariedade dos atos estatais de forma excepcional, de modo que apenas em situações não previstas na lei, muitas delas de efetiva calamidade, de forma

---

201. CASTRO, Augusto Olympio Viveiros de. **Tratado da sciencia da administração e direito administrativo**. p. 388-389.

202. Ibid., p. 390-391.

203. SANTOS, Oliveira. **Direito administrativo e sciencia da administração**. Rio de Janeiro: Jacintho Ribeiro dos Santos, 1919.

204. Ibid., p. 149.

prospectiva, o Estado administrador poderia atuar de maneira não prevista pelo direito positivo, única e exclusivamente para sanar estes momentos de trauma.[205]

Aquele momento da doutrina de direito administrativo brasileiro, ainda na primeira metade do século XX, opera sob forte influência do positivismo exegético, principalmente o francês, o que se mostra evidente nas colocações de Oliveira Santos, na medida em que este apenas admite excepcionalíssimas e dramáticas hipóteses em que as condutas a serem levadas a cabo pela Administração não estarão previstas em lei escrita.

Ingrediente importante desta dramática noção de discricionariedade, ainda arraigada ao positivismo primevo, é que a calamidade possui ingrediente de igualdade, ou seja, quando o desastre se mostra, efetivamente atinge a todos, ricos e pobres, ferindo de forma indistinta a choupana dos pobres e o palácio dos reis. Medidas em favor da redução das desigualdades, verdadeiro combate à pobreza, jamais podem ser discricionárias. Tem de possuir prévia determinação legal, tem de advir de uma escolha política.[206]

Em Oliveira Santos a atuação discricionária ocorre não de forma completamente desvinculada do direito, ao completo alvedrio do agente que comanda a Administração, mas apenas em estrito cumprimento da função estatal, no melhor interesse dos cidadãos, numa normatividade quase que principiológica, conforme hodiernamente a entendemos na concepção da Nova Crítica do Direito ou Crítica Hermenêutica do Direito.

1.2.1 *Themístocles Cavalcanti*

Partindo para a obra de Themístocles Cavalcanti, mesmo que ainda localizada na primeira metade do século XX, apresenta considerável ruptura com as noções trazidas por Viveiros de Castro, as quais jamais foram retomadas pela doutrina brasileira. Como será visto posteriormente, isso parece ter sido muito prejudicial para a noção de discricionariedade administrativa e controle dos atos administrativos, na exata medida que muitos atos de governo, diretamente derivados da atividade política, conforme a classificação proposta por Viveiros de Castro, acabaram por ser chamados de atos administrativos discricionários, insindicáveis em sua materialidade perante qualquer instância. Com eles, muitas vezes também foram misturados atos que nada tinham de políticos, mas que também foram chamados de discricionários e foi vedada qualquer revisão material sobre eles.

A obra de Cavalcanti impressiona pela riqueza teórica que aporta, o que já faz ao trazer as noções de direito administrativo trazidas por grande

205. Ibid., p. 150-151.
206. Ibid., p. 154-155.

parte da doutrina francesa e alemã, como Laferriére, Hauriou, Von Stein, Otto Mayer e Fritz Fleiner, o que se menciona não por uma questão de elogiar a obra do autor, mas por ser uma inovação para a época. Deve-se lembrar que as importações de livros eram muito precárias quando da elaboração da referenciada obra. É exatamente a partir de tal noção que Cavalcanti inicia a construção de uma noção brasileira de discricionariedade.

Ponto que já de início merece atenção é a afirmação de que a atividade administrativa é chefiada pelo Poder Executivo, o qual acaba por exercer funções políticas, compartilhadas com o Legislativo, além da função administrativa. Cavalcanti delimita ambas as funções com base em critérios legais, ou seja, de acordo com o que posto na legislação acerca das funções do Executivo, de modo a afastar a política da administração. Com isso parte do claro pressuposto de que a atividade administrativa já possui todas as bases políticas postas em lei e que a partir disso desenvolve-se, desconsiderando que meritoriamente as "escolhas" do Estado em sua função administrativa possam também consubstanciar escolhas de prioridades políticas.[207]

A cisão é importante pois representa um paradigma em que ainda resta fortemente calcada a temática ora em estudo, tendo em vista a possibilidade metafísica de uma ciência da administração (pública)[208] sanitizada, "pura", sem que receba influxos da política.

A partir disso, fica evidente que a função da administração (Executivo) é meramente a de realizar o que posto na lei por quem de direito, eminentemente por meio da noção de serviço público, o que faz com base no que o próprio Cavalcanti chama de "velha escola francesa", partindo de Laferriére e passando diretamente por Von Stein e a escola germânica, especificamente afirmando que o direito administrativo seria o estudo das normas positivas emanadas pelo legislativo e que influem no organismo da administração, determinando suas várias funções específicas.[209]

> A distinção entre o direito administrativo e a sciencia da administração não tem, a nosso vêr, mais, dentro dos novos princípios, a subtileza antiga; a sciencia da administração é a technica emquanto que o direito administrativo é o conjunto de princípios e normas. Não há, portanto, necessidade de maiores observações.
>
> (...)

---

207. CAVALCANTI, Themístocles. **Instituições de direito administrativo brasileiro**. p. 04.
208. Necessariamente democrática no contemporâneo ambiente brasileiro.
209. CAVALCANTI, Themístocles. **Instituições de direito administrativo brasileiro**. p. 04-05.

> É preciso, porém, observar que a política da administração não é a technica, porque esta é a execução, a realisação dos princípios.[210]

A falada separação fica claríssima no seguinte trecho:

> A sciencia da administração, ao contrario do direito administrativo, tem mais caracter politico, diz com a conveniência e opportunidade das diversas formas de agir do Estado, ocupa-se particularmente com a politica e a technica da administração, não se enquadra dentro da rigidez das normas jurídicas, porque tem a malleabilidade das sciencias empíricas que se amoldam ás conveniencias de momento e ás exigencias do interesse publico e da administração.[211]

Este é o gérmen da concepção de discricionariedade que apresentou Themístocles Cavalcanti. Dividiu a administração pública em compartimentos separados, mas comunicantes, desde que de forma ordenada, de modo que cada um destes setores apenas poderia atuar após determinação que o precedesse. É o triunfo da concepção moderna de Estado, especialmente por fundar-se em uma função que apenas poderia ser desempenhada por um indivíduo.

Como ocorrido nas escolas europeias, das quais não poderia deixar de ser tributário nosso direito administrativo, a aposta do Estado de direito que vinha para superar o Estado policial, representado pela figura do soberano, apostava todas as suas fichas em um controle metódico da atividade da ficção jurídica representada pelo Leviatã, o qual era controlado da mesma forma que anteriormente, ou seja, por um indivíduo.

Como disse Berthélemy: jamais se acabou com o poder (do indivíduo), apenas o mudaram de lugar, foi entregue a outro(s) indivíduo(s).

A compartimentalização falada, fundada na concepção de absoluta separação de poderes, era tão grande na ideia de Cavalcanti, que a esfera da discricionariedade administrativa era vedada de apreciação pelo Poder Judiciário[212], uma ideia que perdurou até bem pouco tempo no Brasil, mesmo sem qualquer dos motivos históricos franceses, que informaram similares contornos derivados da Revolução e sem a presença de qualquer Conselho de Estado, ao menos não nos moldes e com a função exercida por tal órgão naquele país.

> Ora, a acção discricionaria exerce-se, precisamente, dentro daquela esphera de acção constitucionalmente demarcada a cada uma dos

210. Ibid., p. 08.
211. Ibid., p. 10.
212. CAVALCANTI, Themístocles. **Instituições de direito administrativo brasileiro**. p. 140.

> poderes, e é apenas da maneira de realisar a sua finalidade, a apreciação da opportunidade e na conveniencia do acto, que a acção de cada poder é soberana, inacessível á actuação de outro poder.
>
> O proprio poder judiciario, que em nosso regimen politico se encontra em posição privilegiada, como interprete da Constituição e das lei, como orgão tutelar dos direitos individuaes, tem a sua competencia limitada pela acção discricionaria dos outros poderes.[213]

Além da questão da separação dos poderes, fica ainda evidente a "justificativa" do ilimitado e insindicável poder discricionário do Executivo ou de qualquer poder que atue na função administrativa, quando Cavalcanti aponta, com um fundamento pragmático que a finalidade de gestão jamais poderia ser alcançada se os atos sofressem contínua fiscalização por meio do Judiciário. Além disso, fala que o critério rígido do Judiciário na apreciação dos fenômenos jurídicos não seria capaz de encarar as questões administrativas com base em seu aspecto eminentemente político.[214]

Mesmo com tais vicissitudes Cavalcanti admite apenas a insindicabilidade do ato administrativo discricionário por um poder que não seja o que o editou, de modo que vê possível o controle interno.[215]

Em face de tais características, traz uma decisiva associação da discricionariedade com a arbitrariedade, com a liberdade moderna, afastando os controles jurídicos ordinários:

> - Acto discricionario – é todo aquelle insusceptível de apreciação por outro poder que não aquelle que o praticou. Comprehende, principalmente, de accordo com a doutrina dominante, uma esphera em que predomina o criterio da justiça, conveniencia ou opportunidade. Diz mais com o interesse de que com o direito, e, por esta razão, mais de ordem politica de que juridica, o arbitrio é o elemento que o caracterisa.[216]

Tal aproximação é de importância ímpar nas posteriores teses sobre a temática, especialmente no sentido de fazer com que a atividade administrativa fuja a qualquer tipo de controle externo, provocando uma verdadeira soberania da administração, na função que é exatamente a de realizar os objetivos postos no ordenamento. Ao associar a ideia de arbítrio, claramente parte-se para uma aproximação com a liberdade e com o individualismo, que previamente serviu para sustentar o Estado de direito, mas que a partir

---

213. Id.
214. Ibid., p. 141.
215. Ibid., p. 141-142.
216. Ibid., p. 142.

de um indevido sincretismo entre as noções e ideias trazidas da doutrina europeia, acabou por construir o gérmen do enfraquecimento, da erosão da legalidade e do próprio Estado de direito.

Cavalcanti acaba por justificar sua concepção na indeterminação das próprias prescrições normativas, a partir das quais incidiria o arbítrio/liberdade do administrador, que lhe foi concedida (intencionalmente ou não) pelo legislador. Claramente se trata de uma janela política, mas que por não ser fundada na coerência e na tradição (em um sentido histórico, gadameriano) apresenta-se incompatível não apenas com o Estado Democrático de Direito, mas mesmo com o antigo Estado de Direito, pois permite que a decisão sobre os rumos da máquina estatal permaneça carente de um controle externo, além de literalmente sujeita a arbitrariedade do sujeito, aqui protegida procedimentalmente.

Enfim, o que nos assemelha é que a concepção de arbitrariedade[217] e individualismo é completamente incompatível com a busca pelo controle de atividade estatal, no exato sentido de evitar a dominação de um indivíduo pelo outro, apenas gerando um véu de sentido que serve para encobrir a natureza de tal relação, tornando seu quebrantamento ainda mais dificultado, em especial diante das peculiaridades presentes na formação social do Brasil, conforme ensinam Sérgio Buarque de Holanda, Gilberto Freyre e Raymundo Faoro.

O próprio Themístocles aponta a diferença de nosso sistema, aqui claramente inspirado na escola germânica, para o controle exercido na França pelo Conselho de Estado, no exato momento em que firma a ideia de que no Brasil realizava-se apenas um controle da legalidade, ou seja, do procedimento exigido para a prolação do ato discricionário, deixando-se de lado o mérito do mesmo, não provocando uma abordagem em que se problematiza a pertinência não apenas da forma como realizado, mas do mérito do ato em face das exigências principiológicas do ordenamento e das efetivas carências do Estado em sua função de transformador social.[218]

Se não se aborda a questão meritória do ato, vez que se junta legalidade, equiparada ao conceito de validade, a justiça, ou seja, direito é aquilo que vige de forma válida, também se deixa de promover qualquer tipo de abordagem um pouco mais aprofundada sobre a pertinência na produção da atividade estatal. Isso certamente faz com que se ignore a importância do caso, fazendo com que a atividade da administração seja regulada apenas de forma genérica, deixando a atuação pontual, que efetivamente é a atuação

217. Que acaba por derivar da concepção de arbítrio legada pelo ordenamento positivo, exatamente quando de sua inescapável interpretação.

218. Ibid., p. 148-149.

estatal, visto que em cada evento específico é que o Estado atua de modo a produzir efeitos na concretude, sem qualquer controle, sendo impossível de ser confrontada com os próprios objetivos do Estado.

Visto isso, se se admite a ausência de um controle pontual da atividade estatal, também se admite (mesmo sem se dar conta), um total descontrole da atividade estatal como um todo, possibilitando que este seja um instrumento de opressão muito mais sofisticado do que no momento anterior.

1.2.2 Francisco Campos

A partir de Themístocles, a doutrina pátria continuou pela senda positivista da discricionariedade justificada pela indeterminação que pairava sobre as prescrições normativas, especialmente por autor que influenciou de forma ainda mais direta as grandes obras de direito administrativo, ainda hoje dominantes: Francisco Campos.

Tendo em vista a matriz teórica da abordagem que aqui se faz, nos resta impossível dizer que a obra de Campos possa ser imune aos influxos da posição política que externava. Mesmo assim, este não é o foco que será abordado, exatamente por escapar da proposta inicial deste trabalho.

Exatamente quando passou a defender de forma explícita o posicionamento político de que a ditadura seria o regime político mais apropriado à sociedade de massas e tornou-se um dos mais importantes ideólogos dos setores conservadores do espectro político brasileiro, é que sua clássica obra "Direito Administrativo"[219] foi publicada.

A clássica concepção de discricionariedade, que ainda "assombra" o direito público brasileiro é dada nos seguintes termos, tendo como base a análise de contrato celebrado nos idos de 1909, entre o "Govêrno Federal" e a "Société Anonyme du Gaz de Rio de Janeiro":

> A discricionariedade do juízo resulta, ao contrário, da natureza do seu conteúdo, ou se verifica em qualquer juízo, administrativo, judicial, legislativo e mesmo de particulares, tôda vez que a lei postula a condição de validade do juízo, um conteúdo ou um motivo determinante que, pela latitude da sua compreensão, não possa ser refutada por um juízo contrário que, necessàriamente, há de padecer da mesma indeterminação de conteúdo, excluída, assim, a possibilidade de submeter os juízos contraditórios a um critério de verificação, pois, por hipótese, o que distingue o juízo discricionário dos juízos que não o são é, precisamente, o fato de que nos juízos discricionários

219. CAMPOS, Francisco. **Direito Administrativo**. Rio de Janeiro: Freitas Bastos. 1958.

> a estimativa tem por objeto valores insusceptíveis de determinação inequívoca, ou cuja validade, ainda que não reconhecida de modo geral, possa, entretanto, ser objeto de exame do ponto de vista da sua conveniência com a realidade ou com situações de fato susceptíveis de definição objetiva.
>
> (...)
>
> O fundamento do poder discricionário da administração não reside, portanto, em qualquer atributo que seja peculiar ao juízo administrativo, mas na estrutura lógica de uma certa categoria de juízos, que só podem ser formulados com referência a conceitos mais ou menos ambíguos ou equívocos, ou susceptíveis, pela amplitude e indeterminação do seu conteúdo, de receberem especificações diversas, nenhuma das quais possa ter como a única possível, exata ou precedente, uma vez que a medida do acêrto do juízo consiste, única e precisamente, no próprio conceito que lhe serviu de referência, o qual, por definição, comporta vários conteúdos igualmente adequados ou do mesmo valor significativo.[220]

Com Campos pode-se dizer que o fundamento da discricionariedade (administrativa) entrega-se de vez nos braços do positivismo normativista[221]. Repousa exatamente na margem de escolha que disporia o agente estatal diante da imprecisão das prescrições normativas, as quais deixariam, propositalmente ou em razão de real impossibilidade de previsão de todas as hipóteses de aplicação, o espaço no qual deveria mover-se a convicção do intérprete.

Um dos grandes pilares que sustenta a convicção de Campos é a intangibilidade da discricionariedade, ou seja, não há alternativa que não a de considerar a atividade administrativa sob o âmbito da discricionariedade derivada da indeterminação do direito, equiparado à validade, sendo inexpugnável em tal medida, dado que a mesma regra se aplica a qualquer instância de revisão, judicial ou administrativa.

Em suma, não há escapatória frente a margem deixada pelo direito para o que se chama de discricionariedade, mas que efetivamente consiste em arbitrariedade. Um espaço para que o agente estatal atue da forma que julgar mais conveniente e oportuna, ausente qualquer tipo de controle (científico) que possa determinar se tal conveniência e oportunidade é advinda

---

220. Ibid., p. 16-17.

221. Assim se afirmar especificamente no que toca à delegação feita ao Administrador, que em muito assemelha-se a que se dá aos juízes no capítulo oitavo da Teoria Pura do Direito. De importância ímpar assinalar que a obra de Francisco Campos que aqui se analisa, é anterior a segunda edição da própria Teoria Pura do Direito, que efetivamente traz a inovação do tratamento dado em face da interpretação do Direito.

da própria atividade estatal[222] ou nascida dos particulares interesses do administrador da vez.

Para Campos, o controle "preciso" da atividade administrativa, em grande parte afetada pelos conceitos indeterminados e, consequentemente pela discricionariedade, seria completamente impossível, visto que o mesmo "descontrole" atingiria a pressuposta atividade de controle, razão pela qual seria impossível afirmar que há uma resposta unívoca para as questões decididas pela Administração, dado que não haveria uma única resposta advinda da "interpretação" das prescrições normativas que escudariam a atividade estatal.[223]

Não atribui a discricionariedade a qualquer característica específica do poder público, mas entende que a livre apreciação é decorrência lógica da atividade de cumprimento das prescrições normativas, de modo que a Administração goza do que Campos chama de "certa liberdade" de apreciação, não por força da autoridade de que seria investida, mas em razão dos juízos que terão de ser formulados basearem-se em conceitos destituídos de especificidade, individualidade e concretude.

A concepção é muitíssimo semelhante a que desenvolvida por Kelsen, da qual especificamente cita a noção de discricionariedade advinda de "Teoria geral do direito e do Estado"[224], mas originalmente concebida na clássica "Teoria Pura do Direito", em seu oitavo capítulo:

> Se por "interpretação" se entende a fixação por via cognoscitiva do sentido do objecto a interpretar, o resultado de uma interpretação jurídica somente pode ser a fixação da moldura que representa o Direito a interpretar e, consequentemente, o conhecimento das várias possibilidades que dentro desta moldura existem. Sendo assim, a interpretação de uma lei não deve necessariamente conduzir a uma única solução como sendo a única correcta, mas possivelmente a várias soluções que – na medida em que apenas sejam aferidas pela lei a aplicar – têm igual valor, se bem que apenas uma delas se torne Direito positivo no acto do órgão aplicado do Direito – no acto do tribunal, especialmente. Dizer que uma sentença judicial é fundada na lei, não significa, na verdade, senão que ela se contém dentro da

---

222. Aqui se buscou não utilizar a expressão interesse público exatamente em razão da crítica atribuível ao instituto, tratado como um trunfo argumentativo, na medida de sua indeterminação, a qual passa a servir de capa de sentido e legitimidade para qualquer tipo de exercício de atividade estatal, seja ela de acordo com o interesse social, hermeneuticamente atingível ou não. Apontou-se atividade estatal visto que a única atividade estatal que se pode considerar legítima é aquela que vise satisfazer os objetivos fundamentais da República e contemple a Constituição como um todo, efetivamente espelhando todos os seus princípios, conforme será exposto adiante.

223. CAMPOS, Francisco. **Direito Administrativo**. p. 17.

224. KELSEN, Hans. **Teoria geral do direito e do Estado**. 4. ed. São Paulo: Martins Fontes, 2005.

> moldura ou quadro que a lei representa – não significa que lei é a norma individual, mas apenas que é uma das normas individuais que podem ser produzidas dentro da moldura da norma geral.[225]

Por mais que, da mesma forma que Kelsen, Campos afirme que discricionariedade não infere em arbítrio, a só permissão de espaço de livre movimentação do intérprete "autêntico" torna tal posição muito problemática. Se há tal espaço, a quem competirá dizer quais são estes espaços, o que será um caso fácil ou um caso difícil, o que será um ato administrativo vinculado ou um ato discricionário? O problema é que sempre competirá ao intérprete responder, de forma inapelavelmente discricionária.

1.2.3 Hely Lopes Meirelles

Na senda de Campos, passa-se a análise da obra de Hely Lopes Meirelles, que desde logo, deve-se frisar, apresenta de forma explícita uma imensa diferença de pressuposto teórico para com Viveiros de Castro e que é decisiva para a concepção da discricionariedade que daí concebe. Tal diversidade reside na admissão de um poder discricionário da administração, que antecederia o próprio ato discricionário.[226]

Este poder apenas pode ser concebido diante da não separação entre esfera política e administrativa, ignorando a concepção de Viveiros de Castro. Com isso, Meirelles apontava que o próprio direito[227] concederia o poder discricionário para a administração, de forma explícita ou implícita, com o fito de que esta pudesse realizar as melhores escolhas administrativas com liberdade.

Deste fundamento, Meirelles aponta que a existência de "conceito indeterminados" ou "imprecisos" não é geradora de discricionariedade por si só, visto que estes apenas ocasionam a necessidade de interpretação, a qual deve seguir os princípios da finalidade e da razoabilidade.[228]

Fica claro que Meirelles não apenas distingue o poder discricionário da administração da discricionariedade presente na interpretação do direito (positivo), mas que admite ambas serem passiveis de um controle "principiológico", em especial a última, que deve seguir os princípios da finalidade e razoabilidade. Ora, o que seriam estes princípios? Eles fecham ou abrem as possibilidades interpretativas? Como fazer uso de sua pretensa normatividade

---

225. KELSEN, Hans. **Teoria Pura do Direito**. 6. ed. Coimbra: Arménio Amado, 1984. p. 467.
226. MEIRELLES, Hely Lopes. **Direito administrativo brasileiro**. 39. ed. São Paulo: Malheiros, 2013. p. 126-129.
227. Aqui entendido como direito positivo, necessariamente dentro de um positivismo normativista, em que direito e validade se equiparam.
228. MEIRELLES, Hely Lopes. **Direito administrativo brasileiro**. p. 126-127.

de forma não solipsista? O que é razoável ou que atende as finalidades a que se presta, senão o que diz o intérprete autêntico?

Aqui a aporia do positivismo normativista: as infrutíferas tentativas de especificar e balizar cada vez mais a atividade interpretativa, com critérios que deverão ser respeitados pelo mesmo intérprete que lhes atribui sentido.

Ademais, a distinção entre discricionariedade interpretativa e poder discricionário da administração, é completamente ilusória. Se o poder é concedido com fundamento em prescrição normativa interpretada de forma inescapavelmente discricionária, que lhe atribui existência já o faz de forma discricionária, na medida que determina qual prescrição normativa é portadora ou não de conceitos indeterminados. São vários compartimentos sucessivos, feitos para que a interpretação fique cada vez mais amarrada, mas que para a passagem de um para o outro, apenas se faz necessária maior discricionariedade. Ao invés de legitimar cada vez mais o caminho positivista[229], este

---

229. Aqui se faz importante asseverarmos o que se trata por positivismo(S), buscando fugir de qualquer equívoco interpretativo no que tange ao que estamos a tratar. Como bem posto por Streck (Cf. STRECK, Lenio. **Verdade e Consenso**. 4. ed. São Paulo: Saraiva, 2011. p. 26 e ss.), o ambiente jurídico brasileiro mostra-se formado por um imaginário constituído de forma difusa (e confusa) pelas tradições jurídicas advindas da *common law* e da *civil law*, especificamente das experiências jurídicas francesas (revolucionárias e pós-revolucionárias) e alemãs. Todas essas recepções foram feitas de forma acrítica, de modo que se fala impunemente de precedentes, formalismo conceitual, "juiz boca da lei" e diversas outras expressões que remetem às mais variadas tradições da cultura jurídica europeia. Essa ideia de sincretismo, ao invés de legitimar a ideia de que aqui se tem um "direito melhor" ou "mais avançado", exatamente pela acriticidade de sua recepção geram inúmeras possibilidades de se dar múltiplas respostas jurídicas, todas elas válidas. Seria algo como o que abordado também por Streck (Cf. STRECK, Lenio. **Compreender direito:** desvelando as obviedades do discurso jurídico. São Paulo: RT, 2013. p. 201-206.), quando narra a possibilidade de se provar qualquer tese em direito, desde que a fundamentação da mesma seja feita na tradição da escola jurídica correta. O "pulo do gato" não está na escolha da resposta após a escolha de se fundamento, mas exatamente no contrário, ou seja, na escolha da resposta para após promova-se a escolha do fundamento que melhor lhe agasalha. Ora, se não é possível escolher a resposta ao bel prazer do intérprete (o que também se verifica na atividade administrativa estatal), certamente faz-se possível escolher aleatoriamente seu fundamento. Com isso é possível empoderar o próprio intérprete, de modo que sobre ele repousará de forma fundamentada jurídica e democraticamente a "melhor" resposta possível. Afinal, não foi ele que escolheu a resposta, mas a "tradição jurídica" por ele seguida. O problema é que tal tradição não apenas é por ele escolhida, mas também definida, delineada! Em grande medida, o que feito por este sincretismo com o processo civil, que acaba convertido em um instrumento teleológico com o fim determinado por escopos políticos, sociais e jurídicos, também é o que se faz com a atividade administrativa do Estado e sua regulação jurídica. Todo esse "movimento" desagua em uma única grande consequência: o solipsismo legitimado pelo direito. O positivismo é exatamente isso, ou seja, a aposta no indivíduo em seus mais diversos vieses, como se viu e se verá nas exposições realizadas no decorrer deste primeiro capítulo. Tal aposta é eminentemente realizada por meio da criação de estruturas múltiplas que se apoiam umas nas outras, mas que finalmente sempre dependem do indivíduo, solipsisticamente considerado, para dar a resposta final. Aqui se abarca diversas teorias que não se enunciam e não se consideram como positivistas, mas que evidentemente apostam no indivíduo, como as mais diversas teorias da argumentação, amplamente utilizadas pelo alcunhado neoconstitucionalismo. Enfim, como muito bem salientado por Streck (Cf. STRECK, Lenio. **Verdade e Consenso**. 4. ed. São Paulo: Saraiva, 2011. p. 30.): "Volta-se sempre ao lugar do começo: o problema da democracia e da (necessária) limitação do poder. Discricionariedades, arbitrariedades, inquisitorialidades, positivismo jurídico: tudo está entrelaçado."

é crescentemente velado em seus fundamentos decisórios, que a partir do círculo vicioso que se forma, podem apresentar-se cada vez mais distantes do direito sem que isso seja percebido.

A partir de tal poder discricionário concedido pelo "direito", discricionariamente determinado, purifica-se a atividade administrativa, afastando-a da discussão acerca da indeterminação do direito e criando mais um obstáculo para que se possa discuti-la. Para que se possa criticar a discricionariedade administrativa, primeiro deve-se descontruir seu fundamento (mesmo que ilusório) normativo. Ademais, este poder parece bastante difícil de justificar-se em tempos de Estado de Direito, quiçá perante o Estado Democrático de Direito.

A quimera positivista no entorno do poder discricionário torna-se ainda mais sofisticada e letal ao tempo que Meirelles separa discricionariedade de arbitrariedade, o que faz com base na compartimentalização mencionada, mesmo que equiparando a primeira a liberdade(!):

> Convém esclarecer que poder discricionário não se confunde com o poder arbitrário. Discricionariedade e arbítrio são atitudes inteiramente diversas. Discricionariedade é liberdade de ação administrativa, dentro dos limites permitidos em lei; arbítrio é ação contrária ou excedente da lei. Ato discricionário, quando autorizado é legal e válido; ato arbitrário é sempre ilegítimo e inválido. De há muito já advertia Jèze: "*Il ne faut pas confondre pouvoir discrétionnaire et pouvoir arbitraire*". Mais uma vez insistimos nessa distinção, para que o administrador público, nem sempre familiarizado com os conceitos jurídicos, não converta a discricionariedade em arbítrio, como também não se arreceie de usar plenamente de seu poder discricionário quando estiver autorizado e o interesse público o exigir.[230]

Com esta separação entre discricionariedade e arbitrariedade, explicitamente realizada, cria-se mais uma "câmara" pura para o conceito, também ilusória, na exata medida em que esta funda-se nos limites dados pela lei, de maneira que o poder se justifica pela lei e além disso, separa-se da arbitrariedade em razão do conteúdo do próprio direito, de modo que sempre cabe ao intérprete dizer o que é lei e consequentemente o que é arbitrariedade e, após tudo isso, o que é poder discricionário. A partir daí é que a administração poderá navegar em sua janela discricionária de liberdade.

A quimera é realmente fantástica em razão de sua sofisticação e compartimentalização, que apenas pode ser descontruída se a crítica for capaz

230. Ibid., p. 127.

de escapar do positivismo normativista e da filosofia da consciência, ou como alerta Streck[231], de sua vulgata, conforme demonstrar-se-á de forma propriamente detalhada em momento oportuno.

Meirelles também realiza a distinção entre atos administrativos vinculados e discricionários, tendo como pilar a prescrição normativa, de modo que os discricionários são os que a "lei" confere maior liberdade de ação ao administrador, ao passo que os vinculados são aqueles em que a lei "amarra" a atividade administrativa, impondo que determinado ato seja consequência direta de uma condicionante fática que o anteceda. Mesmo assim, cabe sempre ao intérprete definir o que diz a lei, com todos os problemas que isso importa.

Diz ainda que discricionários apenas podem ser os meios de administrar, mas nunca as finalidades da atividade administrativa, determinadas legalmente, ou seja, os caminhos para que se chegue ao fim colimado em lei é que podem ser dispostos pelo agente do Estado, mas o ponto de chagada não pode ser alterado.[232]

O problema aqui reside exatamente na necessidade de definir estes fins de forma interpretativa e, em face de sua pluralidade, definir qual deles será eleito para concreção em detrimento dos outros e em que medida. Aqui se deve falar em escolha política realizada pelo Governo, a qual apenas deveria ser executada pela Administração, de modo que a esta não competisse a definição dos fins, também.

Outro trunfo argumentativo que serve para fechar a questão da interpretação do que seria uma finalidade legalmente estatuída é o conceito de interesse público, sua supremacia e indisponibilidade, que fortemente aparece na obra de Meirelles. Mais uma vez se trata de um conceito tido como indeterminado, cambiante conforme a hipótese de aplicação e que pode ser disposto pelo intérprete da forma que melhor lhe aprouver, além de haver um ingrediente de contrariedade às minorias.

Claro, é um trunfo argumentativo na lógica positivista em que o direito se encontra divorciado da moral e da tradição, consequentemente, por ser considerado a justificativa de existência do Estado, o conceito de interesse público, historicamente calcado no viés moderno-individualista, em face de sua indisponibilidade acaba por servir de instrumento de opressão das minorias por meio da democracia em pleno Estado Democrático de Direito. Afinal, se prevalente interesse público, pelo que gerador de uma desequilibrada relação entre a Administração e o que se chama de administrados, ou

231. STRECK, Lenio. **O que é isto – decido conforme minha consciência?**. Porto Alegre: Livraria do Advogado: 2010. p. 77-78.

232. Ibid., p. 180-181.

seja, os cidadãos, legitimada está a maioria para impor sua vontade perante as minorias.

Todo este desenvolvimento teórico se mostra de forma explícita na própria obra de Meirelles, especificamente quando fala de interpretação do direito administrativo. Neste ponto menciona que o direito público brasileiro ainda se acha(va) preso à diversos métodos hermenêuticos do direito privado, fazendo que não florescessem seus verdadeiros objetivos.[233]

Para que tal fosse afastado, não poderia ocorrer contradição entre a norma[234] e os princípios do direito administrativo. Além disso, deveriam ser levados em conta três pressupostos para a prevalência de uma adequada hermenêutica de direito público: 1º) a desigualdade jurídica entre Administração e administrados (cidadãos); 2º) a presunção de legitimidade dos atos da Administração; 3º) a necessidade de poderes discricionários para a Administração atender ao interesse público.[235]

Mesmo com toda a sofisticação e compartimentalização para purificar a justificar o poder discricionário da administração tal forma de atividade estatal fundamenta-se na impossibilidade do legislador prever todas as hipóteses de aplicação do direito, ou seja, a mesma utilizada por Francisco Campos anteriormente, além de absolutamente similar à que utilizada por Kelsen no capítulo oitavo da Teoria Pura do Direito para justificar a moldura discricionária em que deve se mover o intérprete autêntico do direito. Tal característica é decisiva na medida em que funciona como fechamento de todas estas teorias, equiparando-as e demonstrando que o máximo que se fez foi cada vez mais sofisticá-las, "purificando" cada vez mais o direito, mesmo que em seu nascedouro Kelsen tenha dito que não se trata de direito, mas de ciência do direito, dado que o direito é inescapavelmente impuro.

O que se faz é buscar transferir a pureza da ciência do direito, concebida por Kelsen, para o próprio direito, considerado política jurídica pelo próprio autor. Tudo sem que seja apresentada uma justificativa teórica válida sequer para tal transposição.

Enfim, se trata da institucionalização teórica da arbitrariedade, ao arrepio do que posto pelo próprio Kelsen.

---

233. Ibid., p. 49-50.

234. Que na obra de Meirelles ora equipara-se à regra considerada de forma idêntica a prescrição normativa restritiva, na nefasta regra do "tudo ou nada", ora se assemelha ao que se chama de norma de decisão, que é aquela construída pelo intérprete frente ao caso concreto, quando deve levar em conta o direito e a situação prática. A qual necessita de solução jurídica. Aqui ambas as acepções devem ser levadas em conta, visto que nenhuma delas poderia se furtar a observância dos princípios inerentes ao direito administrativo, muitos deles ainda tidos como princípios gerais do direito.

235. Ibid., p. 50.

1.2.4 Celso Antônio Bandeira de Mello

Ainda na senda do positivismo normativista kelseniano e continuando a ideia de Francisco Campos e Hely Lopes Meirelles, Celso Antônio Bandeira de Mello inicia sua abordagem sobre o tema mencionando as bases ideológicas do Direito Administrativo e frisando que apesar da primeira impressão levar a crer que o ramo teria sido concebido em favor do poder estatuído, ou seja, como uma forma de manutenção do *status quo*, em verdade a isso não se presta. Na crítica ataca os diversos poderes atribuídos à Administração, dentre eles o discricionário.[236]

Para tanto, não repudia o conceito de poder estatal, mas o vincula à finalidade do Estado, que novamente é o interesse público, aqui considerado como a soma dos interesses individuais coletivamente considerados, ou seja, o que os indivíduos desejam pensando em sua atuação perante a coletividade. Consiste no que Bandeira de Mello chama de "dimensão coletiva dos interesses individuais".[237]

Por mais que explicite orientação ideológica completamente diversa da que tinha Francisco Campos, faz uso de uma discricionariedade formulada de maneira muito semelhante. O faz na medida em que dentro de um imaginário positivista normativista, a discricionariedade pode ser utilizada para o que melhor aprouver ao intérprete, ao seu formulador, dado que poderá qualificar da maneira que melhor lhe interessar o conceito norteador da atividade administrativa: o interesse público.

Francisco Campos possuía uma orientação de explícita manutenção do *status quo*, um dos grandes representantes do pensamento de direita no Brasil, ao passo que Celso Antonio Bandeira de Mello é um homem de esquerda, contrário ao neoliberalismo e ao atrofiamento do Estado.

Para ambos a (quase) mesma discricionariedade, vinculada a moral que melhor interessa a cada um deles, sem um fixo conteúdo, serviu para o atingimento dos propósitos teóricos pretendidos. Isso ocorre em razão do que aponta Bandeira de Mello textualmente: a entificação[238] dos conceitos.

Esta entificação faz com que se petrifique de maneira assujeitadora o conteúdo de determinado instituto jurídico, de forma inclusive a desconsiderar

---

236. BANDEIRA DE MELLO, Celso Antônio. **Curso de Direito Administrativo**. 30. ed. São Paulo: Malheiros. 2013. p. 43-45.

237. Ibid., p. 59-61: "É que, na verdade, o interesse público, o interesse do todo, do conjunto social, nada mais é que a dimensão pública dos interesses individuais, ou seja, dos interesses de cada indivíduo enquanto partícipe da Sociedade (entificada juridicamente no Estado), nisto se abrigando também o depósito intertemporal destes mesmos interesses, vale dizer, já agora, encarados eles em sua continuidade histórica, tendo em vista a sucessividade das gerações de seus nacionais."

238. Id.

a história que envolve o mesmo e seu inescapável desenvolvimento. Tal petrificação, dado que assujeitadora da realidade, abre a possibilidade de que o instituto (significante) se transforme em um mero portador de sentido, dando pretensa robustez teórica ao que buscado pelo sujeito que dele faz uso.

Mesmo diante do conceito de interesse público de Bandeira de Mello, que aponta este como o "interesse resultante do conjunto de interesses que os indivíduos pessoalmente têm quando considerados em sua qualidade de membros da Sociedade e pelo simples fato de o serem", sempre caberá ao intérprete autêntico, no caso o agente estatal, a definição pontual de qual interesse público é este. Assim será, seja pela necessidade de interpretação das prescrições normativas inerentes a sua atividade, seja pela aferição material do que venha a ser o interesse público quando à míngua de definição legal aplicável.

Como antes, tudo permanece cingido ao positivismo normativista e à filosofia da consciência.

O posicionamento de Bandeira de Mello sofistica-se ainda mais com o movimento de trazer a balha a crítica ao interesse público primário e ao secundário, postos na doutrina italiana de Alessi, em que os primeiros seriam os verdadeiros interesses individuais publicamente dimensionados, ao passo que os secundários seriam os interesses do Estado, considerados de forma apartada dos cidadãos.[239]

Se há um desvio do "interesse público"[240], seja no sentido de manifestar um interesse apenas do Estado, de forma que apenas a instituição, ou seja, a ficção jurídica, saia beneficiada, em detrimento dos cidadãos, não se vê qualquer diferença em face de um desmando realizado de maneira individual, afinal se o Estado age em detrimento dos cidadãos, o faz em atendimento ao comando de quem o tripula: um indivíduo.

Ao fim e ao cabo, tanto o interesse público secundário, como o arbítrio ordinariamente considerado são a mesma coisa: um locupletamento da coletividade que faz uso da ficção jurídica representada pelo Estado para lhe dar legitimidade.

Em tais bases, Bandeira de Mello reproduz muitos dos pontos incluídos na teoria manejada por Meirelles, em especial a ideia de supremacia do interesse público sobre o privado, contando que agora a noção de interesse público é mais sofisticada e mais difícil de sofrer críticas, ao menos dentro da lógica na qual foi desenvolvida. Por isso mesmo se apresenta como mais capaz de cumprir seu papel de legitimadora da atividade discricionária do

---

239. Ibid., p. 65-66.

240. Considerando a própria conceituação trazida por Bandeira de Mello.

Estado, devidamente fundada na legislação e solidificada "materialmente" em uma pretensa supremacia "ideologicamente" concebida.[241]

Mais um elemento é necessário para que sejam desenhados os pilares sobre os quais se apoia a noção de atividade discricionária da Administração em Bandeira de Mello: a legalidade. Aqui ela é entendida como sinônimo de finalidade da atividade estatal[242], de forma que permanece a questão de indeterminação do direito como justificador do arquétipo de discricionariedade administrativa, a qual deve ser "resolvida" pelo intérprete, com tudo que daí necessariamente advém.

Dito isso, em Bandeira de Mello é que se apresenta de forma mais evidente a equiparação entre a cisão entre casos fáceis e casos difíceis, amplamente criticada por Streck[243], e a separação entre atos administrativos vinculados e discricionários, dado que os primeiros apenas admitiriam uma única resposta pelo direito em face da situação apresentada, em um clássico exercício de mera subsunção, ao passo que os discricionários admitiriam uma multiplicidade de respostas corretas, desde que dentro da moldura estabelecida pela legislação, visando a atuação da Administração.

> Em suma: discricionariedade é liberdade dentro da lei, nos limites da norma legal, e pode ser definida como: "A margem de liberdade conferida pela lei ao administrador a fim de que este cumpra o dever de integrar com sua vontade ou juízo a norma jurídica, diante do caso concreto, segundo critérios subjetivos próprios, a fim de dar satisfação aos objetivos consagrados no sistema legal".[244]

De forma bastante didática, o autor define as hipóteses em razão das quais a "norma reguladora" da atividade estatal administrativa carece de precisão e chancela a discricionariedade, de forma que seu pensamento pode ser averiguado com base nestas colocações:

a) A norma não promove descrição antecipada da situação em face da qual se espera determinado comportamento administrativo, ou seja, não há delimitação precisa do pressuposto fático que desencadeará a consequência normativa;

b) A hipótese de incidência não é descrita normativamente por palavras que desvelam os conceitos vagos, dotados de imprecisão semântica, pelo que refratários a uma significação unívoca;

241. BANDEIRA DE MELLO, Celso Antônio. **Curso de Direito Administrativo**. p. 70-71.

242. Ibid., p. 80-81.

243. STRECK, Lenio Luiz. **Verdade e consenso**. p. 296-326.

244. BANDEIRA DE MELLO, Celso Antônio. **Curso de Direito Administrativo**. p. 436.

c) Independentemente de verificar-se precisão ou não da situação contemplada mediante conceito preciso ou impreciso, a prescrição normativa acaba por conferir certa liberdade decisória, que necessariamente passa por exame de conveniência e oportunidade da atuação, ao invés de cominar um dever de praticar determinado ato em face de específica hipótese fática;

d) Por fim, entende que em algumas oportunidades o objetivo buscado pela normatização é descrito de maneira apenas genérica, como ocorre com o "interesse público", com o que cabe ao administrador (intérprete autêntico) a sua definição, também de forma libertária. Mesmo nas definições mais específicas de tais objetivos, como "salubridade pública", "moralidade pública" e "ordem pública", a imprecisão se apresentaria de forma decisiva.

Partindo de tais balizas, Bandeira de Mello considera que o desvio da discricionariedade, seu abuso (de poder), ou seja, a arbitrariedade, advém da atuação fora de moldura falada. Aqui, mais uma vez cabe a crítica de que a definição da moldura e do que está fora dela, sempre cabe ao intérprete assujeitador, convertendo-se em nada mais do que um véu de legitimidade.

Exatamente em razão de seu conceito de arbitrariedade, que reside no desvio da moldura estabelecida pelo direito (positivo), Bandeira de Mello conclui não haver ato completamente discricionário, dado que este sempre estará balizado pela normatização.

> Em rigor, não há, realmente, ato algum que possa ser designado, com propriedade, como ato discricionário, pois nunca o administrador desfruta de liberdade total. O que há é *exercício de juízo discricionário* quanto à ocorrência ou não de certas situações que justificam ou não certos comportamentos e *opções* discricionárias quanto ao comportamento mais indicado para dar cumprimento ao interesse público *in concreto*, dentro dos limites em que a lei faculta a emissão deste *juízo* ou desta *opção*.

Da passagem acima, observa-se um claro encontro, mesmo que momentâneo, entre as esferas em que foram definidos os conceitos de arbitrariedade e discricionariedade, principalmente defronte da ideia de legalidade que deve ser seguida pela Administração, ou seja, de que o Estado apenas pode agir comissivamente em face de determinação legal.

Ao se realizar exercício de acordo com a lógica positivista normativista utilizada pelo autor observa-se que segundo a legalidade assim definida, na ausência de normatização o Estado não poderia atuar, pelo que se atuasse seria de forma arbitrária. Por isso, ao se considerar que uma atividade de pura discricionariedade seria um agir completamente livre, com total opção de escolha, é o mesmo que equipará-la ao conceito de arbitrariedade.

Este encontro, ocorrido em uma mera análise semântica, torna evidente que falar em liberdade de escolha do administrador em um Estado Democrático de Direito, é o mesmo que comemorar cegamente o perecimento deste, por mera inadequação do paradigma filosófico estabelecido.

Não se pode mais apostar no sujeito (da modernidade) para a resolução dos entraves teóricos da contemporaneidade do direito.

Mesmo assim, como forma de fechar sua ideia de discricionariedade, sem que esta abra espaço demais para qualquer tipo de associação com arbitrariedade, o autor define a razão de existência da mesma da seguinte forma:

> Assim, a discricionariedade existe, por definição, única e tão somente para proporcionar em cada caso a escolha da providência ótima, isto é, daquela que realize superiormente o interesse público almejado pela lei aplicanda. Não se trata, portanto, de uma liberdade para a Administração decidir a seu talante, mas para decidir-se do modo que torne possível o alcance perfeito de seu desiderato normativo.[245]

Daí parte para a teoria do Princípio da boa administração, originário da doutrina italiana[246], e utilizada por Bandeira de Mello como norte interpretativo principiológico para "segurar" a interpretação na condição de mais um balizador à atividade discricionária do Estado. O faz seguindo pelo mesmo caminho positiva normativista de Francisco Campos, com o que efetivamente abre ainda mais as hipóteses interpretativas, a partir da construção de mais um trunfo argumentativo.

Toda a construção teórica realizada por Bandeira de Mello culmina para a concepção de controle judicial do ato administrativo, jamais em face da zona de discricionariedade concedida pelo direito (leia-se lei), de forma que além do agente estatal, também caberá ao Judiciário uma nova definição do que seja esta janela atribuída legalmente, de modo que necessariamente haverá um reexame da interpretação dada pela administração, nem que seja para dizer que não se pode intervir na mesma.

Para a compreensão de tal ideia, fundamental a leitura dos trechos abaixo postos:

---

245. Ibid., p. 440.

246. FALZONE, Guido. **Il Dovere di Buona Amministrazione**. Milão: Giuffrè, 1953.

> Deveras, casos haverá em que, para além de dúvidas ou entredúvidas, qualquer sujeito em intelecção normal, razoável, poderá depreender (e assim também, *a fortiori*, o Judiciário) que, apesar de a lei haver contemplado discrição, em face de seus próprios termos e da finalidade que lhe presidiu a existência, a situação ocorrida não comportava senão uma determinada providência ou, esmo comportando mais de uma, certamente não era a que foi tomada. Em situações quejandas, a censura judicial não implicaria invasão do mérito do ato.
>
> Com efeito, discricionariedade só existe nas hipóteses em que, perante a situação vertente, seja impossível reconhecer de maneira pacífica e incontrovertível qual a solução idônea para cumprir excelentemente a finalidade legal. Ou seja, naquelas em que mais de uma opinião for razoavelmente admissível sobre a medida apropriada para dar a melhor satisfação ao objetivo da lei. Em suma, está-se aqui a dizer que a discricionariedade é pura e simplesmente o fruto da finitude, isto é, da limitação da mente humana. À inteligência dos homens falece o poder de identificar sempre, em toda e qualquer situação, de maneira segura, objetiva e inobjetável, a medida idônea para preencher de modo ótimo o escopo legal.[247]

Ao contrário do que apontado por Bandeira de Mello já se sabe que a finitude[248], apesar de ser fundamento para a limitação da descrição das hipóteses de aplicação legal, não é uma abertura interpretativa para a definição libertária da atuação que "melhor" satisfaça as exigências normativas aplicáveis[249]. O controle já não mais pode ser realizado de tal forma assujeitadora.

1.2.5 Eros Roberto Grau

Em especial conta deve-se ter a dissidência manifestada por Eros Grau, apontando a indevida equiparação de atividade administrativa e interpretação jurídica, que se sustenta na leitura de que a discricionariedade é viabilizada pela imprecisão dos conceitos jurídicos, de modo que "reduzir a

247. BANDEIRA DE MELLO, Celso Antônio. **Curso de Direito Administrativo**. p. 980.

248. Aqui aparentemente (até por toda a orientação teórica de sua obra, fundada na filosofia da consciência e, especificamente no positivismo normativista) utilizada como uma limitação da capacidade cognitiva do indivíduo transcendental kantiano, ou seja, como um fim da possibilidade de apreensão do sujeito da modernidade para com as informações que lhe são disponibilizadas pelo mundo que o rodeia, o qual ele assujeita na medida que o descreve.

249. BANDEIRA DE MELLO, Celso Antônio. **Curso de Direito Administrativo**. p. 981: "Mérito do ato é o campo de liberdade suposto na lei e que efetivamente venha a remanescer no caso concreto, para que o administrador, segundo critérios de conveniência e oportunidade, decida-se entre duas ou mais soluções admissíveis perante a situação vertente, tendo em vista o exato atendimento da finalidade legal, ante a impossibilidade de ser objetivamente identificada qual delas seria a única adequada."

discricionariedade à simples formulação de um juízo é afinal negar o próprio poder discricionário, reduzir todo o poder à vinculação e pôr-se em contradição manifesta com o direito positivo". A divergência manifestada por Eros Grau em face de Bandeira de Mello, ao que aqui nos interessa, cinge-se a específica questão (ainda presa ao positivismo normativista) da distinção entre conceitos jurídicos imprecisos ou indeterminados (Bandeira de Mello) e a ideia de que a imprecisão/indeterminação decorre da inexatidão da noção (da palavra) que expressa o conceito, o qual por si só seria preciso e determinado, sob pena de não ser um conceito.[250]

Por isso, não haveriam os conceitos jurídicos indeterminados de que fala Bandeira de Mello, em clara derivação de Francisco Campos e Kelsen, uma vez que para a definição de algo como indeterminado, necessariamente este deve ser determinado como tal aprioristicamente, de modo que tudo que vier a ser tido como indeterminado já é determinado.[251] Essa é uma discussão que será retomada de forma mais apropriada e detida, especificamente sob o viés da Crítica Hermenêutica do Direito, nos momentos finais deste texto.

Inegável o "avanço" proporcionado por Eros Grau, dado que separa interpretação jurídica (definição de legalidade) da oportunidade administrativa, campo afeto à política e a outras searas do conhecimento necessariamente atuantes na gestão da coisa pública, com o que acaba por estabelecer uma "janela" em que todas as decisões que respeitarem o critério de legalidade não poderão ser constrangidas pelo direito[252]. A aposta permanece sobre o indivíduo, no sujeito. Com isso aponta que a discricionariedade administrativa consistirá na esfera da gestão pública que comporte soluções diversas e respeitantes ao ordenamento[253].

---

250. GRAU, Eros Roberto. **O direito posto e o direito pressuposto**. p. 191-204.

251. OHLWEILER, Leonel. **Direito administrativo em perspectiva**. p. 16.

252. GRAU, Eros Roberto. **O direito posto e o direito pressuposto**. p. 202-210.

253. Donde a questão reside em definir tais critérios de legalidade (os quais certamente não podem advir de uma *ratio* procedimentalista etérea, sob pena de inocuidade do ESTADO DEMOCRÁTICO DE DIREITO.), prévios à "janela administrativa", em decorrência dos quais os atos da administração deverão sofrer uma análise jurídica para que possam ser colocados na condição atos administrativos discricionários e válidos, legais, no que discordamos de Eros Grau, exatamente no sentido de que antes da determinação de que o ato pertence a uma esfera de decisão que não a jurídica, o mesmo deverá sofrer uma análise jurídica, com o intuito de verificar se preenche os requisitos de respeito ao direito, o que claramente respeita a inafastabilidade do controle jurisdicional, prevista no artigo 5º, XXXV, da Constituição da República, do qual poderá sobrevir a conclusão (devidamente fundamentada) de que o ato é perfeitamente acordante com o ordenamento, de modo que a (hipotética) controvérsia apresentada é atinente a um "campo de batalha" respeitante e garantido pelo direito, o da política. Em suma, como aponta o próprio Eros Grau em seu voto no RMS 24699 (Relator(a): Min. EROS GRAU, Primeira Turma, julgado em 30/11/2004, DJ 01-07-2005 PP-00056 EMENT VOL-02198-02 PP-00222 RDDP n. 31, 2005, p. 237-238 LEXSTF v. 27, n. 322, 2005, p. 167-183 RTJ VOL-00195-01 PP-00064.), do qual foi relator, "O Poder Judiciário verifica, então, se o ato é correto. Não, note-se bem – e desejo deixar isso bem vincado –, qual o ato correto."

Grau entende a equiparação[254] de atividade administrativa e interpretação jurídica completamente indevida, dado que ao "reduzir a discricionariedade à simples formulação de um juízo é afinal negar o próprio poder discricionário, reduzir todo o poder à vinculação e pôr-se em contradição manifesta com o direito positivo".

O embate de que se fala ainda resta claramente aprisionado a questão (de cariz positivista normativista) da distinção entre conceitos jurídicos imprecisos ou indeterminados (Bandeira de Mello) e a ideia de que a imprecisão/indeterminação decorre da inexatidão da palavra que expressa o conceito, que por si só seria preciso e determinado, sob pena de não ser um conceito.[255]

Não obstante ser relevante, especialmente em face do quilate de seus contendores, a discussão é ultrapassada sob o prisma filosófico[256], mesmo que consideremos que Grau avança em relação ao que defendido por Bandeira de Mello, pois a posição do primeiro é claramente nominalista, especialmente diante da separação entre coisa, conceito[257] e palavra, os quais poderiam ser combinados de formas diversas e independentes, para o que importante relembrar personagem de Umberto Eco em O nome da rosa[258], Guilherme de Baskerville, uma clara emulação de Guilherme de Ockham, um dos grandes arautos do nominalismo medieval:

> De outra parte, Celso Antônio aparentemente adota a concepção de que nomina sunt consequentia rerum, quando, na verdade, – diz Umberto Eco, pela voz de Guilherme de Baskerville –, "de fato, é agora sabido que diferentes são os nomes que os homens impõem para designar conceitos, e iguais para todos são apenas os conceitos, signos das coisas. Assim que certamente vem a palavra nomem de nomos, ou seja, lei, visto que justamente os nomina são dados pelos homens ad placitum, isto é, por livre e coletiva convenção". A mudança da palavra ou das palavras que compõem o seu termo evidentemente não altera ou modifica o conceito.[259]

---

254. Possibilitada pela leitura de que a discricionariedade é viabilizada pela imprecisão dos conceitos jurídicos.
255. GRAU, Eros Roberto. **O direito posto e o direito pressuposto**. p. 191-204.
256. O que deve ser ressaltado, mesmo que não seja o foco deste labor, dado que acaba por macular e vulnerar toda a concepção de discricionariedade "praticada" no Brasil, tornando-a praticamente incompatível com o paradigma do ESTADO DEMOCRÁTICO DE DIREITO.
257. Projeção realizada pelo ser cognoscente da coisa, desde sempre existente no mundo, como se fosse possível conhecer a coisa integralmente e ter-se um conceito diverso disso, o que simboliza clara manifestação da relação sujeito-objeto, fundada no sujeito kantiano.
258. ECO, Umberto. **O nome da rosa**. Rio de Janeiro: Record. 2009.
259. GRAU, Eros Roberto. **O direito posto e o direito pressuposto**. p. 195.

O mais curioso é que o argumento nominalista é utilizado com o intuito de quebrantar uma *ratio* de cunho essencialista em que as coisas possuiriam essências, não de todo cognoscíveis, e que as palavras estariam coladas a elas, o que de há muito já superado pelo segundo Wittgenstein[260]. Diante disso, já não mais é possível realizar este tipo de digressão em tempos de giro ontológico linguístico e de filosofia da linguagem, sob pena de comprometimento de todas as conquistas da modernidade, exatamente pela permeabilidade imposta ao Estado perante predatórios influxos políticos e econômicos ilegítimos.

Isso se dá no âmbito da separação entre interpretação jurídica, calcada na definição e respeito à legalidade, da questão da oportunidade administrativa, campo afeto a influxos políticos e de outras "áreas" do conhecimento, necessariamente incidentes sobre a gestão pública. Diante disso, estabelece-se um específico campo em que todas as decisões que respeitarem o critério de legalidade não poderão ser constrangidas pelo direito[261], de modo que a discricionariedade administrativa passa a ser a área da gestão pública que comporte soluções diversas, de acordo com as escolhas políticas da coletividade e que se mostrem como respeitantes do ordenamento[262].

Mesmo após as contribuições de Eros Grau, que certamente fizeram avançar a concepção de discricionariedade e do controle dos atos administrativos no Brasil, ainda se tem uma típica concepção da modernidade, de caráter liberal. Aí reside o gérmen do positivismo exegético[263] em que o juiz era a mera "boca da lei", sendo-lhe vedada a realização de qualquer interpretação desta, exatamente por ignorar-se a diversidade entre texto e norma e todos os demais "avanços" da filosofia, especialmente o giro

260. OLIVEIRA. Manfredo Araújo de. **Reviravolta linguístico-pragmática na filosofia contemporânea**. São Paulo: Edições Loyola, 2006. p. 117-147.

261. GRAU, Eros Roberto. **O direito posto e o direito pressuposto**. p. 202-210.

262. Pelo que se pode apontar que o ponto nodal da questão é definir tais critérios de legalidade (os quais certamente não podem advir de uma *ratio* procedimentalista etérea, sob pena de inocuidade do ESTADO DEMOCRÁTICO DE DIREITO.), prévios à "janela administrativa", em decorrência dos quais os atos da administração deverão sofrer uma análise jurídica para que possam ser colocados na condição atos administrativos discricionários e válidos, legais, no que discordamos de Eros Grau, exatamente no sentido de que antes da determinação de que o ato pertence a uma esfera de decisão que não a jurídica, o mesmo deverá sofrer uma análise jurídica, com o intuito de verificar se preenche os requisitos de respeito ao direito, o que claramente respeita a inafastabilidade do controle jurisdicional, prevista no artigo 5º, XXXV, da Constituição da República, do qual poderá sobrevir a conclusão (devidamente fundamentada) de que o ato é perfeitamente acordante com o ordenamento, de modo que a (hipotética) controvérsia apresentada é atinente a um "campo de batalha" respeitante e garantido pelo direito, o da política. Em suma, como aponta o próprio Eros Grau em seu voto no RMS 24699 (Relator(a): Min. EROS GRAU, Primeira Turma, julgado em 30/11/2004, DJ 01-07-2005 PP-00056 EMENT VOL-02198-02 PP-00222 RDDP n. 31, 2005, p. 237-238 LEXSTF v. 27, n. 322, 2005, p. 167-183 RTJ VOL-00195-01 PP-00064.), do qual foi relator, "O Poder Judiciário verifica, então, se o ato é correto. Não, note-se bem – e desejo deixar isso bem vincado –, qual o ato correto."

263. STRECK, Lenio Luiz. **Verdade e consenso**. 4. ed. São Paulo: Saraiva, 2011. p. 31-35.

ontológico-linguístico.[264] Por isso mesmo, na França, segundo a leitura feita no Brasil, a limitação do poder pelo direito acabou em uma curiosa e paradoxal situação, que consiste em verdadeiro Estado de mera legalidade, em um "constitucionalismo sem Constituição", exatamente por não se reconhecer a supremacia da Constituição e, consequentemente, não haver um verdadeiro controle de constitucionalidade, ideia que mesmo completamente incompatível com nosso ordenamento, acabou implantada em virtude da indiscriminada importação da ideia de legalidade e discricionariedade administrativas vigentes no Brasil.[265]

Eros Grau traz contribuições ainda mais consideráveis, especificamente no que chama de interpretação do direito, a qual ele vê como distinta da discricionariedade, mas que como será tratado neste texto, necessariamente precede esta última, senão perpassa-a integralmente em todos os seus momentos.

1.2.6 *Juarez Freitas*

Superado este ponto, chega-se ao Princípio da Boa Administração na doutrina de Bandeira de Mello, que levaria ao Direito Fundamental à boa administração, quando se faz indispensável tratar da doutrina de Juarez Freitas, contemporânea das contribuições trazidas por Eros Grau, pelo que absolutamente pertinente o momento da colação, ou seja, logo após ao embate entre os dois últimos autores abordados.[266]

Freitas aponta que o controle dos atos administrativos (discricionários), aqui realizado de maneira a viabilizar a sindicabilidade material dos mesmos, deve ser realizado em observância ao que chama de direito fundamental à boa administração, que seria "um feixe de princípios e regras, como sói acontecer com os direitos fundamentais". Tal feixe, exatamente por configurar-se de tal maneira, não teria nenhum de seus componentes absolutizáveis, sendo

---

264. STRECK, Lenio Luiz. **Verdade e consenso**. 4. ed. São Paulo: Saraiva, 2011; OLIVEIRA. Manfredo Araújo de. **Reviravolta linguístico-pragmática na filosofia contemporânea**. São Paulo: Edições Loyola, 2006. e CASTANHEIRA NEVES, António. O actual problema metodológico da interpretação jurídica. **Revista de Legislação e de Jurisprudência**. Coimbra: Coimbra Editora, n. 3919-3920.

265. "A limitação do poder pelo direito acabaria, em França, numa situação paradoxal. A supremacia da constituição foi neutralizada pela primazia da lei. Daí que um célebre jurista francês (Carré de Melberg) se tenha referido ao "Estado de direito francês" como um Estado legal ou Estado de legalidade relativamente eficaz no cumprimento do princípio da legalidade por parte da administração, mas incapaz de compreender o sentido da supremacia da constituição, à imagem da *paramount law* americana, e insensível à força normativa dos direitos e liberdades "declarados" logo da *Déclaration* de 1789. Dir-se-ia que a bondade do constitucionalismo francês quanto à ideia de sujeição do poder ao direito radica mais na substância das suas ideias (constituição, direito) do que na capacidade de engendrar procedimentos e processos para lhes dar operatividade prática. Não sem razão, se fala no constitucionalismo francês como um "constitucionalismo sem Constituição". *In* CANOTILHO, José Joaquim Gomes. **Direito Constitucional e Teoria da Constituição**. Coimbra: Almedina, 2003. p. 96.

266. FREITAS, Juarez. **O controle dos atos administrativos**, 4. ed. São Paulo: Malheiros. 2009. p. 30.

que estes vinculariam a aplicação da norma administrativa na condição de vetores máximos, com especial ênfase nos objetivos fundamentais, exprimidos no artigo 3º da Constituição.[267]

Esta é a grande contribuição para a questão da discricionariedade que Juarez Freitas continua considerando inerente aos atos administrativos. Qual seja, a vinculação norteadora provida pelo artigo 3º da Constituição, uma verdadeira obrigação prospectiva. É algo que será plenamente aproveitado na ideia que se pretende traduzir no presente texto.

Para além disso, a forma de controle da chamada indissociável discricionariedade, que ainda é tida desta forma em razão da positivista indeterminação dos conceitos jurídicos, proposital ou não, ainda é a mesma do paradigma inerente a tal ponto de partida, ou seja, parte de uma ideia de colonização do mundo da vida pelo direito, como se este último pudesse ser encaixotado na embalagem jurídica da forma que melhor aprouver o (vinculado) atuar da Administração e do Judiciário que a controlará.

Ao fim e ao cabo, conforme anteriormente, tudo se resume ao intérprete realizar a correta aplicação do direito, que no caso continua colado na lei/Constituição, de modo que validade ainda é sinônimo de direito, havendo o advento da constitucionalidade apenas.

Continua-se a apostar no sujeito da modernidade.

Evidente que a vinculação com índices de efetividade da gestão pública em face dos objetivos fundamentais da república é sobremaneira salutar, mas estes continuam à disposição do sujeito para servirem de mais um véu de legitimidade para o atuar de uma administração ilegítima e ainda mais protegida por uma vinculação que pode ser ainda mais difícil de ser rompida em face de sua complexidade, ainda mais se vista com incremento a todas as tentativas anteriores. Ou seja, a vinculação gerada pelo direito fundamental à boa administração é ainda um adendo aos controles anteriormente formulados por Francisco Campos, Bandeira de Mello e Eros Grau.

Conforme aponta o próprio Juarez Freitas, o controle é realizado de forma eminentemente consequencialista[268], mas com formulação discricio-

---

267. Id.

268. Inclusive no que diz respeito à definição do que sejam atos vinculados e discricionários. Cf. Ibid., p. 360: "Nesse horizonte conceitual, o ato administrativo será vinculado quando a margem de escolha de consequências se encontrar, por opção do legislador, reduzida quase a zero, sem que se afaste a discrição cognitiva na fixação de conteúdo dos conceitos indeterminados da norma vinculante, tampouco o dever de escrutínio quanto à constitucionalidade. Na prática, o administrador público deverá diligentementemente praticá-lo ou suscitar, pelas vias adequadas, a declaração de inconstitucionalidade do comando normativo. Então, no geral das vezes, terá o dever de agir, presentes os pressupostos, sob pena de causar dano juridicamente injusto. Já o ato administrativo discricionário é aquele em que há margem de liberdade para escolha de consequências (válidas *prima facie*) segundo espaço decisório conferido pela lei e nos limites do sistema. Portanto será legítimo o ato

nária[269] destas fórmulas de controle, ainda tidas como métodos na clássica definição da modernidade, ou seja, consistindo em um caminho previamente determinado, sem que se saiba efetivamente onde se quer chegar. Por isso, diante deste modelo, em se seguindo o método, o caminho traçado de forma assujeitadora, qualquer lugar que se chegue será legitimado pelo mero percorrer, de modo que o destino sempre estará certo, mesmo que acabe por descumprir os objetivos fundamentais, que dependem do sujeito para definir seu (des)cumprimento.

1.2.7 Marçal Justen Filho

Na linha de (des)construção aqui traçada, trazendo diversas das mais influentes doutrinas acerca da discricionariedade no Brasil, cumpre tratar de Marçal Justen Filho.

Primeiro ponto que deve ser frisado na posição de Justen Filho é a importância que dá à legalidade, tida como único âmbito em que a atividade administrativa estatal pode ocorrer, o que não é diferente de nada do que recentemente posto. Ao que deve se chamar a atenção, exatamente por revelar o lugar de fala do autor, é a discussão que coloca acerca da qualificação da necessidade de obediência à legalidade, como sendo uma regra ou um princípio[270]. Sua posição se desvela, especialmente em face dos critérios que explicita no momento de realizar a classificação.

Tal distinção é realizada com base na pretensa rigidez, ou seja, nível de determinação da prescrição normativa, com o que as possuidoras de maior especificação e menor abertura discricionária ao intérprete, seriam regras, ao passo que as menos rígidas, exatamente em razão de sua indeterminação, as quais apresentariam maior âmbito de discricionariedade ao aplicador, seriam os princípios.[271]

Em razão desta indeterminação que seria "inerente" aos princípios, para Justen Filho, afirmar que a legalidade seria (única e exclusivamente) um princípio, daria a possibilidade ao intérprete de sopesar se a aplicaria ou não, abrindo hipóteses de criação de obrigações não chanceladas em lei.[272]

---

discricionário se guardar vinculação à lei (atribuidora da liberdade de escolha) e vinculação ao sistema (conformadora da liberdade)."

269. Efetivamente libertária.

270. JUSTEN FILHO, Marçal. **Curso de direito administrativo**. 9. ed. São Paulo: Revista dos Tribunais. 2013. p. 223-224.

271. Ibid., p. 223.

272. Isso, claro, em razão do autor trazer uma noção de princípios atrelada à filosofia da consciência, onde estes seriam teleológicos e não deontológicos, fazendo com que deles e apenas a partir deles pudessem ser criadas regras não expressas pelo direito. Algo como um álibi interpretativo que daria ao intérprete a capacidade de criar o direito (na medida em que equiparado às prescrições

Por isso ele aponta que a prescrição normativa constante do artigo 5º, II, da Constituição não consubstanciaria apenas um princípio, mas também uma regra que determina que nenhuma obrigação poderá ser criada em desconsideração à legislação.[273] Assim o faz apenas em razão de ter os princípios como mandados de otimização e não portadores de uma "verdadeira" normatividade, mas apenas uma "recomendação" ao intérprete.

Como dito, esta posição revela que o autor efetivamente encontra-se preso ao relativismo, exatamente por sustentar-se no atual neoconstitucionalismo calcado nas teorias da argumentação, que claramente admitem a discricionariedade facultada ao intérprete por ser filosoficamente inescapável.

Essa mesma discricionariedade admitida pelo neoconstitucionalismo acompanhará a concepção de discricionariedade administrativa de Justen Filho, de modo que em última instância o controle dos atos da Administração sempre acabará no indivíduo e em sua vontade (de poder), em razão do que ele defende a possibilidade da lei, entendida como direito, deixar margem de liberdade para complementação de seus mandamentos por parte da Administração.[274]

Nesse momento, entende o autor que a legalidade opera como princípio.

Ora, esta "escolha" de quando a legalidade atua como "princípio" ou regra é nada mais que uma prova da paralisação da concepção de que se fala no paradigma da filosofia da consciência, de modo que o intérprete (autêntico) é quem determina (de forma descompromissada com o Direito e com a tradição) a capa de sentido que melhor cumpre o papel para decidir da forma que melhor lhe aprouver!

Tanto assim é que ao diferenciar interpretação do direito e discricionariedade, nos moldes que propugna Eros Grau, Justen Filho aponta que é muito problemático afirmar que a contribuição criativa, inerente a atividade interpretativa, dispensa a "participação inovadora da vontade".[275]

Para que não permaneçam quaisquer mal-entendidos sobre como a Crítica Hermenêutica do Direito trata a questão, é sempre importante lembrar, conforme Streck, que não se espera que o juiz (ou, no caso, o intérprete) seja uma "alface", isto é, um autômato. A crítica que aqui se realiza é muito mais profunda e avançada do que simplesmente repisar os passos do positivismo exegético, imaginando que, à identidade do que ocorrido no iluminismo, o intérprete permaneça amarrado aos textos. Isso não é possível dada a

normativas) na mesma medida que o legislador, buscando sempre alcançar os "fins" do ordenamento, obviamente da forma que melhor julgar, ou melhor, escolher, diante do caso que se lhe apresenta.

273. JUSTEN FILHO, Marçal. **Curso de direito administrativo**. p. 223-224.

274. Ibid., p. 240.

275. Ibid., p. 243.

separação entre texto e norma, tratada frontalmente na obra, além do que também já se sabe que o texto não encerra todas as hipóteses de aplicação de uma determinada prescrição normativa.

A partir de tal diferenciação, Justen Filho promove a seguinte diferenciação:

> Mas, ainda que a interpretação-aplicação envolva algum tipo de contribuição pessoal do aplicador, isso não equivale a identificar a atividade de aplicação do direito com a discricionariedade administrativa.
>
> A distinção não se funda no resultado ou na influência da vontade do intérprete: muitas vezes, o resultado da interpretação reflete inovações em face do texto legislativo que são extremamente relevantes, refletindo concepções pessoais do sujeito encarregado da atividade de aplicação do direito.
>
> A diferença entre interpretação e discricionariedade reside na opção adotada pelo legislador. A discricionariedade é um modo de construção da norma jurídica, caracterizado pela atribuição ao aplicador do encargo de produzir a solução por meio de ponderação quanto às circunstâncias. Ou seja, a discricionariedade significa que a lei atribui ao aplicador o dever-poder de realizar a escolha.
>
> Já a interpretação corresponde a uma tarefa de (re)construção de vontade normativa estranha e alheia ao aplicador. O intérprete não atribui sua conclusão a um juízo de conveniência próprio, mas ao sistema jurídico. Na interpretação, o aplicador não revela a vontade do legislador, mas a vontade legislativa que é determinada pelo sistema jurídico em si mesmo. Na discricionariedade, a vontade do aplicador é legitimada pelo direito, que não impôs uma solução predeterminada ao caso concreto.[276]

A partir daí que Justen Filho aponta que a discricionariedade não é derivada da indeterminação do direito, mas da determinação. Ou seja, ela apenas ocorreria em face de expressa abertura da dicção legal, ou do intérprete. Ao fim e ao cabo, criticamente já é possível apontar que sempre deste.

No entanto, a abertura para este elemento volitivo é que se apresenta como grande problema.

Evidente que a intenção do autor não é a de dar poderes extravagantes para a Administração, ou melhor, para o agente do Estado que efetivamente decide, de modo que este passe a escolher ao seu alvedrio, contrariamente ao Estado Democrático de Direito. Certamente que não é isso que aqui estamos a afirmar. Aliás, não o é sobre nenhum dos autores anteriormente referenciados.

---

276. Ibid., p. 243-244.

O que se frisa, é que por mais que tenham sido verificadas inúmeras tentativas de formulação de arcabouços teóricos para frear o arbítrio da Administração Pública, por todas encontrarem-se em paradigma filosófico inautêntico, divorciado do controle adequado ao Estado Democrático de Direito, que deve se achar independente da vontade individual de quem quer que seja, o que se dá desde o advento do Estado de Direito, apenas servem de capas de sentido para desmandos promovidos por quem tripula o Estado, cada vez mais poderosas de acordo com o incremento de sua complexidade.

Diante disso, o que se afigura é que a dogmática[277] jurídica brasileira se olvidou da questão da discricionariedade e do ato administrativo, ou seja, deixou de questionar-se sobre o fenômeno e aceitou dogma posto desde há muito, construindo todo seu prédio teórico sobre fundações já bastante antigas, desgastadas e originalmente produzidas para sustentar uma edificação muito menos complexa e portentosa do que a que aí está. Assim, parece iminente o desmoronamento de toda a teoria, mesmo que não se perceba isso em face da alienação filosófica e histórica em que resta imerso o pensamento teórico do direito administrativo brasileiro.

Quanto mais se busca estruturas de controle, por estas estarem postas sobre fundações inadequadas, apenas servirão para cada vez mais dificultar e impedir este controle.

Tal alienação, especificamente no campo jurídico, tem início com a inegável influência da hodierna dogmática sobre o ensino jurídico, a qual transforma o imaginário dos juristas, de modo a, simplesmente, impedi-los de enxergar o problema. Este, aliás, nem é problema em sua ótica, visto que sequer pode ser notado dada a imersão dos indivíduos no paradigma em que restaram colocados pelo ensino que lhes foi ministrado ao longo de toda vida (como ser-no-mundo), em razão do que lhes foi posto como verdade. Enfim, à identidade de um mito, um problema só é problemático a partir da constatação de sua existência.[278]

---

277. Que aqui se pode dizer, com Warat (WARAT, Luis Alberto. **Introdução geral ao direito II**. Porto Alegre: Fabris, 1997. p. 16.) e Ohlweiler (OHLWEILER, Leonel. **Direito administrativo em perspectiva**. p. 45-54.), que sofre de um crônico dogmatismo. Para tanto, se faz necessário diferenciar dogmática de dogmatismo. A primeira, por si só, mostra-se dedicada a construção e solidificação de determinado conhecimento jurídico, fornecendo bases "seguras" para as pré-compreensões dos "operadores", ou seja, para aqueles que trabalham cotidianamente com o direito. Claro que desde já cabe singular crítica a este termo "operadores", que intencionalmente ou não, coloca os que trabalham com o direito em um patamar de meros operadores de uma máquina já pronta e acabada, olvidando por completo o caráter científico e intelectual de seu trabalho, efetivamente impulsionando os mesmos ao que se chama de dogmatismo, ou seja, pretendo fazer com que se esqueça de todas as questões do "mundo da vida" que estão necessária e umbilicalmente ligadas ao direito. Já o dogmatismo, conforme já adiantado, estabelece vinculações improprias e nulificantes, a determinados dogmas, colocando-os como ponto de partida e chegada de uma discussão jurídica, que sempre acaba reduzida e fragmentada.

278. STRECK, Lenio Luiz. **Hermenêutica Jurídica e(m) Crise**. p. 77-78.

Capítulo 2

A DISCRICIONARIEDADE ADMINISTRATIVA COMO VÉU DE LEGITIMIDADE DA EROSÃO DA LEGALIDADE E DO ESTADO DEMOCRÁTICO DE DIREITO

Neste momento traz-se a expressão da "erosão da legalidade", já dantes referenciada no viés que é trazido por Paulo Otero, a qual acaba por ser tratada por tal autor de maneira mais dogmática do que se procura realizar nesta obra. Ele o faz sob abordagem da perda do caráter de "perfeição" da legalidade oitocentista, ou seja, do positivismo exegético e de como isso influi na abertura interpretativa acerca dos mandamentos normativos direcionados à Administração. Tal indeterminação, conforme se viu no capítulo primeiro, levou a um crescimento do que Otero chama de "protagonismo metodológico" na tentativa de fazer com que a atividade administrativa reste vinculada e vinculativa, com o que se acabou por observar uma transfiguração e verdadeira erosão da própria noção de legalidade.[1]

A ideia de transfiguração repassada por Otero, em grande medida fundamenta-se na pluralidade de fontes normativas do direito administrativo, na tentativa de melhor guiar os caminhos tomados pelo Estado após o falhanço do positivismo exegético. Daí é que surge a ideia de erosão, exatamente pela grande possibilidade de contraditoriedade repassada por tal multiplicidade de fontes. O que aqui se busca atingir não é esta erosão, ou ao menos não apenas ela, mas a que derivada da "discricionariedade" que se abre cada vez mais nestas novas estruturas, ainda positivistas e que entregam ao intérprete a "escolha" do sentido que dará a seus mandamentos e aos mandamentos encarregados de controlar os primeiros. Isso se apresenta de tal forma, exatamente pela interpretação do direito ainda ser realizada sob o viés positivista (normativista), do que não foge o direito administrativo.

A passagem abaixo traduz mandamento positivista, ainda na esfera da ciência do direito, em termos kelsenianos[2], necessário para que se efetive

1. OTERO, Paulo. **Legalidade e Administração Pública**. Coimbra: Almedina, 2003. p. 893.
2. Aqui se faz importante frisar que não se tem qualquer pretensão de tratar a fundo o pensamento, da enorme contribuição de Hans Kelsen para a ciência do direito, desenvolvida em mais de sessenta anos de produção científica, o que seria um trabalho hercúleo e completamente impossível para a extensão da presente obra. O que aqui se buscará é tratar do recorte que foi realizado na obra

o projeto estatal iniciado na modernidade e até hoje ainda inacabado em terras brasileiras:

> Los funcionarios elegidos o nombrados conforme a la voluntad general no tienen derechos subjetivos cuyo alcance dudoso amenace nuestras libertades individuales. Ellos sólo poseen la función rigurosamente medida, estrictamente ajustada por la misma fórmula del texto que se la atribuye. No digamos que ellos, como titulares colectivos de la autoridad suprema, lo puede todo, salvo lo que les está prohibido. La verdad es que sólo tienen los poderes limitados que les ha conferido la voluntad general.[3]

Aqui não se pretende realizar uma simplista e deficiente análise da obra kelseniana por meio da confrontação do positivismo (normativista) do autor em face do direito natural, visto que, conforme aponta Nogueira Dias[4], Kelsen volta-se eminentemente contra o positivismo do século XIX, o positivismo exegético.

Interessa-nos a noção trazida por Mario Losano[5], de sistemas externo e interno ao tratar da obra kelseniana. No paradigma assujeitador da filosofia da consciência, e é importante que isso fique claro, Losano classifica sistema como o ponto de partida ou de chegada da atividade do estudioso de uma realidade caótica que é colocada em ordem por meio de uma específica construção intelectual. O sistema externo se mostra como uma estrutura criada pelo sujeito, que se superpõe ao objeto de estudo, ordenando-o, pelo que seu ponto de chegada, ao passo que o sistema interno é uma estrutura ínsita ao próprio objeto de estudo, de formas que ao estudioso incumbe sua

---

do autor e importado para a noção brasileira de discricionariedade administrativa, relativizando-a a atuação estatal e contribuindo para uma inautêntica e antidemocrática leitura do instituto. É preciso minimamente entender como funciona o capítulo oitavo da *Teoria Pura do Direito* e como este acabou por ser importado para terras brasileiras, abrindo a possibilidade não apenas de uma janela interpretativa em face da indeterminação do direito, mas de uma segunda janela, dessa vez calcada na autorização promovida pela interpretação da primeira janela, deixando ao alvedrio do "intérprete autêntico" não uma, mas minimamente duas janelas (quando não são mais!) interpretativas.

3. Trecho do prefacio à edição francesa, escrito por Henry Berthélemy, In MAYER, Otto. **Derecho administrativo alemán**. Tomo I. Buenos Aires: Depalma, 1949.

4. DIAS, Gabriel Nogueira. **Positivismo jurídico e a teoria do direito**. São Paulo: Revista do Tribunais, 2010. p. 16: "A construção de uma teoria geral do direito deve se dar, segundo Kelsen, necessariamente de modo jurídico positivista. O positivismo jurídico não desempenha na obra de Kelsen um papel de ingrediente casual ou, em última instância, de menor importância. Muito mais do que isso, ele contém o programa metodológico de aperfeiçoamento contínuo para o estabelecimento e execução da sai teoria geral do direito. A total observação das diretrizes do seu positivismo jurídico é para Kelsen *conditio sine qua non* para a criação de uma ciência do direito que seja digna desta significação e que tenha a tarefa de descrever completamente o ordenamento jurídico."

5. LOSANO, Mario G. **Sistema e estrutura no direito**. v.2: o século XX. São Paulo: Martins Fontes, 2010.

descoberta, sua descrição, pelo que se configura como ponto de partida da atividade de pesquisa.[6]

Kelsen localiza-se exatamente no que Losano classifica como sistema interno, na medida em que sua Teoria Pura possui pretensões de descrever seu objeto de estudo da forma mais rigorosa possível, chegando ao extremo mesmo de recriar seu objeto de estudo, chamado de ciência do direito. Isso é assim, pois em seus estudos Kelsen retorna de forma contínua aos problemas dos quais originariamente partiu, com novos argumentos para enfrentá-los, de modo que a evolução da Teoria Pura do Direito permanece contida dentro de limites bem definidos, de modo que o somatório de todas as modificações nunca implica em uma inversão de rota.[7]

Como admite o próprio Losano, as concepções atribuídas por meio de tais leituras, por dependerem diretamente da atuação do sujeito, tornam-se extremamente relativizadas em razão dos pressupostos filosófico-ideológicos de quem (d)escreve.[8]

Exatamente por ter montado sua teoria na forma de um sistema interno, Kelsen o fez na condição de um discurso não sobre a ciência, mas sobre o objeto da ciência, de modo que diversamente de um estudo válido para todas as ciências, onde seus cânones valem universalmente, no que aqui se fala as premissas e nexos apenas são válidos quando tratam de seu objeto de estudo.

Para tanto, busca um nexo específico que une somente, mas todo o direito, permeando todo o ordenamento: a validade.

Levando-se em conta os diversos vieses do positivismo, que indissociavelmente influenciaram a formação do positivismo jurídico-normativista

---

6. Ibid., p. 02-03: "No plano filosófico, o debate sobre a ordem interna ou externa ao objeto estudado pode ser iniciado com Aristóteles. No plano histórico e com referência ao direito, a passagem de uma para outra concepção pode ser reduzida a uma evolução razoavelmente linear. Por séculos, trabalhou-se para criar sistemas externos ao direito, sem, todavia, manter claramente distinto o plano conceitual da ciência sobre um certo objeto daquele do objeto de uma certa ciência. Tem-se uma prova dessa confusão no exame de cada uma das teorias, nas quais os autores oscilam entre uma consideração interna e uma externa do direito. Em concomitância com a afirmação de teorias filosóficas de tipo idealístico-metafísico, aquela que era uma elaboração teórica do jurista foi considerada um elemento inerente à realidade. Em outros termos, considerou-se que a ordem introduzida pelo jurista no material legislativo fosse somente a descoberta de estruturas já presentes na própria realidade jurídica: o sistema estaria, assim, dentro do direito positivo, e não fora dele. Como consequência dessa reviravolta, a tarefa do jurista deixou de ser limitada à confecção de esquemas expositivos dotados de finalidades práticas, entendendo-se a âmbitos mais criativos. Visto que o sistema não era o ponto de chegada, mas o ponto de partida da atividade do jurista, este último – explorando a natureza intrinsecamente sistemática do direito – podia resolver problemas importantes, como os das antinomias ou das lacunas no ordenamento jurídico. Efetivamente, dizer que um ordenamento é coerente e completo exige que se conceba como dada *a priori* a sistematicidade do direito, da qual se faz derivar determinadas consequências com relação a determinadas normas, enquanto as partes integrantes do sistema. Nesse sentido, a pesquisa estrutural é o *terminus a quo*, o ponto de partida da atividade do jurista."
7. Ibid., p. 45-46: "(...) Hans Kelsen considera que todo o material jurídico positivo, presente numa certa sociedade, numa certa época de seu desenvolvimento histórico, é organizado num sistema unitário."
8. Ibid., p. 04.

kelseniano, como bem aponta Losano, no início do século XX, em grande medida por derivação do que se chamou de pensamento irracionalista[9], colocou em crise o que tradicionalmente chama-se de valores. A partir de tais premissas positivistas, os valores, que se apresentam como fundamento da moral, juntamente com esta última, acabam transferidos para a esfera do irracional e afastados pelo conhecimento científico, donde advém a ideia de que o conteúdo do direito, ou seja, da prescrição normativa (estrutura), não pode ser valorada cientificamente como boa ou ruim.[10]

Diante da separação entre direito e moral, buscando fazer da teoria jurídica uma teoria pura, Kelsen chega à conclusão de que a dogmática jurídica normativa não seria uma ciência, mas política jurídica. Isso claramente derivava da formação, da historicidade, que configurou o pensamento do jurista, advindo do círculo de Viena e tributário do positivismo lógico de Rudolf Carnap, orientação segundo a qual apenas seria compreensível o que suscetível de "verificação" lógica, de modo que as asserções metafísicas, como as que incidem sobre os conteúdos dos valores e das normas, seriam desprovidas de sentido.[11]

A distinção realizada entre ser e dever ser[12] advinha da influência kantiana sobre sua obra, o que fazia com que estabelecesse a diferença entre uma perspectiva descritiva, de cunho explicativo, e uma descritiva (normativa), que é a única tratada na Teoria Pura do Direito. Desse modo, apenas possui como objeto as estruturas formais, lógicas, das normas jurídicas, jamais seus conteúdos.[13]

A teoria pura não trata de qualquer tipo de valor ético, mas apenas das estruturas lógicas do direito, pelo que seu postulado fundamental é a pureza do método. O que faz com que nesta sua primeira fase, não seja completamente injusto mencionar que a teoria de Kelsen pode acabar utilizada como uma mera teoria vazia, passível de vestir o que for interessante politicamente sob sua tutela, incluindo o que decidido pelo intérprete[14], que

---

9. Em sua acepção forte, o pensamento irracional leva para a asserção de novos valores, que se superpõe aos tradicionalmente aceitos, ao passo que o viés tido como do irracionalismo fraco, limitava-se a negar a racionalidade (moderna) dos valores, dado que estes, nas condições de emoções, não poderiam ser acessados pelo conhecimento científico. Por isso, da forma fraca do irracionalismo deriva o relativismo no que tange aos valores que caracterizam a democracia liberal e o próprio positivismo jurídico. Cf. LOSANO, Mario G. **Sistema e estrutura no direito**. p. 26.
10. Ibid., p. 26-30.
11. KAUFMANN, Arthur. A problemática da filosofia do direito ao longo da história. In: HASSEMER, Winfried; KAUFMANN, Arthur (orgs.). **Introdução à filosofia do direito e à teoria do direito contemporâneo**. 2. ed. Lisboa: Calouste Gulbenkian, 2009. 178-179.
12. KELSEN, Hans. **Teoria geral do direito e do Estado**. p. 175-176.
13. Ibid., p. 179.
14. Importante aclarar que quem dita o conteúdo é o intérprete cientista e, quando este diz que há mais de um conteúdo, cabe ao intérprete-autêntico decidir qual dos possíveis conteúdos adotar.

ao final é quem dirá qual o conteúdo abarcado pelo direito, conforme trata o capítulo oitavo da Teoria Pura do Direito.[15]

Daí evidenciam-se ao menos duas características fundamentais do positivismo jurídico do século XIX, que acabam repetindo-se no positivismo normativista kelseniano do século XX, agregados a um terceiro. O primeiro deles é o de que somente o direito positivo é direito, ou seja, desde que produzido por autoridade devidamente, ou seja, normativamente, capacitada para tanto. Além desta, verifica-se uma segunda, que é a de que o direito posto deve ser incondicionalmente obedecido, pelo que o único modo para a expressão de dissenso em relação a este seria uma própria reforma legislativa, que introduziria novos elementos subjetivos e irracionais na estrutura normativa: novos valores. Por fim, a terceira característica, aportada pelo positivismo normativista kelseniano, seria a que vincula o intérprete autêntico apenas às interpretações lógicas ou literais, sendo inadmissível qualquer acorrentamento a valores, dada a ausência de cientificidade de tal postura.[16]

Essa postura é o que Höffe chama de Kelsen I:

> Fundado em convicções gerais epistemológicas, o positivismo jurídico segue o ideal da ciência do positivismo logico, respectivamente, do empirismo logico e se poderia designar por isso positivismo lógico-jurídico, ou então empirismo jurídico. Segundo este, somente proposições jurídicas, de caráter empírico ou analítico, têm um caráter científico, enquanto os enunciados normativos, a saber, os enunciados da justiça, são considerados não-científicos. Segundo o positivismo jurídico enquanto empirismo jurídico, as ciências do direito somente são possíveis como ciências do direito em vigor ou então como teorias do direito puramente analíticas.[17]

Kelsen ainda modifica esta teoria de validade da norma, passando a ver na disposição jurídica um juízo hipotético em que há uma relação razão-consequência, denominada de imputação, de modo que a prescrição normativa passa a ser uma afirmação sobre o comportamento futuro dos órgãos encarregados da administração da justiça, no cumprimento do direito positivo, em face de conduta que seja passível de subsunção diante de hipótese normativa aplicável. Tal apenas é possível porque sempre há uma regra antecedente que garante a validade da posterior e assim por diante, até que

15. Ibid., p. 181.
16. LOSANO, Mario G. **Sistema e estrutura no direito**. p. 33-34.
17. HÖFFE, Otfried. **Justiça e política**. 3. ed. São Paulo: Martins Fontes, 2006. p. 98.

se chega ao que denominado de norma fundamental[18] (*Grundnorm*), que nada mais é do que um fechamento epistemológico do sistema, da estrutura lógico-positivista kelseniana.[19]

A norma fundamental acaba quase que funcionando como direito natural, tão repudiado por Kelsen, de modo que o dever-ser em sua teoria consubstancia uma categoria ética. Semelhante ao que realizado na Escolástica, Kelsen constrói sua teoria em degraus, de modo que o topo, ao invés de ser o *logos* é a norma fundamental[20], substituindo-se um fundamento metafísico por outro, mesmo na era da razão.

Partindo destes pressupostos, efetivamente passa-se a dizer que o direito não se encontra plasmado na lei, mas na atividade criativa do intérprete autêntico, que exatamente por isso possui uma margem de atuação, na qual qualquer decisão que proferir, desde que dentro de determinada "janela", como se apresenta a expressão utilizada pelo próprio Kelsen, o que denota claramente sua característica de ser um problema semântico, visto que a definição desta permanece ao alvedrio do intérprete. Isso é o que Kelsen chama de ato de política jurídica.

Portanto, pode-se resumir (de forma absolutamente sintética) da seguinte forma o positivismo normativista kelseniano, "utilizado" pela concepção de

---

18. LOSANO, Mario G. **Sistema e estrutura no direito**. p: 38: "O aporte mais relevante do neokantismo à teoria pura do direito é a teoria da 'norma fundamental'. Ela é a construção que deve permitir ao intérprete os atos concretizados em conformidade com o ordenamento jurídico como unidade sistemática de um sistema jurídico [...]. A norma fundamental constitui a unidade do sistema jurídico, naturalmente apenas do ponto de vista formal'; portanto, 'a teoria da norma fundamental é o elemento especificamente neokantiano na doutrina de Kelsen'. Foi assim identificada a raiz filosófica do elemento característico da construção sistemática de Kelsen; (...)"

19. Aqui se trata do que Höffe chama de Kelsen II, especificamente quando menciona a hierarquia de autorizações sancionatórias que legitimam o atuar judicial do Estado, de modo que o direito passa a ser definido não mais por ordens, mas por regras e mandatos. Cf. HÖFFE, Otfried. **Justiça e política**. p. 127-128: "Segundo Kelsen, uma prescrição somente possui um significado jurídico se ela emana de uma instância que foi autorizada, isto é, cujo poder de fixar a prescrição ou de aplicá-la foi outorgado e não se origina de força própria ou prepotência. Pela autorização o poder perde o caráter de um *factum brutum*; o lugar de um poder quase-natural é ocupado pelo poder jurídico. O mandato, diz Kelsen, é outorgado por uma instância superior. Assim, o direito se configura num sistema hierárquico de mandatos, que – em sequência crescente – conduzem de negócios jurídicos concretos, através de disposições e leis, até a constituição, e na sequência histórica, das constituições até A Constituição historicamente primeira. Inversamente existe um contexto formal de delegações vistas desde o nível da autoridade da constituição, que Kelsen denomina globalmente como 'a edificação gradual da ordem jurídica' (...)."

20. KELSEN, Hans. **Teoria geral do direito e do Estado**. 4. ed. São Paulo: Martins Fontes, 2005. p. 168-171: "Ao formular a norma fundamental, não introduzimos nenhum método novo na ciência do Direito. Simplesmente tornamos explícito o que todos os juristas pressupõem, a maioria deles involuntariamente, quando consideram o Direito positivo como um sistema de normas válidas, e não como apenas um complexo de fatos, e quando, ao mesmo tempo, repudiam qualquer Direito natural do qual o Direito positivo receberia sua validade. A constatação de que a norma básica realmente existe na consciência jurídica é o resultado de uma simples análise de enunciados jurídicos concretos. A norma fundamental é a resposta à questão: Como – e isso quer dizer sob que condição – são possíveis todos esses enunciados jurídicos concernentes a normas jurídicas, deveres jurídicos, direitos jurídicos, e assim por diante?"

discricionariedade (administrativa) no Brasil: formula um sistema constituído de norma jurídicas, de forma que a origem da concatenação destas é a norma fundamental[21], na qual funda-se a validade de cada uma delas, sendo possível observar que Kelsen distingue o direito positivo de ciência do direito, sendo necessário sempre verificar a relação existente entre o sistema das norma jurídicas e das proposições jurídicas, que nada mais é do que o sistema criado pela ciência do direito para descrever o direito (positivo). Diante disso, a ciência descreve, ao passo que o ordenamento (direito) prescreve, de modo que a ciência faz parte do mundo do ser e o direito do dever-ser. Para Kelsen, tendo como fundamento o pensamento neokantiano[22], entre estes dois mundos não há pontos de contato, sob pena de ameaça da coerência interna de toda a sua teoria.[23]

Em suma, o positivismo normativista kelseniano perde de vista o mundo da vida, pelo que acaba por colonizá-lo por meio de uma solipsista (in)definição semântica, subjetiva e assujeitadoramente determinada.

Por mais que se diga o contrário, muitas vezes distinguindo a discricionariedade interpretativa do direito da discricionariedade administrativa,

---

21. Ibid., p: 54: "Obedece-se ao direito porque ele é válido; e a validade depende do fato de a norma fundamental transmitir o dever ser a todas as normas de nível mais baixo. Percorrendo a pirâmide do sistema kelseniano de baixo para cima, a sentença do juiz é válida se se remete a uma lei válida. A lei é válida se se remete a uma norma constitucional válida. A constituição é válida se a norma fundamental – que está fora do direito positivo – declara que essa constituição deve ser obedecida. Visto que para Kelsen a validade de uma norma de qualquer nível coincide com sua existência, o sistema kelseniano inteiro existe graças à norma fundamental: aceita a noção de norma fundamental, o sistema inteiro descreve, admiravelmente, a estrutura do direito moderno ocidental; rejeitada a noção de norma fundamental, cai o sistema kelseniano inteiro."
22. Conceito kelseniano que transparece de forma clara a divisão realizada por ele entre ser e dever ser, entre *Sein e Sollen*, é o da imputação. Através dele que é o acoplamento da conduta humana ao que previsto na norma, que consubstancia o modo como o homem deve comportar-se perante o direito, observa-se o liame de ligação entre o elemento humano valorativo (*Sein*) e o direito (*Sollen*), que automaticamente demonstra a separação entre ser e dever ser. Este último é o sentido do ato humano, não sendo o próprio ato, pelo que não seria possível também identificar a norma jurídica com a vontade do sujeito. Aqui está uma subjetividade que Kelsen não vê e por isso a resolve, na questão da aplicação do direito, nos moldes postos no capítulo oitavo de sua Teoria Pura. A questão do dever ser, que é a norma própria, apresenta-se indefinível na doutrina kelseniana, uma vez que completamente separado do ser, ou seja, da conduta humana, consubstancia quase que uma ação em potencial perante uma ação atual, com o que o próprio raciocínio de Kelsen acerca do *Sollen* é um comportamento pensado, pelo que já efetivado, levado a cabo, não mais podendo ser chamado do potencial. Exatamente em função de tal indefinição é que se apresenta a abertura para a subjetividade, tão necessária para o "preenchimento" da norma no caso concreto, onde ela efetivamente deixa de ser norma, transformando-se em comportamento concreto e não mais apenas potencial, seja no viés da conduta do destinatário ordinário ou do intérprete autêntico, na medida em que uma decisão é um ato executado, derivado de uma ação potencial que sendo concreto já não mais é um projeto, mas uma realidade, não mais é dever ser, passando a ser. Aqui entra a questão da subjetividade, da janela interpretativa e da ideia de que a aplicação do direito já não se encontra no âmbito do espectro de estudo científico, dado que há ação humana valorativa, concebida como política jurídica.
23. Ibid., p: 46-47.

"conferida pelo direito"[24], como faz considerável parcela dos autores citados no primeiro capítulo, essencialmente os sobrevêm depois de Celso Antônio Bandeira de Mello, a discricionariedade administrativa permanece com suas raízes fincadas na matriz kelseniana, de indeterminação do direito. Se assim não fosse, seu controle deveria ser realizado de forma principiológica, ontologicamente, e não de forma epistemológica, com fundamento em uma estrutura de chancela procedimental da atuação do agente estatal, sempre dependendo do indivíduo para dar validade e, consequentemente, conteúdo ao que preleciona o direito, ao qual claramente deve subjugar-se o atuar do Estado.

Qualquer tentativa que busque vincular e controlar a atuação estatal administrativa sob o viés exclusivamente procedimental (mesmo que assim acredite-se não estar fazendo), deixando a palavra final para o indivíduo, naqueles moldes da modernidade, ainda se funda em Kant e Kelsen[25] e incompatível com o projeto de Estado impresso na Constituição. Constituição essa, conforme aponta Streck[26], não é fundamento, mas um "como se", que claramente depende do modo-de-ser-no-mundo do intérprete, conforme resta provado com todas as visões tratadas no primeiro capítulo e o resultado de não atingimento das promessas da modernidade, mesmo após mais de 30 anos da Constituição cidadã.

Por isso o grande estalo que traz a indeterminação, conjugado com todos os demais ingredientes que serão apresentados neste segundo capítulo, é o vazio. Isso mesmo, o vazio, a ausência que se mostra na própria indeterminação dogmaticamente posta e imposta na forma de dogmatismo[27], que acaba por substituir a presença e deixando aberta a capa de legitimidade

---

24. Afinal, quem diz o que diz o direito é o intérprete autêntico, de modo que, como já frisado anteriormente, a discricionariedade "pura" ou administrativa, na variação utilizada por Emilio Betti (BETTI, Emilio. **Interpretação da lei e dos atos jurídicos**. São Paulo: Martins Fontes, 2007. p. 73-76.), sempre é determinada da interpretação do direito, de maneira que a cabe interpretar o direito, também cabe, com base em sua vontade (afinal interpretação é um ato de vontade, minimamente de Descartes a Nietzsche), dizer se há ou não "janela discricionária pura" que autoriza a atuação, em última instância, volitiva e libertária do administrador. Por isso, diz-se que existem várias instâncias de justificação e chancela da atividade estatal, todas elas subjetivas e derivadas da filosofia da consciência, o que torna ainda mais dificultada a tarefa de desarmar o nó hermenêutico e multirreferencial realizado com o pretenso intuito de facilitar tal desiderato. Isso, pois dizer que a discricionariedade pura consistiria em um mandamento legal que por si só resolveria toda a problemática da interpretação é inclusive desconsiderar Kelsen, voltando-se ao estágio do positivismo exegético.
25. Aqui o que se quer dizer também é que, enquanto a atribuição de sentido do que posto em lei continuar residindo no indivíduo, o que se inicia em Hobbes, em certa medida passa por Kant, atinge seu apogeu em Kelsen, desaguando na doutrina que trata da discricionariedade no Brasil, ainda teremos um Estado que pode receber muitas adjetivações, mas nunca a de Democrático de Direito, dado que este último sempre terminará assujeitado.
26. STRECK. Lenio Luiz. **Jurisdição constitucional e decisão jurídica**. 3. ed. São Paulo: Revista dos Tribunais, 2013. p. 134-135.
27. Vide nota de rodapé nº 285.

provida pelo direito, de modo que lá pode ser agasalhada qualquer "tese". Passa a ser muito fácil mentir sob o disfarce da verdade, exatamente quando se deixa de lado a substância e se aposta no procedimento.[28]

2.1 Discricionariedade administrativa e individualismo: uma incompatibilidade *ab initio*?

Retomando a questão da teoria pura de Kelsen, que dá azo para justificar a discricionariedade administrativa na indeterminação do direito e que partir daí evolui para os diversos outros caminhos que a mesma discricionariedade tomou no Brasil, há uma característica que contrasta e muito com o contexto social brasileiro, para apenas ficarmos por aqui. Para que possamos abordar com a necessária propriedade, imperativo que tratemos da discricionariedade e não apenas da discricionariedade qualificada como administrativa, que conforme posto ainda na introdução, nada mais é do que discricionariedade!

Conforme visto até aqui, Kelsen sofria severas influências neokantianas. Kant partia para sua ideia de Estado com base em ideais liberais, segundo os quais o Direito e a atuação estatal apenas serviriam para garantir a liberdade dos indivíduos em um ambiente de convivência. O que pode ser definido a grosso modo como um *locus* onde a fruição da liberdade de um não prejudique a dos demais, ou seja, com intuito de evitar o abuso do valor primordial. Por isso o ordenamento kantiano era desprovido de qualquer conteúdo específico que pudesse ameaçar a liberdade, diretamente derivada do individualismo da modernidade[29], o que influenciou Kelsen.

Evidente que essa característica faz parte do que se pode chamar de um "projeto de poder burguês", segundo o qual se cria uma ficção jurídica de igualdade, que apenas é desconstruída no contato entre o *Sollen* e o *Sein*.[30]

---

28. OHLWEILER, Leonel. **Direito administrativo em perspectiva**. p. 55.
29. KAUFMANN, Arthur. **Filosofia do direito**. p. 39-40.
30. PALOMBELLA, Gianluigi. **Filosofia do direito**. p. 67-68: "Dessas considerações decorre a necessária revisão de um lugar-comum na literatura crítica do kantismo jurídico. O direito, também em sentido subjetivo, afirma-se por certo como critério puramente formal da convivência, ao menos no sentido de que ele só dita as condições puras e abstratas da *coexistência*. É traçada uma ideia formalista do direito, pensada, portanto com base na indiferença dos indivíduos, logo de sua igualdade (indistinção) diante da "categoria jurídica". Donde a construção de uma subjetividade jurídica, que o direito leva em consideração de modo abstrato, formal, igualmente indiferente com respeito às condições materiais que distinguem, separam e definem os indivíduos, determinando seus reais vínculos nos quais a "coexistência" se exprime. É evidente que, nas condições próprias à vida social, os indivíduos descobrem sua desigualdade. Diante disso, a investigação do direito como forma geral de coexistência pareceria indicar o poder do projeto burguês (de uma época e de uma classe social), que determina as condições econômico-jurídicas para a própria realização. Mas ele impõe, exatamente pelo direito, uma representação distorcida da realidade: a ocultação da diferença social pela igualdade da forma jurídica."

Importante anotar uma colocação feita por Losano[31], visando explicar a o sentido objetivo e subjetivo de um dever ser trazido pela norma jurídica, quando menciona que um ato humano, como a ordem de um marginal durante um roubo para que um cidadão lhe entregue o dinheiro que carrega consigo, traz elementos apenas subjetivos, na medida em que nenhuma normatização lhe legitima para tanto, muito pelo contrário. Diante de tal exemplo, destaca-se outro que lhe é contrastante, no qual a ordem de um funcionário do fisco, no exercício de suas funções, para o mesmo cidadão, caso devidamente respaldado na hipótese normativa que lhe dá autoridade para tanto, faz com que se lhe revista não apenas o caráter subjetivo, mas também um sentido objetivo.[32]

Pretensamente, uma expropriação de patrimônio legitimada pela atividade estatal, se discricionária for, no exato sentido que se dá ao conceito atualmente, com fundamento último na doutrina kelseniana, buscando garantir sua correção com base em cada vez mais procedimentos, poderá efetivamente ser realizada de forma indefensável para o cidadão, sendo tão danosa como uma que seja levada a cabo por um bandido sem tal "cobertura" normativa.[33]

Diante da colocação posta no parágrafo anterior, evidente o quão perigosa pode ser a atividade estatal levada a cabo por indivíduos que façam

---

31. LOSANO, Mario G. **Sistema e estrutura no direito**. p. 58.

32. Sobre como a teoria da hierarquia das autorizações ou do mandato, chancela a validade do ordenamento (possibilitando embustes por meio da janela kelseniana), Höffe também se manifesta. Cf. HÖFFE, Otfried. **Justiça e política**. p. 129: "No contexto de uma teoria do mandato do direito (*Teoria Pura do Direito*, 8 e *passim*) se distinguem os funcionários que executam a ordem jurídica de bandidos que, com pistola engatilhada, exigem dinheiro, e que não se impõe, imediatamente, através da capacidade. Nesta perspectiva talvez os bandidos sejam mais capazes. A diferença se situa num outro nível. Enquanto os bandidos procedem, não autorizados, por decisão própria e como tarefa própria, os policiais que exigem uma investigação na residência dos funcionários que trazem uma intimação de impostos, ou oficiais de justiça que realizam uma cobrança coercitiva, agem em nome de estranhos: por ordem de uma instância superior."

33. Importante frisar que este parágrafo não deve ser mal interpretado, no sentido de "revelar" uma pretensa posição política do autor, como se estivesse a dizer que qualquer expropriação levada a cabo pelo Estado seria equiparada a um roubo. Absolutamente não é isso que se está a defender ou sequer dizer. Aliás, muito pelo contrário, visto que o objetivo da digressão que se realiza no presente trabalho é o de cada vez mais legitimar a atividade estatal, buscando um caminho para que esta efetivamente vá ao encontro dos anseios dos cidadãos, indefectivelmente expressados na Constituição. Não se tem qualquer dúvida que a atividade estatal que contraste com interesses individuais, desde que legítima (hermeneuticamente) jamais pode ser preterida por razões de cunho egoístico, ou seja, o indivíduo jamais pode prevalecer sobre a coletividade, resguardadas as necessárias proteções constitucionais que lhe são garantidas. Claro que isso também vale para a atividade estatal, por meio da qual o indivíduo que ocupa determinada função estatal, não pode fazê-lo para meramente satisfazer-se, ou seja, quando se fala em servidor, o ocupante de tal posição deve ali estar para servir ao Estado, ao Direito, aos demais cidadãos, e não servir-se da máquina estatal para atingir seus próprios objetivos. Ocupar uma posição nos quadros do Leviatã não pode ser encarada como uma ação egoística, mas como um verdadeiro ato de abnegação, sob pena de total debacle social, como demonstrar-se-á nas seguintes linhas.

uso da abertura discricionária para satisfazer seus interesses individuais, e como a exacerbação do próprio individualismo é de extremo perigo para o Estado em tempos de discricionariedade libertária, como os atuais, em que sempre se necessita de um indivíduo para tomar conta de toda a estrutura que visa garantir o encontro da atividades estatal com o direito, o que é encarregado de fazer também de forma discricionária.

Claro que o que se busca é o agir objetivo, aquele segundo o qual o agente se despe de suas preferências individuais e mesmo em contrariedade a estas cumpre sua obrigação juridicamente determinada. Mais uma vez Losano muito nos ajuda, quando demonstra a possibilidade de estar presente apenas o sentido objetivo do dever ser na conduta, ou seja, no ser, desempenhado pelo indivíduo. O faz ao apresentar o exemplo de que determinado deputado, mesmo em contrariedade a seu entendimento político pessoal, vota favoravelmente a aprovação de uma lei que considera injusta, apenas em razão da fidelidade que mantém com as ideias defendidas por seu partido, que é favorável à disciplina em pauta.[34]

Para a atividade estatal, pouco deve(ria) importar o elemento subjetivo de uma atividade desempenhada segundo determinada normatização, ou em termos kelsenianos: de nada importa o elemento subjetivo impresso no *Sein*, mas apenas a objetividade que coadune com o *Sollen*. O grande problema do marco positivista normativista é realizar um controle, que sempre acabará sendo de cunho subjetivo, sobre atividade que deve ser desempenhada de forma objetiva, de modo que o objetivo sempre será definido pelo subjetivo.

Ora, o objetivo nada mais é do que uma capa de sentido a serviço da subjetividade, camuflando-a e legitimando qualquer coisa que se queira colocar sob seu manto. Em outras palavras, o dever ser (*Sollen*) sempre acaba definido pelo ser (*Sein*), de modo que este nada mais seja do que um espelho do primeiro, que passa a servir apenas para legitimá-lo.

Por tudo isso, vê-se como é perigoso o sincretismo realizado no Brasil, utilizando-se uma teoria da decisão administrativa que possui raízes no Estado liberal, aquele que apenas deveria assegurar as condições materiais para a manifestação da liberdade dos indivíduos sem violação da esfera jurídica alheia, calcado em uma igualdade formal (ficcional), misturada com um Estado intervencionista, conforme demanda nossa Constituição dirigente[35].

---

34. LOSANO, Mario G. **Sistema e estrutura no direito**. p. 58-59.

35. Que ao contrário do que tacanhamente se concebe, não morreu, sendo a base para o constitucionalismo adequado aos países de modernidade tardia, Cf. STRECK. Lenio Luiz. **Jurisdição constitucional e decisão jurídica**. 3. ed. São Paulo: Revista dos Tribunais, 2013. p. 131-141: "A ideia de Constituição voltada para o resgate das promessas da modernidade, redefinitória, portanto, da noção de direito até então vigorante, constitui-se como um contraponto a uma lógica de coisificação, própria de um modelo de direito sustentado no mercado, onde assume prevalência o individualismo. Esse indivi-

Estado que cada vez mais interfere na esfera privada, dada a premissa de uma mudança social a ser promovida por meio do direito. Tal mixagem é ainda mais letal ao misturar-se com características histórico-sociais brasileiras, que tendem a promover a separação cada vez maior entre abastados, coincidentemente os amigos (ou donos) do poder, e o enorme contingente

---

dualismo (o indivíduo comporta-se como átomo jurídico-político) assenta-se na categoria "sujeito de direito", na ideia de *homo juridicus* e *homo economicus*, que se engendra a partir da fusão do paradigma liberal-individualista com o paradigma da filosofia da consciência. Pressupõe, pois, uma metafísica. (...) Nessa linha, tenho que a noção do "constituir", ínsito ao constitucionalismo programático-compromissário-dirigente, possui, necessariamente, um nítido caráter hermenêutico, e, portanto, antitético e refratário ao paradigma da filosofia da consciência (enfim, da subjetividade). Alerte-se, neste ponto, que, quando falamos da questão "subjetividade-intersubjetividade" – e se ainda é possível falar nessa/dessa relação – levando-a até a problemática da linguagem como o âmbito da circulação das realidades das decisões e dos eventos, sempre estamos pressupondo um outro nível que legitima uma leitura dessas afirmações a partir de uma estrutura pré-compreensiva, a partir de um *a priori* da constituição do sentido. Esse *a priori* se dá no contexto da construção do direito pós-bélico, onde o elevado grau de autonomia do direito surge como condição de possibilidade da própria democracia, em face dos fracassos do passado. (...) Compreendida como explicitação formal-material do pacto fundador, pressupõe-se que a própria noção de "Constituição" tem um caráter discursivo, enquanto produto dessa intersubjetividade. A Constituição, nesse contexto, deve ser entendida enquanto um fundamento sem fundo, uma espécie de "como se" (*als ob*). Seu fundamento não é objetivista e tampouco é uma instância superior (categoria). Esse fundamento (constitucional) de que aqui se fala tem um caráter transcendental-existencial. O texto constitucional não é apreendido primeiramente como ser-objeto, e, sim, há um mundo circundante onde ocorre essa manifestação. Ele se dá como um acontecer (*Ereignen*). Enquanto matriz privilegiada de sentido do ordenamento que une o político e o jurídico, a Constituição é o espaço (enquanto "como se") onde se "fundamenta" o sentido jurídico. Ocorre que esse sentido "fundante" acontece – e, portanto, se dá – a partir de uma manifestação prévia, no interior do qual já existe um processo de compreensão. A Constituição, assim, funda, sem ser "fundamento", porque não é uma categoria ou uma hipótese a partir da qual se possam fazer "deduções". Daí que é possível afirmar que a Constituição é um paradoxo, exatamente porque funda sem ser fundamento, e, ao mesmo tempo, constitui sem constituir, como houvesse um ponto de partida. A Constituição é um paradoxo, na medida em que temos de colocar um ponto de partida (por isso é *al sob*, onde o "como se" deve ser entendido "como se apanhasse o todo da interação humana no mundo jurídico"), mas ao mesmo tempo ela frustra essa pretensão de ser o começo, já que esse se dá sempre de novo e de várias formas na antecipação de sentido, a partir do modo prático de ser-no-mundo do intérprete. (...) No paradigma que antecede a noção de Constituição compromissória-dirigente, o texto constitucional era entendido como uma terceira coisa que se interpunha entre o sujeito (da filosofia da consciência) e o objeto (a sociedade). A linguagem constituinte, da busca do novo, da emancipação da sociedade, do resgate das promessas da modernidade, dramaticamente sonegadas em países periféricos como o Brasil, passa a ser, no interior do novo paradigma, condição de possibilidade desse novo, pela exata razão de que, na tradição engendrada pela noção de Estado Democrático de Direito, o constitucionalismo já não é mais o de índole liberal, mas, sim, um constitucionalismo produto de um constructo que estabelece, em um novo-modo-de-ser instituído pelo pacto constituinte, os limites do mundo jurídico-social. Por isso, a Constituição que exsurge desse novo paradigma é diferenciado, constituidor dirigente e compromissório (mas não como receituário omnicompreensivo e totalizante, enfim, como fundamento último, no que concordo inteiramente com Canotilho), isso porque o direito, nesta quadra, assume uma nova feição: não mais a proteção do indivíduo, enquanto mônada, pretensamente autônomo, mas, sim, a proteção e implementação dos direito fundamentais-sociais até então (e no Brasil até hoje) sonegados pelo paradigma liberal individualista-normativista, o qual, como já explicitado, se calca na filosofia do sujeito e na filosofia da consciência. (...) Uma Teoria da Constituição Dirigente Adequada a Países de Modernidade Tardia, que também pode ser entendida como uma teoria da Constituição dirigente-compromissória adequada a países periféricos, deve tratar, assim, da construção das condições de possibilidade para o regate das promessas da modernidade incumpridas, as quais, como se sabe, colocam em xeque os dois pilares que sustentam o próprio Estado Democrático de Direito."

de desprovidos de recursos, que serão abordadas com o devido detimento nas linhas seguintes, mas que desde já adianta-se: fazem com que o Estado, empoderado para cumprir sua função de mitigador das diferenças, utilize tal capacidade para promover distanciamento e opressão cada vez maiores.

2.1.1 *Individualismo, Estado (Moderno) e Discricionariedade: Democracia Delegativa?*

A partir destas reflexões devemos lembrar que talvez a premissa teórica mais importante que sustentou toda a ideia de Estado moderno e discricionariedade administrativa, nos moldes vistos no primeiro capítulo, foi o individualismo, que muito nos interessa a partir do paradigma posto por Thomas Hobbes, quando parte da concepção de que a capacidade de conhecimento do indivíduo justifica-se de forma quase autônoma, sem uma explicação exterior, como a presente em Descartes. Claro que esse individualismo parte de uma ideia de igualdade, evidentemente metafísica, uma ficção (jurídica) que acompanha a teoria do direito, sob a égide do Estado moderno europeu-ocidental, até os dias atuais.

Hobbes parte do pressuposto de que a igualdade decorrerá da liberdade individual de cada um dos homens que constituirão o Estado, este tendo a existência justificada para preservar os indivíduos. Assim o é em decorrência de uma concepção paradigmática na qual se forjou o modelo, ou seja, dentro de uma ideia liberal-burguesa da modernidade. Daí não se observar qualquer problema na entrega do poder a um soberano, o qual decide quase que todas as questões em prol do bem dos indivíduos, quase que por delegação.

Essa concepção em grande medida advém da questão da dominação do sujeito na modernidade, que chegou ao seu apogeu com Nietzsche, assunto que será tratado com o devido detimento no derradeiro capítulo. Por isso, aqui deve ser realizado apenas um pequeno parêntese com o intuito de minimamente trazer à balha a colocação desta prevalência do sujeito na modernidade como algo já tratado por Heidegger ao abordar a filosofia nietzschiana.

Como já posto anteriormente, minimamente a partir de Descartes, ainda no início da filosofia moderna, com a máxima do *cogito ergo sum*, ou o "eu penso, logo eu sou", toda a consciência das coisas e do ente em sua totalidade acaba reportada à autoconsciência do sujeito, tido este como fundamento inabalável de toda a certeza. Com isso, a "realidade do real" é projetada como objetividade concebida e por meio e para o sujeito da modernidade, exatamente como aquilo que é lançado e mantido em oposição a ele. Em suma, a "realidade do real" é o ter-sido-representado pelo sujeito representador e para este, definição cartesiana esta que acaba sendo levada por Nietzsche ao patamar de transformar tudo aquilo que é, e como é, em "propriedade e produto do homem", de modo que toda a verdade acaba por ser fundada na certeza de si – do sujeito humano.[36]

Nessa visão filosófica já se tem uma decisão tomada acerca da relação do homem para com o ente enquanto tal, na medida que o pensamento antropológico que sustenta a prevalência do sujeito e o individualismo de que aqui se fala, exige que o mundo seja interpretado segundo a imagem do homem e que a metafísica seja suplantada pela própria "antropologia". Aqui já se coloca a pergunta sobre o "método", que é a pergunta sobre como "encontrar o caminho", derivada da conquista e fundamentação de uma segurança fixada e não apenas encontrada pelo próprio homem. Este método não deve aqui ser concebido sob a visão metodológica, ou seja, como modo de investigação e de pesquisa, mas na condição metafísica de um caminho que visa uma essencial determinação da verdade, apenas passível de fundamentação em razão da capacidade do homem.[37]

Neste mesmo momento aparece a liberdade kantiana, que consiste na capacidade do homem em fornecer para si mesmo a lei e escolher determinado imperativo e apenas ater-se a este mesmo. Este é o momento em que a ideia de *Sub-iectum* acaba equiparada à egocidade e leva ao caminho de determinação antropocêntrica e relativista[38]. Aqui é que o *Sub-iectum* deixa de ser o ente, todo e qualquer ente, ou seja, aquilo que sub-jaz, que se encontra na base, que por si mesmo já se encontra aí defronte, para se tornar o "eu" humano, aí sim para a ser a base.[39]

O fragmento heideggeriano abaixo é essencial para o retrato que aqui se quer empreender:

> No interior da história da modernidade e como a história da humanidade moderna, o homem enquanto o centro e a medida procura colocar a si mesmo a cada vez por toda parte na posição de domínio, isto é, empreender o asseguramento desse domínio. Para tanto, é necessário que ele se assegure cada vez mais de suas próprias capacidades

36. HEIDEGGER, Martin. **Nietzsche**. vol. II. Rio de Janeiro: Forense Universitária, 2010. p. 95.
37. Ibid., p. 95-98.
38. Ibid., p. 106: "(...) A nova liberdade é – vista em termos metafísicos – uma abertura para a multiplicidade daquilo que no futuro pode e quer ser posicionado pelo próprio homem lucidamente como algo necessário e imperativo. A essência da história da modernidade consiste na realização desses múltiplos modos da nova liberdade. Como e por toda parte constitutivo dessa liberdade o próprio assenhoramento do homem quanto à própria determinação essencial da humanidade e como esse assenhoramento carece do poder em um sentido essencial e expresso, a potencialização essencial do poder enquanto realidade fundamental só se torna possível na história da modernidade e *como* essa história."
39. Ibid., p. 105-106.

> e de seus próprios meios de dominação, deixando-os constantemente prontos uma vez mais para uma disponibilidade incondicionada.[40]

Este é o retrato do paradigma da subjetividade, que representa um marco na filosofia ocidental do qual brotou a concepção estatal que em grande medida ainda vige, que não por acaso iniciou-se por uma construção absolutista[41], a qual foi recebendo ajustes ao longo dos séculos posteriores em razão das alterações de paradigmas filosóficos, políticos e sociológicos. Estes ajustes efetivamente constituíram-se em adaptações construídas dentro da própria tradição europeia-ocidental, não em um ambiente de países de modernidade tardia, onde incumpridas as promessas da modernidade. Tais alterações muitas vezes não representaram o que refletido pelos "avanços" da filosofia, que ao superarem o paradigma da subjetividade, tornaram-se imprescindíveis para a realização de um Estado Democrático de Direito em países como o Brasil.

Uma postura que ainda se calque no paradigma da subjetividade como fundante do Estado, confiando ao indivíduo ou a determinado grupo de indivíduos, os caminhos a serem tomados pela coletividade, por meio de uma verdadeira delegação, nos moldes do que aprioristicamente posto por Hobbes, parece desembocar no que Guillermo O'Donnell chama de democracia delegativa[42]. Tal caminho gera consideráveis entraves à realização

---

40. Ibid., p. 108.
41. HOBBES, Thomas. **Leviatã**. 3. ed. Tradução: Rosina D'Angina. São Paulo: Ícone, 2008. p. 124-127: "Ser governado e dirigido por um critério único, apenas durante um período limitado, como no caso de uma Batalha ou de uma Guerra, não é bastante para garantir aquela segurança que os homens desejariam que durasse todo o tempo de suas vidas. Até mesmo quando o esforço conjunto redunde em vitória contra um inimigo estrangeiro, depois, quando não terão mais um inimigo comum ou aquele que para alguns é considerado inimigo é amigo dos outros, é inevitável que a diferença entre seus interesses os levem a desunir-se, voltando a cair em Guerra uns contra os outros. (...) Conferir toda força e poder a um Homem, ou a uma Assembleia de homens, que possa reduzir diversas Vontades, por pluralidade de votos, a uma só Vontade, é o único caminho para instituir um Poder Comum, capaz de defender a todos de invasões Estrangeiras e de injúrias que uns possa fazer aos outros, garantindo-lhes, assim, segurança suficiente para que, mediante seu próprio trabalho e graças aos frutos da Terra, possam alimentar-se e viver satisfeitos; isso equivale dizer: designar um Homem ou uma Assembleia de homens para representá-los, considerando e reconhecendo cada um como Autor de todos os atos que aquele que representa sua pessoa praticar, em tudo o que se refere à Paz e Segurança Comuns, submetendo, assim, suas Vontades à Vontade do representante, e seus Julgamentos a seu Julgamento."
42. A conceituação trazida por O'Donnell é advinda de uma visão sobre países de modernidade tardia, recém-saídos de regimes autoritários e que recentemente adentraram em regimes democráticos de forma "despreparada", dada a ausência de firmes instituições democráticas que possibilita que o estilo de governo dos líderes recém eleitos equipare-se a um absolutismo chancelado democraticamente, o que faz com que mesmo à míngua de patentes ameaças ao regime democrático vigente, esse não termine por se consolidar sob o ponto de vista institucional, levando a um afastamento da participação popular nos rumos que toma o Estado e sua administração. Isso faz com que a delegação de poderes prevaleça sobre a representação. Tais características, fortemente calcadas em um individualismo hobbesiano, são marcantes nos países da América Latina, enfaticamente na década de 90 do século passado. Cf. O'DONNELL, Guillermo. Democracia delegativa? In: **Novos Estudos Cebrap**, n. 31, out/91, p. 25 e segs.

de um modelo de Estado constitucional, com toda a carga democrática e compromissória que o conceito carrega especialmente em um país de modernidade tardia, como o Brasil, onde reinou/reina um discurso de diminuição da "carga" estatal, promovendo uma desregulamentação das atividades econômicas, as quais devem ser desempenhadas pelos particulares, conforme passa a ser garantido pelo discurso jurídico garantido por uma peculiar relação entre Direito, Estado e Dogmática Jurídica, nos moldes que nos antecipa Streck:

> Para grande parte das elites brasileiras, a modernidade acabou. Tudo isto parece estranho e ao mesmo tempo paradoxal. A modernidade nos legou a noção de sujeito, o Estado, o Direito e as instituições. Rompendo com o medievo, o Estado Moderno surge como um avanço. Em um primeiro momento, como absolutista e, depois, como liberal; mais tarde o Estado se transforma, surgindo o Estado Contemporâneo sob as suas mais variadas faces. Essa transformação decorre justamente do acirramento das contradições sociais proporcionadas pelo liberalismo (ou aquilo que representava um modelo de Estado que atravessa o século XIX e, no século XX, "dá de frente com as revoluções"). Veja-se que esse "Estado intervencionista não é uma concessão do capital, *mas a única forma de a sociedade capitalista preservar-se, necessariamente mediante empenho na promoção da diminuição das desigualdades socioeconômicas*. A ampliação das funções do Estado, tornando-o tutor e suporte da economia, agora sob a conotação pública, presta-se a objetivos contraditórios: a defesa da acumulação do capital, em conformidade com os propósitos da classe burguesa, e a proteção dos interesses dos trabalhadores". Além disto, é bom frisar que "o intervencionismo estatal também se constitui em defesa do capital contra as insurreições operárias, opondo-se à ilusão de igualdade de todos os indivíduos diante da lei".[43]

A passagem acima transcrita demonstra como a questão do individualismo hobbesiano soterra a própria igualdade em que também se calcou o Estado liberal e que permanece como marco até os nossos dias. Ademais, também aborda como o Estado em países "em desenvolvimento", calcado no individualismo hobbesiano, acaba por tornar-se um fenômeno que se presta a defender os interesses e a posição da minoria dominante. Isso ocorre quando de sua omissão deveria atuar, não apenas como interventor da esfera econômica, mas na própria função de administrador, realizando os encargos

43. STRECK, Lenio Luiz. **Hermenêutica Jurídica e(m) Crise**. p. 23-24.

constitucionais que lhe cabem segundo a Constituição, além de também se observar nos momentos que atua na defesa do *status quo*, reprimindo a insatisfação[44] da maioria oprimida.

2.2 Discricionariedade x liberdade: de como a teoria (brasileira) do ato administrativo privatiza o Estado de forma velada

Em grande medida a equiparação da discricionariedade administrativa ao conceito de liberdade, derivado de Hobbes e Kant, acaba por escancarar uma porta para que o Estado passe a servir não como um elemento de transformação da sociedade, mas sendo possuidor de um caráter preservador das elites que dominam as estruturas estatais no Brasil, cumpre abordar como nossa tradição potencializa tais práticas. Não se trata de entificar o comportamento do brasileiro, criando um estereótipo que cada vez mais fortalece o mito do dado (pertencente ao paradigma da metafísica clássica), ou seja, de que "as coisas são assim mesmo"[45], mas de trazer ingredientes que demonstram o quão danosa é a prática de atribuir liberdade aos agentes públicos, ainda mais a do tipo que velada estruturalmente sob o viés filosófico, em que o procedimento acabará por justificar (mas jamais fundamentar) qualquer atuação do Estado, desde que respeite os pressupostos formais necessários (também definidos subjetivamente).

Para tanto, como em certa medida realizado no capítulo primeiro deste trabalho, nos fixaremos na análise promovida por alguns autores acerca da formação histórico-social brasileira. Claro que há muitos nomes que poderiam figurar neste momento, mas a extensão da presente obra é limitada, de modo que opções de matrizes teóricas devem ser realizadas. Diante de tal panorama, tendo em vista que desde o início deixou-se claro que as críticas aqui tecidas, seriam integralmente realizadas com base no paradigma da Crítica Hermenêutica do Direito, da qual é expoente Lenio Streck, nos ateremos aos autores que este faz uso para tratar da questão em sua obra: Raymundo Faoro, Sérgio Buarque de Holanda e Gilberto Freyre. Daremos ênfase ao primeiro, aportando contribuições das concepções dos outros dois ao longo da redação.

---

44. Isso nos raros momentos de erupção da falada insatisfação, que na maioria do tempo permanece velada na medida em que a maioria dominada ou conforma-se com sua situação e se rende ao poder dos mínimos "prazeres" proporcionados por um capitalismo subdesenvolvido e exploratório ou sequer toma ciência de sua condição de subserviência mais do que exacerbada.

45. Aqui nos filiamos às críticas tecidas por Dante Moreira Leite (LEITE, Dante Moreira. **O caráter nacional brasileiro**. 3. ed. São Paulo: Pioneira, 1976. p. 34-44), especialmente as propostas em face às sistematizações do conceito de caráter nacional, claramente pertencentes ao paradigma subjetivista do século XIX.

2.2.1 Raymundo Faoro e "Os Donos do Poder"

Faoro, que publicou "Os Donos do Poder"[46], sua mais célebre obra, em 1958, além de jurista também promoveu importantes contribuições no campo das ciências sociais. Os "Donos do Poder" enquadra-se neste último campo do saber, mas carrega importante carga trazida pela experiência jurídica de seu autor, especialmente quando demonstra que, no Brasil, o direito serve em grande medida como instrumento de opressão e manutenção do poder pelos que podem ser chamados de utentes deste. Faoro assim o faz, mostrando que o Estado não se apresenta como a única mola na formação nacional brasileira, o que também demonstra Sérgio Buarque de Holanda[47-48].

A partir da visão transmitida, a exagerada burocracia estatal, que acaba por subverter o sentido weberiano que a torna indispensável para que o Estado desempenhe de forma controlada as tarefas que lhe são incumbidas, vira uma arma conservadora em face de uma necessária democratização das instituições e da sociedade. Diante da desvalorização do papel da sociedade civil, muito em razão do não repúdio a um autoritarismo estatal derivado de uma cultura de um populismo paternalista[49], aceita-se que o Estado atue em nome do "interesse nacional"[50], promovendo o que se chama de empreguismo e a manutenção do patrimonialismo. Trata-se de um círculo vicioso!

Retrata-se a confusão entre a vida pública e a privada que as peculiares características ressaltadas por Faoro geram, derivadas de um personalismo autoritário, que compromete as básicas conquistas obtidas pelo primevo modelo de Estado de direito. A estrutura estatal passa a servir diretamente para manutenção da confusão entre as esferas pública e privada, permitindo que campeie a corrupção de forma incensurável, devidamente velada pelo arbítrio que não é visto como arbitrário dada a pré-compreensão que aqui se levanta de acordo com a obra de Faoro. O que se chamaria originalmente de arbítrio, do qual derivaria a corrupção estatal da primeva teoria weberiana na qual se apoia Faoro, acaba confundido com atos legítimos do Estado

---

46. FAORO, Raymundo. **Os donos do poder**.
47. HOLANDA, Sérgio Buarque de. **Raízes do Brasil**.
48. CARDOSO, Fernando Henrique. **Os pensadores que inventaram o Brasil**. São Paulo: Companhia das Letras, 2013. p. 227.
49. Populismo paternalista que se vê de há muito na América-Latina, conforme nos conta a literatura. Cf. SARMIENTO, Domingo Faustino. **Facundo, civilização ou barbárie**. São Paulo: Cosac Naify, 2010; SACHERI, Eduardo. **O segredo dos seus olhos**. Rio de Janeiro: Objetiva, 2011; VARGAS LLOSA, Mario. **A festa do bode**. São Paulo: Objetiva, 2011; MÁRQUEZ, Gabriel García. **Cien años de soledad**. Madrid: Alfaguara, 2007; NABUCO, Joaquim. **Balmaceda**. São Paulo: Cosac Naify, 2008.
50. Conceito que aqui uma vez mais atua como trunfo argumentativo, ocupando um espaço de fechamento da justificação da atuação principiológica do Estado, de modo que este acaba por possuir como princípio a busca do "interesse nacional", que acaba restando se qualquer sentido até seu preenchimento pelo intérprete autêntico, no caso o administrador, ainda se filiando por completo ao paradigma da subjetividade.

como representante dos indivíduos que alienam parte de sua liberdade em termos hobbesianos, onde entra o ingrediente da discricionariedade como tampão de toda mistura teórica que se aborda.

Apesar de se ver um Estado que possui fundamentação em separar a esfera pública da privada, o advento do patrimonialismo derivado da dinastia de Avis, que possuía bases nas prerrogativas mantidas pelo senhor de terras, acabou por gerar o que Faoro chama de patrimonialismo estamental. Tal relação inicialmente fundava-se no binômio família e propriedade (de terras), que não se transformou em algo similar ao tradicional conceito de feudalismo, onde se daria uma hierarquia entre senhores, os quais acabariam por avassalar uns aos outros, muito em razão da centralização do poder. Esta, ao invés de gerar práticas sociais próprias do "mercado livre", criou ambiente propício aos monopólios reais, diretamente protegidos pela burocracia monárquica.

Tais monopólios e suas benesses são desfrutadas por uma nobilitação de funcionários leais ao rei, aos quais são concedidos favores e terras, de modo que a exploração deixa de ser realizada fora dos muros do Estado, para ocorrer dentro de seus limites, com legitimação fornecida por sua estrutura. Aqui há dois pontos que devem ser destacados. O primeiro deles mais uma vez é o corte positivista dado à Teoria do Estado, que ao afastar a moral, abre espaço para que se coloque no âmbito de proteção da estrutura estatal o que interessar aos que a tripulam. O segundo consiste nesta peculiar característica dos "amigos do rei", que se traduz como o favorecimento que se abre aos que se colocam ao lado dos detentores[51] do poder.[52]

Aqui se faz importante ressaltar a noção de "estamento" trazida por Faoro, transladada da matriz teórica weberiana, palavra que incorporada ao português pela via do espanhol, deriva da mesma raiz de Estado. Em alemão, conforme a sugestão weberiana, corresponde ao état francês no sentido empregado para états généraux, distinguindo-se da classe e da casta. Para Faoro, o que chama de "corporação de poder" forjada ainda em terras

---

51. Aqui mais uma vez aparece firmemente o traço do individualismo hobbesiano, somado com a liberdade kantiana, que apenas é possibilitado pelo positivismo que culmina no normativismo de Kelsen, que é o permissivo para que a confusão entre as esferas públicas e privadas dos que ocupam posições dentro da "máquina" estatal sirvam para que estes possam considerar o que formalmente seria pertencente e deveria funcionar em prol da coletividade como de sua propriedade pessoal, tirando daí benefícios personalíssimos. Um dos fatores que torna a situação ainda mais dramática é a anuência dos oprimidos e despojados com tal prática, manifestada em momento mais próximo ao atual, que pode ser explicado com o que O'Donnell chama de democracia delegativa, que ocorre no momento de redemocratização da América Latina, já nos anos 90 do século XX, em que a participação popular nos rumos do Estado reduz-se meramente ao momento do voto (quando muito!), entregando os rumos do Estado no colo do "soberano" pelo mandato que lhe for outorgado.

52. FAORO, Raymundo. **Os donos do poder**. p. 60-61.

lusitanas e que posteriormente exportada para o Brasil, estrutura-se por sobre o estamento, que seria uma das subdivisões da ordem social.[53]

As classes formar-se-iam com base na agregação de interesses econômicos determinados pelo mercado, saindo daí polos sociais positiva e negativamente privilegiados, mas que não seriam capazes de dispor do poder político. O estamento por sua vez, constituído primariamente em uma camada social e não econômica, mas que pode repousar sobre uma classe, possui viés de indiscutível atuação política, sempre constituindo uma comunidade na qual seus membros pensam e agem conscientes de pertencer a um mesmo grupo, elevado e qualificado para o exercício e fruição do poder. O privilégio estamental do indivíduo se funda nos benefícios fruídos pela camada, no que Faoro chama de "honra social" que ela impõe a toda a sociedade, acabando por prestigiar por si só alguns de seus membros, inclusive de forma hereditária. Para a incorporação em tal círculo de privilégios, não há distinção entre ricos e pobres, entre proprietários e homens sem bens, da mesma forma que a estrutura estamental não se funda na ideia de igualdade, mas sim na própria desigualdade social.

> À abertura das classes, para as quais basta a dotação de meios econômicos ou de habilitações profissionais para integrá-las, opõe-se a tendência à exclusão dos recém-vindos, dos *parvenus*, não raro aceitos na camada senão depois de mais de uma geração. A entrada no estamento depende de qualidades que se impõem, que se cunham na personalidade, estilizando-lhe o perfil. Os estamentos florescem, de modo natural, nas sociedades não domina toda a economia, a sociedade feudal ou patrimonial. Não obstante, na sociedade capitalista, os estamentos permanecem, residualmente, em virtude de certa distinção econômica mundial, sobretudo nas nações não integralmente assimiladas ao processo de vanguarda. (...) O estamento supõe distância social e se esforça pela conquista de vantagens materiais e espirituais exclusivas. As convenções, e não a ordem legal, determinam as sanções para a desqualificação estamental, bem como asseguram privilégios materiais e de maneiras.[54]

Aqui há um ponto que merece destaque: o tratamento da questão da igualdade, pressuposta em Hobbes e necessária para a justificação do individualismo, que acaba rechaçada na concepção estamental. Sob o ponto de vista da idealização liberal hobbesiana, segundo o qual se pressupunha a igualdade entre todos os indivíduos, a qual era em seu início assegurada

53. Id.

54. Ibid., p. 61-62.

pelo Estado, todos seriam originalmente iguais e a partir daí desenvolver-se-ia o "jogo" de interesses opostos em que um viria a se sobrepor sobre o outro. Parte-se de tal princípio para a construção da ideia de atuação estatal que ainda temos, que ainda deposita suas fichas na atuação do indivíduo, mas que em verdade opera em um ambiente de desigualdade pressuposta, indispensável para a verificação do modelo patrimonialista de favorecimentos denunciado por Faoro.

Como dito pelo mesmo autor, essa desigualdade afasta as efetivas sanções, positivas ou negativas, do que determinado pela legalidade. Para que se possa compreender a profundidade da crítica, especialmente no paradigma filosófico que nos encontramos, deve-se ir mais a fundo de modo que essa legalidade não se equipare à validade, em que o intérprete é quem acaba por atribuir sentido ao enunciado, sob pena de cair-se na mesma armadilha filosófica que aqui se busca afastar. Fala-se em fuga da "ordem legal" no sentido de não se cumprir com o direito, onde se deve olvidar de sua equiparação, inclusive realizada pelo próprio Faoro, à validade, de modo que se fala em desrespeito ao ordenamento em um ambiente estamental e patrimonialista, exatamente em razão da prevalência de valores outros que não os formalmente vigentes segundo uma visão inspirada em Castoriadis[55].

Além disso, a sociedade estamental busca uma estabilidade econômica que não gere necessidade de alterações sociais, o que faz por deter o poder estatal capaz de influenciar os rumos da própria economia. Assim procede com o intuito de manutenção de sua situação privilegiada, do *status quo*, visto que as oscilações nunca lhe são benéficas por trazerem incertezas e possibilidades de seu destronamento. Em grande medida, todo esse imbricamento estranho ao que propugnado por um Estado de Direito, quiçá um Estado Democrático de Direito, é possibilitado por uma proximidade pessoal entre os integrantes do estamento que "tripula" a máquina estatal, com o intuito de estender e perpetuar a rede de privilégios já acima mencionada.

2.2.2 *Sérgio Buarque de Holanda e "Raízes do Brasil"*

Essa aproximação cordial foi tratada por Buarque de Holanda em seu "Raízes do Brasil"[56], que mesmo aproximando-se da crítica tecida por Dante Moreira Leite, especificamente no que tange à entificação de determinada nação e seu caráter, aqui é muito significativa por demonstrar como se dá

---

55. CASTORIADIS, Cornelius. **A instituição imaginária da sociedade**. 3. ed. Rio de Janeiro: Paz e Terra, 1991.

56. Na obra, apesar de Buarque de Holanda utilizar-se de categorias weberianas para tecer suas considerações, foca-se no patriarcalismo familiar para explicar as confusões entre o público e o privado, da mesma forma que o faz Gilberto Freyre. Raymundo Faoro também faz uso das categorias weberianas, mas distingue a ideia de patrimonialismo do patriarcalismo, como adiante se verá.

o desenvolvimento das relações de poder no Brasil e sua aproximação com o individualismo gerado pelos favorecimentos pessoais, não considerados como estranhos ou transgressores da ideia de Estado de Direito. "Raízes do Brasil" é obra consideravelmente anterior aos "Donos do Poder", mas que já trabalhava com a noção de patrimonialismo e a indissociabilidade dos favorecimentos pessoais para que o primeiro funcionasse, ao que chamou de cordialidade. Esta seria um grande escudo que protegeria o indivíduo da sociedade, fundada nas ideias de polidez e lhaneza, que não precisam ser legítimas para manifestarem-se e levariam a um caminho de informalidade no tratamento interpessoal e institucional, chegando a uma intimidade inclusive com figuras religiosas.[57]

Essa quebra do distanciamento que deveria se fazer presente para o funcionamento das instituições, por meio de relações intimistas e familiares impróprias, permitiu que as relações deste jaez se mostrassem passíveis de favorecimentos pessoais gerados pela proximidade individual entre as pessoas encarregadas de desempenhar determinadas funções nas entidades estatais. Segundo Buarque de Holanda, a partir disso, os favorecimentos pessoais, derivados de proximidade individual, não eram vistos como uma subversão das normas de conduta dos agentes do Estado, mas como uma carinhosa manifestação cultural, muito própria do povo brasileiro.

> Não era fácil aos detentores das posições públicas de responsabilidade, formados por tal ambiente, compreenderem a distinção fundamental entre os domínios do privado e do público. Assim, eles se caracterizam justamente pelo que separa o funcionário "patrimonial" do puro burocrata conforme a definição de Max Weber. Para o funcionário "patrimonial", a própria gestão política apresenta-se como assunto de seu interesse particular; as funções, os empregos e os benefícios que deles aufere relacionam-se a direitos pessoais do funcionário e não a interesses objetivos, como sucede no verdadeiro Estado burocrático, em que prevalecem a especialização das funções e o esforço para se assegurarem as garantias jurídicas aos cidadãos. A escolha dos homens que irão exercer funções públicas faz-se de acordo com a confiança pessoal que mereçam os candidatos, e muito menos de acordo com suas capacidades próprias. Falta a tudo a ordenação impessoal que caracteriza a vida no Estado burocrático. O funcionalismo patrimonial pode, com a progressiva divisão de funções e racionalização, adquirir traços burocráticos. Mas em sua essência ele é tanto maios diferente do burocrático, quanto mais caracterizados estejam os dois tipos.

57. HOLANDA, Sérgio Buarque de. **Raízes do Brasil**. p. 145-149.

> No Brasil, pode dizer-se que só excepcionalmente tivemos um sistema administrativo e um corpo de funcionários puramente dedicado a interesses objetivos e fundados nesses interesses. Ao contrário, é possível acompanhar, ao longo de nossa história, o predomínio constante das vontades particulares que encontram seu ambiente próprio em círculos fechados e pouco acessíveis a uma ordenação impessoal.[58]

Voltando a Faoro, considerando que destrinchada a noção de cordialidade que permite a criação de laços pessoais entre os ocupantes do poder e a apropriação do público pelo privado de maneira formalmente aceitável, deve-se anotar que o avanço do capitalismo comercial não foi estancado por meio da forma de dominação burocrático-estamental, fundada na centralização monárquica, pelo contrário. Tendo em conta esta última característica, a importância do Estado apenas foi incrementada, dado que para o desenvolvimento do capitalismo era necessário o consentimento, senão o apoio e incentivo estatal, pelo que tudo isso passou a ser utilizado como "produto" a servir de moeda no "mercado" do comércio de influências. Por isso, a grande diferença anotada no desenvolvimento capitalista comercial ocorrido na Inglaterra para o de Portugal (que espraiou suas práticas para o Brasil) foi que no primeiro ocorreu uma transição do feudalismo para as práticas burguesas particularmente levadas a cabo, ao passo que em terras lusitanas o caminho seguido baseou-se no predomínio da tutela monárquico-burocrática.

Daí acabou por forjar-se um capitalismo de Estado, controlado pela Coroa e que acabou exportado para o Brasil. Com isso, permitia-se que o sistema capitalista fosse quase que inteiramente controlado pelo estamento burocrático que cada vez mais se afastava de uma sociedade democraticamente organizada, deixando o povo cada vez mais à margem das atividades do Estado. Aliás, este tornava-se quase que autônomo em relação à nação.

Um dos reflexos e elementos de retroalimentação do indigitado sistema é o que Joaquim Nabuco chamou de empregomania[59], em que o funcionalismo restava cada vez mais extenso e fortalecido, com o claro intuito centralizador do Estado de manter justas as rédeas da nação, pelo que se pode chamar de uma cooptação crescente de indivíduos para que estes atuassem legitimamente em favor do soberano, em troca do que receberiam seu "quinhão" de influência. Claro que essa política necessita de considerável ingresso nos cofres do Estado, o que se consegue por meio de cada vez maiores captações fiscais. Com tal política, conforme retrata Faoro, grande parte dos opositores (que à época da narrativa eram liberais) acabaram sendo "engolidos" para dentro dos quadros

58. Ibid., p. 145-146.

59. NABUCO, Joaquim. **Campanha abolicionista no Recife**. Brasília: Senado Federal, 2005. p. 134-135.

do estamento burocrático, cessando qualquer tipo de contrariedade e fazendo com que as classes dominantes passassem a girar no entorno do Estado.

Claro que isso não se dá apenas com colocação de todos como agentes estatais, mas com benesses distribuídas pelo Estado que ultrapassam tal esfera para atingir os particulares no desempenho de suas atividades econômicas. Praticamente tudo passa a depender do Estado, que faz uso de autorizações, favores, tarifas protecionistas e concessões, todas forjadas nos moldes que nos apresentou Buarque de Holanda. A intervenção estatal não se limita na atividade regulatório-normativa, deveras penetrando na esfera dos particulares, de modo que o Estado (governo) passa a "escolher" os empresários a quem fornecer concessões e taxas de juros subvencionadas, por exemplo.

Tal política, ao contrário do que se possa pensar, não é objeto de repúdio ou fobia por parte dos particulares, mas vista como uma via privilegiada para alcançar seus objetivos individuais, pouco importando se isso ocorrer em detrimento da coletividade. Afinal, a coletividade, a vontade democrática em nada pesava para as definições dos rumos do Estado, que possuía pouca ou nenhuma identificação com tal desiderato. Enfim, criava-se um país oficial em contraste com o país real, distinção da qual parte a especificidade do estamento burocrático de prover capacidade ao Estado burocrático de pairar sobre as classes como árbitro de seus interesses, mesmo que o faça na forma de um controle ilusório, na medida em que a própria autonomia estatal é relativizada internamente pela alienação de que se fala.

2.2.3 Gilberto Freyre e "Casa-grande & senzala"

Se faz importante adentrar em Gilberto Freyre, que mesmo tendo escrito "Casa-grande & senzala" muito antes de Faoro escrever "Os donos do poder", tratou da questão da extensão do poder projetado pelos senhores de terra, que efetivamente figuram como os "personagens" centrais de sua obra, especificamente na condição de que melhor se identificam pelo que foi seu público "consumidor". Ali muito bem se vê como os que acabavam tocados com as benesses do Estado, conforme visto nos anteriores parágrafos, eram capazes de prevalecer no campo das relações privadas, em grande medida reproduzindo esta escala de favorecimentos a partir de seu próprio poder. A sociologia de Freyre faz algo extremamente inovador para sua época, ao trazer para seu âmbito de abordagem a vida cotidiana, não apenas a vida pública ou o exercício de funções sociais previamente definidas, mas como se dava a vida privada dos indivíduos que interpretavam esses papéis na sociedade.[60]

60. FREYRE, Gilberto. **Casa-grande & senzala**. Madri; Barcelona; La Habana; Lisboa; Paris; México; Buenos Aires; São Paulo; Lima; Guatemala; San José: ALLCA XX, 2002.

Hodiernamente a descrição da vida privada já não traz espanto para ninguém, mas na década de 30 do século XX, falar de tais assuntos sob o viés sociológico era uma grande ousadia, especialmente ao descrever os hábitos do senhor, do patriarca, mesmo que tal análise seja um tanto idealizada e edulcorada, de acordo com as críticas mais recorrentes que recebe a obra de Freyre[61]. Apesar disso, são reveladas as relações sociais que daí exsurgem, as derivações advindas de quem acaba encarregado de repassar o que recebido do Estado (presente em todos os âmbitos da vida social) para o restante da sociedade que não mantém relação direta com o poder, mas que inevitavelmente dele se abebera. Ora, se é a partir do Estado que se tecem as relações sociais, eminentemente devido a este se mostrar como grande determinador de quem será ou não agraciado com suas concessões, toda a formação da pirâmide social brasileira de uma forma ou de outra exsurge da mesma origem.[62]

No que apresentado por Freyre, fica evidente a trama social em microescala que se desenvolve a partir das relações de poder em macroescala, onde aparece o sadismo do senhor e sua prevalência sobre todos os demais que dele dependem, mesmo com a idealização do texto em que tal relação é retrata de forma muito amenizada em termos de violência e crueldade, o que especialmente se comprova ao deixar de lado os escravos do eito, aquela massa de negros que mais penava nos campos. Como bem assinalado por Cardoso[63], o texto deixa uma sensação de nostalgia dos bons tempos, aquele "tempo dos nossos avós e bisavós", que sem dúvida apenas foram bons para os ocupantes do topo da pirâmide, mesmo em uma visão idealizada, sendo maus tempos para a maioria dos brasileiros, para aquela massa que forma

---

61. CARDOSO, Fernando Henrique. **Os pensadores que inventaram o Brasil**. p. 86-87: "Não preciso referir-me aos aspectos vulneráveis já salientados por muitos comentadores de Gilberto Freyre: suas confusões entre raça e cultura, seu ecletismo metodológico, o quase embuste do mito da democracia racial, a ausência de conflitos entre as classes, ou mesmo a 'ideologia da cultura brasileira' baseada na plasticidade e no hibridismo inato que teríamos herdado dos ibéricos. Todos esses aspectos foram justamente apontados por muitos críticos, entre os quais Carlos Guilherme Mota. (...) Quando se contrastam as interpretações valorativas de Gilberto Freyre com as opções posteriores, vê-se que sua visão do Brasil patriarcal, da casa-grande, da plasticidade cultural portuguesa, do sincretismo está baseada na valorização de uma ética dionisíaca. As paixões, seus excessos, são sempre gabados, e esse 'clima natural' não favorece a vida pública e menos ainda a democracia."
62. Apesar da simplificação, da qual não se pode fugir em um trabalho com as pretensões de extensão do presente, não se desconhece nem se quer afirmar que o Estado, mesmo que infiltrado, ou seja, que tem seus rumos determinados de forma individualista, conforme visto anteriormente, seja o único vetor de direcionamento das relações sociais no Brasil. O que se está a falar é que grande parte dos rumos tomados pelas relações privadas não são definidos em seu próprio âmbito, mas minimamente em um ambiente público que em verdade serve a interesses privados, de modo que a privatização interna do próprio Estado, de forma velada e ao arrepio das concepções teóricas europeias, importadas de forma equivocada e sincrética, faz com que todos esses rumos passem pelo controle público(-privado) institucionalizado. A presença estatal não é um mal em si, mas a presença de um Estado aparelhado o é sem dúvida, visto ser um poderosíssimo meio de dominação da maioria.
63. CARDOSO, Fernando Henrique. **Os pensadores que inventaram o Brasil**. p. 83-85.

o que Freyre chama de "brasilidade". Para a formação de uma identidade nacional, algo como a entificação criticada por Dante Moreira Leite, "Casa-grande & senzala" entende a mestiçagem como algo positivo, como uma característica do Brasil em si, mas claramente o faz à distância, como não poderia deixar de ser hermeneuticamente.

A noção de equilíbrio dos antagonismos é essencial para a concepção da obra, segundo a qual a definição brasileira de tal oposição não seria beligerante como no caso anglo-americano, de modo que a mistura entre duas metades pretensamente antônimas, mas que em verdade apenas são diferentes, seria algo benéfico e fundante para a cultura brasileira. Mais uma vez cumpre asseverar que a oposição binária apresentada é simplificadora e não pode ser utilizada como um confiável meio de descrever as relações sociais, se tratando de mais uma marca da concepção epocal que marcava o período da produção do texto, mas que serviu ao propósito de criação de mito. Além disso, evidente que tal simplificação, apesar de ser característica e benéfica em certos aspectos científicos (da época), acaba por velar a complexidade das relações, o que inclui a crueldade e prevalência de uma das metades sobre a outra. Claro que da metade branca, proprietária (de terras) e adonada do Estado, sobre a metade não apenas negra, mas de todos os demais que não fossem brancos ou que não dispusessem de propriedade.

Apesar de tudo isso ou com base nisso, a obra de Freyre deixa aparente como as relações descritas são danosas para a vida pública, para as relações de Estado, que deveriam ser impessoais, mostrando-se especialmente danosas para o que se pretende uma democracia, visto que não pode haver democracia (racial) onde uma determinada parcela prevalece mandamentalmente sobre as demais. Fica claro como a sociedade desemboca em um patrimonialismo que ainda possui viés patriarcal, que se apresenta comprometedor de qualquer relação intersubjetiva mais ampla, encerrando os valores da casa-grande e da senzala dentro de seus muros. O ponto de crítica não reside na preservação de tais valores intramuros, mas como tal prevalência pode persistir apesar do mundo externo, ou seja, apesar de uma política estatal que deveria realizar algo completamente contrário, mas que acaba cedendo ao privado, não apenas em termos de permitir sua continuidade, mas viciando-se por completo e sendo contagiada em seu agir.

2.2.4 A Formação das Relações Sociais Brasileiras e o Estado (Tripulado) – A Privatização Velada do Estado

Toda essa concepção micro se reflete no que trazido por Faoro, da mesma forma que ocorre com a influência do que tratado por Buarque de Holanda, exatamente no sentido de se observar como são formadas as relações sociais-estatais brasileiras, de acordo com um patrimonialismo patriarcal, da família para o Estado. De tal forma, o ente público passa a atuar como se uma extensão da família fosse, ou ao sair-se do patriarcalismo, de um grupo social privilegiado que o toma para si no intuito de garantir seus interesses. Por isso esse Estado tripulado, do qual se adonam patrimonial e cientificamente os particulares, o que possibilitado pelos paradigmas filosóficos da modernidade, que até hoje se espraiam, é tão contrário ao que se planeja institucionalmente para o Brasilno texto da Constituição.

Como ressaltado pelo próprio Faoro, "o estamento, quadro administrativo e estado-maior de domínio, configura o governo de uma minoria", de modo que "poucos dirigem, controlam e infundem seus padrões de conduta a muitos". Em sentido diametralmente oposto ao que se espera de uma democracia, de um Estado que nela se funda, há um grupo que dirige o Estado e que não exerce o poder em prol da maioria, mas que o faz em seus próprios interesses por meio de uma verdadeira delegação (O'Donnell) "ou inspirado pela confiança que do povo, como entidade global, se irradia".

Por tudo isso, o próprio Faoro menciona que:

> (...) Os valores da supremacia política, ciosamente guardados no primeiro impulso da teoria elitista, cujas raízes teriam sido plantadas por Maquiavel, por força da própria dinâmica do sistema, se desumanizaram no primado totalitário da eficiência econômica dos governos. O discutível espírito de defesa da liberdade, que estaria inscrito no seu cerne, se converteria no estrangulamento da convivência democrática.[64]

No trecho, são aglutinadas as questões já anteriormente tratadas, demonstrando, mesmo que de forma ainda incipiente e adequada à época em que publicada a obra, os danos à democracia decorrentes do primado da eficiência (econômica) imposto ao Estado, visto que sua incidência totalitária desumaniza os valores democráticos, dentre eles a supremacia política da maioria. Isso é algo que se vê com força na contemporaneidade, onde se utiliza o que se chama de "princípio da eficiência" como álibi argumentativo para decisões estatais que, dentro de um "critério de conveniência e oportunidade" (outro álibi argumentativo), que claramente contrariam princípios que deveriam ser defendidos de forma intransigente pelo Estado, uma vez que seriam sua razão de existência, como a igualdade em si. Nesse mesmo pacote, Faoro também contesta o que chama de "discutível espírito de defesa da liberdade", que à identidade do que acima colocado, acaba por

64. FAORO, Raymundo. **Os donos do poder**. p. 110.

comprometer a democracia, dado que diretamente ligado àquele individualismo hobbesiano, que restava diretamente vinculado ao soberano absoluto.

Dentro deste ambiente acaba funcionando uma sistemática de falseamento da democracia, dentro do qual se provoca um alheamento das elites (econômicas), de modo que em seu lugar se vê a comunidade que a sustenta, que provê a sociedade de liderança. Essa liderança acaba por deslocar-se apenas dentro de uma mesma faixa de origem, conquistando a confiança popular e infundindo à coletividade afastada das esferas de poder, de cima para baixo, uma representação arbitral de interesses comuns (do estamento). Claro que nesta "dança orquestrada pelo estamento", conforme nos fala Faoro, o povo não entra, pelo que quem remove e consolida as "chefias" é a comunidade de domínio, que apenas capta o assentimento popular, de modo que a soberania democrática funcione às avessas, numa mera maquinação de bastidores.[65]

Com tais instrumentos, a comunidade restrita e selecionada, provê toda a sociedade de sua "concepção de mundo", unificando as tendências e correntes de modo a consubstanciar um conjunto coerente de "ideias, sentimento e valores", de modo a privilegiar seus interesses. Por isso o conceito de estamento é alheio às classificações de elite, classe dirigente, classe política ou qualquer outro, de modo que ele se consubstancia em qualificadora diversa que pode ser atribuído de forma independente a cada um destes. Daí advinda toda a imposição de diversos paradigmas e dogmas que ainda prendem a visão científica sobre a questão, não sob um viés de que verificando a possibilidade de ver alijado do poder o estamento incute a permanência de um paradigma filosófico já passado em desfavor do que hodiernamente compatível ao Estado Democrático de Direito.

Essa imposição não parece ser realizada de forma conscientemente direcionada, ao menos não na contemporaneidade e não sob o ponto de vista da ciência do direito e da gestão pública, mas não parece ser possível dizer o mesmo de diversas concepções políticas que acabam temperadas com elementos publicitariamente atrativos e deglutíveis para a grande massa, que acaba consumindo-os. Após a definição de uma concepção política que atende aos interesses do estamento é que se faz possível criar ou adaptar uma "teoria" científica que a abarque, como é o caso da discricionariedade subjetivista de que foi tratado no primeiro capítulo. Com os critérios de conveniência e oportunidade do administrador ou da administração[66], fundados em uma definição do direito que também será provida de forma subjetiva

65. Ibid., p. 111.

66. O que em verdade tanto faz, visto que o responsável por dizer o critério em sua materialidade será o sujeito solipsista que seguirá apenas sua própria vontade, sobre o que tratar-se-á no terceiro capítulo.

por determinado sujeito e sua concepção que apenas acidentalmente pode vir a ser intersubjetiva e autêntica.

Com tudo o que tratado não se está a dizer que o crescimento dos braços do Estado é maléfico (por si só), mas que um espraiamento desordenado e fora dos interesses democraticamente definidos, certamente nada mais é do que mera forma de dominação, contrária ao Estado estruturalmente organizado e impessoal que se espera. Na medida em que o Estado distribui posições e favores no intuito de fortalecer-se e colocar-se como centro e controlador das relações sociais, efetivamente acaba privatizado, o que acaba por ser cobrado em um segundo momento. No intuito de deter mais poder, o Estado acaba por cedê-lo por completo, de modo que a própria entidade estatal termina por alienar-se por completo e servir como a principal forma de dominação social, primordialmente diante de sua (pretensa) legitimidade jurídica para tanto.

Toda a visão trazida pelos três autores aqui tratados, além da de tantos outros que deixamos de fora em razão dos objetivos específicos da presente obra, deve sofrer contextualização e consequente relativização. Não se está a afirmar ou defender a ideia de que o Brasil é constituído como as três visões, as quais claramente diferentes entre si, o retratam, até em razão da parcialidade do que exposto por seus autores, o que se explica por uma aproximação hermenêutica. Assim mesmo, pela mesma abordagem da crítica hermenêutica, não há como negar que a constituição do Brasil passou pelos caminhos que apontamos, tanto na ideia macro trazida por Faoro e em certa medida por Buarque de Holanda, até ao retrato (um tanto quanto torto e afastado de uma visão científica mais apurada) da vida cotidiana em que consiste a contribuição de Gilberto Freyre[67].

Nos dizeres de Faoro: o que é motivo de imensa preocupação diante do paradigma da subjetividade dentro do Estado, é que em uma viagem que já leva seis séculos, uma estrutura político-social resistiu (e parece cada vez mais resistir) a todas as transformações fundamentais e aos desafios mais profundos, incluindo a travessia de um largo oceano logo em seu início.[68] Essa assujeitadora resistência, viabilizada na liberdade do indivíduo de negociar, contratar e de gerir a propriedade com a devida garantia das instituições, da

67. Nesse sentido, ver CARDOSO, Fernando Henrique. **Os pensadores que inventaram o Brasil**. p. 89-90: "terá sido mais fácil assimilar o Weber da Ética protestante e da crítica ao patrimonialismo do que ver no tradicionalismo um caminho fiel às identidades nacionais para uma construção do Brasil moderno. Dito em outras palavras e a modo de conclusão: o Brasil urbano, industrializado, vivendo uma situação social na qual as massas estão presentes e são reivindicantes de cidadania e ansiosas por melhores condições de vida, vai continuar lendo Gilberto Freyre. Aprenderá como ele algo do que fomos ou do que ainda somos em parte. Mas não do que queremos ser no futuro."

68. FAORO, Raymundo. **Os donos do poder**. p. 819.

qual cada vez mais o Estado torna-se instrumento legitimador que oprime cada vez mais a massa ignara e carente.[69]

Aqui mais uma vez é de pontual importância transcrever passagem da principal obra de Faoro:

> O súdito, a sociedade, se compreendem no âmbito de um aparelhamento a explorar, a manipular, a tosquiar nos casos extremos. Dessa realidade se projeta, em florescimento natural, a forma de poder, institucionalizada num tipo de domínio: o patrimonialismo, cuja legitimidade assenta no tradicionalismo – assim é porque sempre foi.[70]

Conforme Faoro, em entrevista concedida no início de 1988, ainda antes da Constituição vigente, o Estado brasileiro havia chegado a um impasse, especificamente em razão das elites que lá estavam, os detentores do poder haviam levado as instituições a um impasse, a uma verdadeira inviabilidade. Algo comparável ao que ocorrido com o impasse da Revolução Francesa, quando se percebeu pela própria cúpula que o país havia se tornado inviável nas condições postas, mas talvez fosse viável sem a própria cúpula. Essa situação ocorrida no início do Termidor, era a que Faoro tinha em mente para o Brasil pré-Constituição de 1988.[71]

A indagação que fica é se a Constituição de 1988 servirá de mais um embuste para a renovação do domínio estamental e das esperanças de uma igualdade, ainda liberal, com uma maquiagem de Estado social, o qual transformado em mera norma programática, na clássica acepção jurídica da expressão, onde há total descompromisso estatal em alcançar o tal paradigma.

A ideia é demonstrar como as fundações da formação da sociedade brasileira, da qual indissociável o Estado, em grande medida se apresentam incompatíveis com a impessoalidade que se exige de suas instituições, ao menos de acordo com as importações teóricas realizadas indiscriminadamente em tal campo. Além disso, como será possível apostar em um Estado que atua calcado em uma subjetividade que se guia por tais pressupostos brasileiros, tão imbricados em sua formação e que fazem com o que o individualismo seja o guia do Estado? Colocando de outra forma: é possível acreditar que a Administração possa atuar de forma subjetiva, dentro do paradigma da

---

69. Ibid., p. 820: "Na transição de uma estrutura a outra, a nota tônica se desviou – o indivíduo, de súdito, passa a cidadão, com a correspondente mudança de converter-se o Estado de senhor a servidor, guarda da autonomia do homem livre. A liberdade pessoal, que compreende o poder de dispor da propriedade, de comerciar e produzir, de contratar e contestar, assume o primeiro papel, dogma de direito natural ou da soberania popular, reduzindo o aparelhamento estatal a um mecanismo de garantia do indivíduo."

70. Id.

71. FAORO, Raymundo. **A democracia traída**. São Paulo: Globo, 2008. p. 97-98.

filosofia da consciência, com os pressupostos sociais vistos e que mesmo assim possa-se falar em Estado Democrático de Direito?

2.2.5 *Erosão da Legalidade e Incapacidade Interventiva do Estado*

Acerca do que se chama de erosão da legalidade, Paulo Otero chega inclusive a apontar razões que demonstram a subversão contemporânea da engenharia constitucional herdada do liberalismo, que consubstancia a tripartição de poderes. O faz tratando do fenômeno da dominação do legislativo e do executivo pelo mesmo partido ou grupo político, como ocorre no Brasil, um operando de modo a chancelar as decisões tomadas pelo outro, funcionando como uma verdadeira subversão dos ideais de controle que inspiraram o modelo. Este em verdade passou a servir como um reforço na permanência destes grupos no poder, defendendo-se legislativa ou executivamente, o que mostra o quão relevante é a estrutura social tratada nas linhas anteriores para a erosão da legalidade e seus ideais.[72]

Para isso em muito contribui a noção de uma discricionariedade relativista, conforme desenvolvida no primeiro capítulo, que é capaz de servir aos interesses de quem detiver o poder, o que no Brasil diz muito na medida em que a dominação estamental ainda reina e apenas resta reforçada com tais subversões estruturais, as quais indestrutíveis no paradigma subjetivista. Aqui também se enquadra e vê-se privilegiada a noção de corporativização da escolha política, que claramente atinge a decisão administrativa, traduzida na visão de uma democracia cooperativista, em que se deve buscar o consenso e não o respeito ao dissenso. Com isso, de forma simplificada, os diversos grupos representativos que tripulam o Estado, seja em que esfera for, mas que sempre se fazem presentes na Administração Pública, chegam a acordos onde sempre cedem para alcançar seus objetivos primordiais, chegando a uma única concepção de atuação estatal que a todos atende e predisposta a perpetuar quem se encontra no poder.

Esta ideia de democracia neocorporativa acaba por conferir uma centralidade negocial ao executivo e sua atividade administrativa, criando um verdadeiro nominalismo constitucional levado a cabo pelo administrador-intérprete. Enfim, politiza-se a atuação executiva do Estado, cada vez mais, só que sob um aspecto de amenização das tensões, o que não parece muito adequado em um país de incontáveis contradições e desconfortos sociais e políticos, como o Brasil.

Claro que isso gera uma limitação da capacidade interventiva do Estado, que focado nesta visão cooperativista, abstém-se de intervir perante as

---

72. OTERO, Paulo. **Legalidade e Administração Pública**. Coimbra: Almedina, 2003. p. 138-139.

idiossincrasias brasileiras, especialmente aquelas criadoras de um *apartheid* social que certamente não incomodam os "donos do poder", mas apenas quem necessita desta visão negocial para subsistir, ou seja, as camadas desfavorecidas.

Sobre a incapacidade interventiva do Estado, o que se observa é mais uma consequência do que chamado de erosão da legalidade, de modo que os instrumentos normativos legais além de possuírem caráter simbólico de mera satisfação psicológica dos cidadãos, de modo que o Leviatã se sente no direito de "lavar as mãos" após sua edição, em alguns casos também se prestam a servir de barreira em face da erupção dos anseios da sociedade.

Observe-se que esta erosão da legalidade acaba por sabotar a missão atribuída ao Estado, além de promover a infiltração deste pela economia, muitas vezes representada pelo grande capital internacional, que se aproveita destes espaços para fazer prevalecer seus interesses, desemboca e influi de forma concomitante em todas as crises do Estado apontadas por Bolzan de Morais.[73] Assim, estas deixam de ser decorrentes e passam a ser simultâneas e potencializadoras umas das outras.

Aqui certamente se tem um elemento instigante da crise do Estado moderno, quase que decisivo, pois trata da crise institucional que coloca em xeque toda a estrutura e legitimidade estatais. Com o abalo de tais instituições a sociedade passa a vê-las como inócuas e, em certa medida, até mesmo prejudiciais, pelo que se tornam descartáveis e acabam por virar alvo direto de suas manifestações de insatisfação.

Sobre o tema da ausência de legitimidade do Estado, especificamente na américa-latina, onde muitas vezes a figura estatal restou e ainda resta diretamente associada a situações de exploração da massa de fragilizados pelos "donos do poder"[74], fala com muita propriedade Eduardo Galeano. Tratou desde a época em que a pobreza do homem era o resultado da riqueza da terra, ou seja, da febre do ouro e da prata, além das outras preciosidades agrícolas retiradas das terras do continente às custas da grande massa de excluídos que sempre serviu de mão-de-obra para os exploradores, até os dias atuais, ou do que Galeano chama de estrutura contemporânea da espoliação.[75]

Sobre momentos de transição, de mudança, de um projetar, que o que parece propugnar nossa Constituição, calha lembrar passagem de Slavoj Zizek, quando fala dos tempos interessantes:

---

73. BOLZAN DE MORAIS, Jose Luis. **As crises do estado e da constituição e a transformação espaço--temporal dos direitos humanos**. 2. ed. Porto Alegre: Livraria do Advogado, 2011. p. 25-81.
74. FAORO, Raymundo. **Os donos do poder**.
75. GALEANO, Eduardo. **As veias abertas da América Latina**. Tradução: Sergio Faraco. Porto Alegre: LP&M, 2012.

> Dizem que na China, quem realmente odeia alguém lança contra ele a seguinte maldição: "Que você viva tempos interessantes!". Em termos históricos os "tempos interessantes" foram períodos de inquietação, guerra e luta pelo poder em que milhões de inocentes sofreram as consequências. Hoje, claramente nos aproximamos de uma nova época de tempos interessantes. (...)
>
> ...
>
> Essas mudanças só podem abalar a confortável posição subjetiva dos intelectuais radicais, mais bem descrita por um de seus exercícios mentais prediletos durante o século XX: a ânsia de "catastrofizar" a situação. Qualquer que fosse a situação real, ela tinha de ser acusada de "catastrófica" e, quanto mais positiva parecesse, mais se praticava esse exercício; portanto, sejam mais quais forem nossas diferenças "meramente ônticas", todos participamos da mesma catástrofe ontológica. Heidegger denunciou a era atual como a de maior "perigo", a época do niilismo total; Adorno e Horkheimer viram nela a culminância da "dialética do esclarecimento" no "mundo administrado"; Giorgio Agamben chegou a definir os campos de concentração do século XX como a "verdade" de todo o projeto político ocidental. Devemos recordar aqui o personagem de Horkheimer na Alemanha Ocidental da década de 50: embora denunciasse o "eclipse da razão" na moderna sociedade de consumo ocidental, defendia ao mesmo tempo essa mesma sociedade como uma ilha solitária de liberdade no mar de totalitarismos e ditaduras corruptas do resto do mundo. (...)
>
> ...
>
> Como diz o velho ditado: a única coisa pior do que não ter o que se deseja é tê-lo. (...)[76]

Quando a mudança efetivamente chega critica-se minimamente a forma como ela se mostra. Zizek define isso muito bem quando toma por exemplo aquele cenário no qual o marido, envolvido em uma tórrida relação extraconjugal, deseja incessantemente que a esposa desapareça de sua vida, seja da forma como for, para que possa ter a liberdade de viver seu amor com a amante; mas, quando seu desejo acaba por concretizar-se o produto do desaparecimento da esposa não é aquele com o qual sonhara, e o marido descobre – desolado – que sem a situação de fato colocada pela presença da esposa, a amante não mais lhe apetecia como antes e acaba por rejeitá-la.[77]

Enfim, quando a crise se torna usual, deixa de ser extraordinária e perde um pouco seu próprio caráter de crise, passando para a normalidade, quando

76. ZIZEK, Slavoj. **Vivendo no fim dos tempos**. São Paulo: Boitempo, 2012. p. 291-292.
77. Ibid., p. 292.

esta é quebrada, aí aparece o desconforto, especialmente para os críticos da própria normalidade. Um pouco disso também é o que Galeano trata em outra de suas obras quando menciona que "*há 130 anos, depois de visitar o país das maravilhas, Alice entrou num espelho para descobrir o mundo ao avesso. Se Alice renascesse em nossos dias, não precisaria atravessar nenhum espelho: bastaria que chegasse à janela*".[78]

Diante do inescapável e provocador desassossego que efetivamente busca provocar-a-dor de uma tão esperada mudança ou retomada de rumos, impressa na Constituição, o que não se constata de forma subjetiva e assujeitadora, numa pretendida "descrição", mais uma vez deve-se lembrar que, minimamente desde Francisco Campos, a teoria brasileira que trata da discricionariedade administrativa calca-se no positivismo normativista kelseniano. Como se viu tal matriz teórica possui várias insuficiências e inadequações, especialmente diante das características brasileiras, destacando-se uma em especial: a necessidade de mudança.

Como bem apontado por Losano[79], Kelsen manifestou imensa dificuldade em lidar de forma adequada com o conceito de revolução no direito, que classificou como uma mudança de ordem jurídica, gerada por elementos metajurídicos, exatamente por partir do princípio[80] que a origem do direito é metajurídica. Exatamente por possuir tal característica, não seria objeto do estudo da ciência do direito, pelo que o direito válido é que deveria ser estudo, dada sua cognoscibilidade científica.[81]

Por isso, só pode haver duas respostas do direito, ou melhor, da ciência do direito, para o momento revolucionário: verificando-se a instauração de uma nova ordem jurídica, esta substitui a anterior em todos os seus aspectos, valendo daquele momento para frente (ou quiçá para trás, inclusive!) como direito, dada sua validade, ou os revolucionários acabariam condenados por alta traição, com base no direito ainda válido, dado seu insucesso em seu objetivo metajurídico.

Claro que se parte de um pressuposto muitíssimo simplificado de "revolução", como mera tentativa de alteração da ordem jurídica válida, como se esta efetivamente fosse a fórmula única e privilegiada para mudança da realidade (social, no caso) com fundamento no direito. Isso é assim em

---

78. GALEANO, Eduardo. **De pernas pro ar**. Tradução: Sergio Faraco. Porto Alegre: LP&M, 2011. p. 02.
79. LOSANO, Mario G. **Sistema e estrutura no direito**. p. 67-73.
80. Aqui sim, fala-se de princípio como princípio segundo o paradigma da Crítica Hermenêutica do Direito, de um verdadeiro projetar, que não sobrevém pela conceituação repassada pelo sujeito, as vezes chamado de intérprete autêntico, as vezes de administrador, as vezes de sujeito transcendental. O projetar é posto pela historicidade que aí está, a qual não pode ser reduzida e assujeitada por alguém, conforme veremos em detalhes no próximo capítulo.
81. KELSEN, Hans. **Teoria geral do direito e do Estado**. p. 173.

Kelsen, em grande medida por derivação de sua concepção de aplicação do direito posta no capítulo oitavo de sua Teoria Pura, embasamento teórico que, por mais que se diga o contrário, continua a dar suporte para a ideia de discricionariedade no Brasil.

Diante de tais simplificações, de tais afunilamentos da teoria kelseniana de que aqui se fala, pode-se dizer que ela resta construída de forma a privilegiar a estabilidade não apenas do direito, mas a estabilidade de tudo quanto regido pelo direito. Em outras palavras: não se pode pretender modificar a realidade, com base em um constante projetar, como faz a Constituição brasileira, tendo como paradigma a Teoria Pura, não com base em seu capítulo oitavo e todo o engessamento que ela provoca.

É assim por uma razão: localiza-se no paradigma da filosofia da consciência, como assujeitadora da realidade, dado que pretende descreve-la (apenas) de forma isenta e asséptica. Afinal, uma teoria jurídica estrutural, essencialmente a-histórica, não pode se interessar sobre sua gênese ou evolução, onde estão compreendidos seus objetivos, seu projetar. Sem a preocupação com seus conteúdos, estes são relegados para a subjetividade[82] do intérprete.

Aqui também cumpre mencionar como um dos motivos, que a Teoria Pura do Direito de Kelsen, conforme já assinalado, trata da ciência do direito, não do Direito, de modo que efetivamente não foi sequer elaborada para os fins que utilizada no Brasil. Há um considerável equívoco conceitual

82. Ao contrário do que fala PALOMBELLA, Gianluigi. **Filosofia do direito**. p. 174-175: "Em torno do assunto britaram discussões sutis e vastas especulações, mas o fato é que o sistema normativo construído por Kelsen funda-se em si mesmo e é objetivo, de tal modo que não se mostre dependente dos fatos (desta ou daquela contingência histórica, da eficácia deste ou daquele poder etc.), não se mostre como forma organizativa específica de determinadas relações materiais, mas como forma jurídica, independente delas e necessária para cada uma delas. Assim, o direito não se reduz simplesmente à projeção daquilo que existe, mas constitui uma forma dotada de mecanismos e caracteres não dedutíveis das relações de poder vigentes nem por elas modificáveis na sua lógica interna, relações que, ao contrário, devem dobrar-se a essa lógica jurídica. Para garantir duração (e, paradoxalmente, também uma eficácia duradoura), o poder e a força devem traduzir-se em código "normativizado" (ou seja, em sistema organizativo definido por meio de normas e de linguagem normativa). Essa racionalização da força e do poder possibilita0lhes chegar a assumir uma forma, a expressar-se pelo direito. Obviamente, a *forma* representa apenas a esquematização jurídica de cada possível conteúdo de poder; ela não rechaça nenhum deles. De resto, como sabemos, o sistema nomodinámico é um sistema de delegações, de normas sobre a produção de normas, que fixa somente os poderes e as competências; e mesmo a norma fundamental não prescreve, por exemplo, um valor de justiça específico (igualdade, justiça distributiva, liberdade etc.), portanto um critério *a priori* para discriminar os fatos, que funcione como filtro dos conteúdos das decisões. O sistema kelseniano quer ser, pois, axiologicamente vazio. É importante discutir mais essa independência do direito em relação ao poder, essa sua organização da força sem por isso ser redutível a ela. O vazio axiológico da norma fundamental talvez seja mais postulado do que o resultado de um efetivo e objetivo descompromisso "moral" por parte de Kelsen. a irredutibilidade do direito ao poder, tão grandiosamente construída, expressa um limite formal cujas consequências devem ser avaliadas. Tal limite se constitui uma barreira ao arbítrio e à irrupção da subjetividade, se constitui nexos de regularidade e racionalidade, tende a traduzir-se em imposição de um modo *de ser* à força e *ao* poder."

sobre o que posto nela, muito provavelmente derivado de um equivocado entendimento do que por Kelsen propugnado.

Diante disso, a pergunta que não pode calar é: se se pretende uma mera descrição, como realizá-la sobre um projetar? Kelsen responde a pergunta, quando se vê impossibilitado de definir o dever ser, dado que essa própria descrição já será um ser! Isso assim é em razão da matriz filosófica adotada por Kelsen e pela maioria da doutrina brasileira que trata da discricionariedade administrativa, privilegiar o ente em detrimento do ser, o que faz com que deixemos de lado nossa Constituição, por falta de fundamentos filosóficos para realizar seu projetar.

Por tal via o direito torna-se um engessador da realidade[83], a qual é posta como carente de mudanças em nossa própria Constituição. Esta última, cada vez mais subvertida por cada um dos degraus de (i)legitimidade que são postos no caminho de dizer no que consiste o direito com base em tal paradigma assujeitador. No paradigma filosófico que aqui criticamos a Constituição, ao invés de uma poderosa arma contra as desigualdades, transforma-se em um grande engodo para os desprivilegiados[84].

---

83. Cf. LOSANO, Mario G. **Sistema e estrutura no direito**. p. 121-122: "Kelsen está, portanto, consciente de que o problema da origem do direito é, na verdade, um problema extrajurídico; todavia, recusa-se a enfrentá-lo e prefere construir uma teoria que contorna o problema. Para usar suas próprias palavras, "levanta o véu", mas depois fecha os olhos. Essa escolha não está fundada no direito positivo, mas é ditada por uma precisa escolha de posição filosófica. Seria natural, a essa altura, perguntar-se por que a construção kelseniana evita, conscientemente, explicar alguns problemas centrais do direito: problemas centrais pela importância a eles atribuída por muitas outras teorias, mas situados às margens da construção sistemática de Kelsen. A explicação é política e psicológica ao mesmo tempo: para Kelsen, o poder que gera o direito é um fato não modificável; ou seja, o poder político que se exerce na sociedade em que o jurista vive é um poder que não é colocado em discussão. Quem aceita sem discutir o poder político existente, porém, pode ser definido como politicamente conservador; é uma qualificação que retorna para todas as teorias que visam conservar o equilíbrio de um sistema e que, portanto, em particular, retorna também para a superteoria de Luhmann. (...) antes de tudo, ao definir como conservadora a teoria pura do direito, não se dá um juízo de valor, mas se diz apenas que ela é uma doutrina que não considera seu dever de modificar o ordenamento jurídico da sociedade em que nasceu. Ao constatar esse imobilismo, não se sublinha nem um aspecto positivo, nem um aspecto negativo da teoria pura: uma mudança pode, efetivamente, consistir tanto numa melhoria quanto numa piora da situação. Em outras palavras, o conservadorismo jurídico não pode ser avaliado de modo absoluto, mas somente em relação às mutáveis situações sociais em que ele se manifesta e ao posicionamento ético-político do observador."

84. PALOMBELLA, Gianluigi. **Filosofia do direito**. p. 177: "Por outro lado, pode-se ressaltar que a concepção kelseniana, abstrata, do direito e do Estado, por ser compatível com qualquer conteúdo histórico-político (e distinta dele), adere perfeitamente à "neutralidade" do Estado burguês. A coincidência entre as análises sociológicas weberianas sobre a estrutura do Estado moderno e os resultados da teoria geral do direito e do Estado de Kelsen é uma indicação não pouco importante da generalização, realizada por este último, do conceito e da estrutura do direito *do Estado legislativo parlamentar entre os séculos XIX e XX*."

Capítulo 3

A FILOSOFIA HERMENÊUTICA, HERMENÊUTICA FILOSÓFICA E A DISCRICIONARIEDADE ADMINISTRATIVA: A DESTRUIÇÃO DA METAFÍSICA

Após abordagem da (des)construção da ideia de discricionariedade administrativa no imaginário jurídico brasileiro e da observação de como ela se presta a ser um véu de legitimidade que possui o fito de dar força a uma atuação estatal apenas mantenedora do *status quo*, jamais transformadora, cumpre tratar filosoficamente da questão de forma mais focada, com ênfase nas contribuições trazidas por Martin Heidegger e Hans-Georg Gadamer. Para tanto, importante se faz adentrar em específicas questões da filosofia hermenêutica e da hermenêutica filosofia, sob pena de comprometimento de toda a exposição (filosófica) a ser realizada na sequência, especialmente no sentido de demonstrar que a discricionariedade (administrativa) conforme pensada no Brasil, em nada é compatível com o Estado Democrático de Direito.

3.1 Indispensáveis noções de filosofia hermenêutica e hermenêutica filosófica: de como somos um diálogo

No início de tal tarefa, muito nos ajuda entender que efetivamente somos um diálogo, com o que o Direito também o é.[1]

Originalmente, na antiga Grécia, a hermenêutica era calcada na figura do deus mensageiro Hermes, que efetivamente era o encarregado de dizer para todos os mortais o que haviam dito os deuses. Posteriormente passou a ser utilizada, com a mesma função, para o labor interpretativo das Escrituras hebraico-cristãs, permanecendo como a arte de extrair as mensagens contidas de forma implícita ou explícita nos escritos literários, jurídicos ou religiosos. Nada mais era do que um trabalho de interpretação de textos escritos por meio da exegese.

Claramente a hermenêutica que se trata na presente obra não é essa, mas a de cariz filosófico, que passa por Heidegger e projeta-se a partir de Gadamer, a qual se apresenta como base filosófica fundamental para que seja

1. NUNES, Benedito. **Ensaios filosóficos**. São Paulo: Martins Fontes, 2011. p. 269.

possível afirmar que a leitura que se faz da discricionariedade (administrativa) é efetivamente inautêntica e contrária ao Estado Democrático de Direito.

Tal passagem da hermenêutica como método interpretativo, nos moldes cartesianos, para a matriz heideggeriana e gadameriana talvez seja mais simples de ser apresentada com algumas noções prévias, dentre as quais se destaca a que se desprende do domínio da escrita e demonstra que o ato interpretativo está em todo o lugar, a todo o tempo. É o que ocorre em simples diálogo, numa conversa, quando nos comunicamos com outra pessoa, quando já se interpreta e se é interpretado, na medida em que se compreende e se faz compreender.[2]

O mesmo acontece com os textos, de modo que o intérprete não o assujeita como efetivamente imagina, ou seja, apenas é possível falar algo de um texto quando ele nos fala algo. E ele sempre nos fala algo com base em algo que também falamos para ele.

Explica-se: a interpretação não vem depois da vivência de algo, com o que não se interpreta algo após seu acontecimento. Ela lhe é concomitante. Quando se vive interpreta-se. Todos estamos condenados a interpretar.

O compreender é uma atitude primária ao conhecimento científico, sem a qual não se consegue atingi-lo. É possível compreender sem conhecer cientificamente, mas não é possível compreender cientificamente sem que já se tenha compreendido a coisa de que se trata exatamente por ser primária e curial, é despercebida.[3]

Na etapa metafísica, dividida asséptica e artificialmente chamada de interpretação, a compreensão se expressa, ou melhor, lhe é concomitante. Neste momento destaca-se a afirmação realizada por Heidegger no parágrafo 32 de Ser e Tempo, de que interpretar é desenvolver "as possibilidades projetadas na compreensão". Esta interpretação não se faz sem pressuposto algum, que é exatamente a prévia compreensão que permite a compreensão/interpretação. Esta prévia compreensão evidencia-se num nexo referencial, ou seja, a situação em que se encontra, numa perspectiva que lhe é correlata, ou um modo de ver tal situação, e nos conceitos, nas entificações, que são explicitadas por meio do modo de se conceber.[4]

Assim, o interpretar nada mais é do que manifestar o compreender ao qual já se acha aderido e assim sucessivamente.

Este "processo" pode ser observado na presente obra. Inicialmente tratou-se do desenvolvimento da ideia de discricionariedade administrativa,

---

2. Id.
3. Ibid., p. 270.
4. Id.

não de uma forma pretensamente descritiva, dada a falácia contida neste tipo de abordagem, uma vez que quem descreve algo sempre o faz a partir de um local de fala, partindo de um determinado enfoque. O que se buscou realizar foi uma abordagem histórica crítica do mencionado desenvolvimento, apontando pronta e claramente o caminho pretendido com o texto, de modo a clarear as preocupantes aberturas interpretativas que acabaram por permear todo o caminho trilhado. Em um segundo momento, o que se fez foi indicar como a teoria exposta preliminarmente não realiza uma perfeita subsunção com o caso brasileiro e todas as suas peculiaridades, sendo utilizada como véu de sentido para a dominação social e manutenção do *status quo*, à revelia do que determina o Direito. Feito isso, agora, no terceiro momento, a destruição filosófica que será empreendida já se antecipa, chega antes. O leitor já consegue enxergá-la em razão de ter compreendido que a teoria desenvolvida dá azo a uma imprópria arbitrariedade, na exata medida em que se depende única e exclusivamente do indivíduo para que não sirva ao que exatamente serve: não mudar nada e dar a impressão de que está-se sempre tentando fazê-lo. Esta é a compreensão prévia, é o que todos já sabem, é o que chega antes! O segundo movimento da obra é meramente um legitimador de tudo o que aí já se vê; que acaba por si só explicando de forma mais do que sensível o que será tratado neste terceiro e derradeiro movimento.

Aqui fica evidente a ideia de circularidade, que Heidegger chama de círculo hermenêutico[5] e é adotado por Gadamer, dentro do qual o intérprete já sempre está jogado, dado seu enquadramento fático no mundo, uma vez que ente temporal, com a dupla aptidão de compreender-se e interpretar-se. Compreende-se pois como *Dasein*, somente existe projetando suas possibilidades, dado que temporal. Interpreta-se, primeiramente vez que se dá conta de si mesmo, das coisas e dos objetos, pela temporalidade e pela compreensão prévia, circularmente (ou de forma espiralada).[6-7]

---

5. HEIDEGGER, Martin. **Lógica: A pergunta pela essência da linguagem.** Tradução por Maria Adelaide Pacheco e Helga Hoock Quadrado. Lisboa: Fundação Calouste Gulbenkian, 2008. p. 76-77: "Deste modo estamos numa situação peculiar. Nós encontramos a linguagem apenas determinada a partir do ser do homem – e depois da essência do homem, por seu lado, determinada a partir da linguagem. Estamos aqui numa situação especial do movimento circular. Como havemos nós de sair fora do círculo? De modo nenhum! Não devemos sair, mas sim permanecer no círculo e pôr em acção este movimento em redemoinho. É característico do pensamento filosofante, o mover-se num redemoinho que conduz a um abismo. A filosofia está sempre em um redemoinho, pelo contrário, na ciência o objecto está objetivamente presente [*Vorhanden*], nós estamos sempre num certo sentido diante dela, mas nunca chegamos assim a um questionamento filosófico."
6. Talvez haja maior propriedade na entificação que se busca fazer, chamando este movimento não de circular, mas de espiral, visto que um círculo sempre retorna a mesma posição anterior e não é isso de que aqui se fala.
7. NUNES, Benedito. **Ensaios filosóficos.** p. 270-271.

> O *Dasein* está sempre nesse círculo de uma compreensão já atuante, abrindo-nos sempre ao mundo, na situação de intérpretes para os quais nada é indiferente e tudo adquire imediato sentido, e que é a matriz da experiência e de seu caráter antecipativo, como estrutura significativa que condiciona e possibilita a exegese dos textos, o conhecimento científico, o fazer artístico, as expectativas do futuro e as interrogações sobre o passado.
>
> Interpreto os textos pelo mesmo movimento compreensor que me permite interpretar-me. A exegese de um escrito não constitui mero ato de saber e de erudição; é um ato que me empenha, que me compromete, que me põe em causa com o existente, mobilizando-me a condição temporal inserta entre "o presente das coisas presentes" e aquele outro presente, a mim disponível mediante testemunhos, sejam escritos orais, as coisas passadas. Pelo laço de pertença, estaria a interpretação do lado da verdade originária do *Dasein*.[8]

Outrossim, o conhecimento científico possui no método o meio de acesso aos seus vários campos, dado que é este que permite sua concretização por objetificar os objetos[9] de conhecimento, possibilitando que sobre estes sejam realizadas formulações coerentes, fundamentadas no mesmo processo metodológico. Essa objetificação promovida pelo método carrega consigo um distanciamento diante do que se pretende conhecer, necessariamente oposta a atitude de pertencimento promovida pela verdade situacional do *Dasein*. Neutraliza-se a temporalidade e a finitude, dado que estas são abstraídas, alienando o sujeito cognoscente na medida em que este se alija do conhecimento histórico, produzindo um conhecimento assujeitador e inautêntico. Inautêntico, pois distanciado do que se busca conhecer, visto que as interrogações sobre o passado sequer vêm à tona.[10]

Em face disso, o que se buscou ao longo de todo o texto e que neste derradeiro movimento culmina, é soltar as amarras metodológicas, restabelecendo as conexões da verdade como um prolongamento da experiência matricial pré-científica, de onde a ciência foi projetada, atraindo novamente o conhecimento histórico.

A interpretação de qualquer texto, como já foi possível observar, é claro que não começa num grau zero de "cognição", num patamar nulo de sentido

---

8. Ibid., p. 271.
9. A noção de objeto se caracteriza por oposição ao sujeito, ou seja, designa tudo aquilo que constitui a base de uma experiência efetiva ou possível, tudo aquilo que pode ser pensado ou representado distintamente do próprio ato de pensar. Nesse sentido, o objeto se constitui sempre em uma relação com o sujeito, sendo um conceito tipicamente epistemológico. (Cf. JAPIASSÚ, Hilton e MARCONDES, Danilo. **Dicionário Básico de Filosofia**. 5.ed. Rio de Janeiro: Zahar, 2008.)
10. Id.

a ser preenchido na medida em que o utente dispõe como melhor entende do vazio de sentido que ali se encontra. Se "inicia" com necessários referenciais, numa perspectiva qualquer, de modo que apenas é possível dizer algo sobre um texto se efetivamente deixarmos que ele nos diga algo, senão estar-se-á falando de qualquer outra coisa, mas não daquele texto. O sentido do que ali está já está dado, chega antes de nossa vontade assujeitadora de seu conteúdo.

Por isso é que Benedito Nunes afirma que "o preconceito nada mais é do que o correspondente histórico da antecipação da experiência humana", dado que constitui a única entrada possível no texto, mas não uma prisão dos sentidos ali postos, os quais deverão afetar a sempre cambiante compreensão prévia. Jamais se rompe com as pressuposições inteiramente, mas a partir das mudanças ocasionadas pelo que o texto diz ao intérprete, na medida em que a atividade interpretativa avança dialeticamente com base e projeção proporcionada pelo próprio texto; os preconceitos são "corrigidos" com fundamento em uma consciência histórica.[11]

Isso não quer dizer que avancemos para dentro de uma época específica, reconstituída na exata precisão em que se deu, do modo que os positivistas da história pretendam alcançar, pois o tempo que nos separa do passado não é neutro, interpondo uma insuperável distância entre nós e o que buscamos ingenuamente descrever. O que se faz é compreender uma época distante, necessariamente infamiliar, aproximando-a do presente, do que se tem como familiar. Essa dialética da proximidade e da distância completa-se pela apreensão da diferença entre as épocas, ou entre a pré-compreensão e o texto, donde se tem a compreensão que ciclicamente toma o mesmo caminho, de maneira que é a diferença causada pela distância que nos aproxima do evento que se busca conhecer. Aí é que se fundem os horizontes.

É o que acontece com o direito e as entificações que promovem por meio da positivação; é o que ocorre com a entificação da discricionariedade (administrativa). Estes sempre devem ser redimensionados em face das necessidades do presente, mas sem nunca tirar os olhos do passado, da tradição, da historicidade.

Não há contradição na realidade. O que pode vir a produzir contradição interna são os conceitos formulados pelos intérpretes; as teorias acerca da realidade.

Diante disso, busca-se uma mudança de paradigmas[12], especificamente no campo da filosofia, que condicionará toda a questão jurídica aqui tratada.

---

11. Id.

12. De acordo com Ernildo Stein, aqui entendemos o conceito de paradigma como o "ponto de vista de uma espécie de contexto de produção do conhecimento, visto a partir de certas tendências fundamentais do ser humano de investigar". Os paradigmas possuem como fundamental característica

Para tanto, ao tom do que se desenvolveu ao longo de todo o texto, deve-se promover a superação da relação sujeito-objeto, deixando de lado o projeto que busca na Filosofia um fundamento para o conhecimento com base no discurso no qual prevalece a ideia de juízo, de síntese na subjetividade em que fundado o enunciado. Tal mudança no campo das ciências jurídicas, já que jamais apartadas do mundo e de todo o resto que conjuntamente com elas resta aí jogado, deve ocorrer à luz do que feito por Heidegger na filosofia, de modo a deslocar o lugar da fundamentação do sujeito e da consciência para a ideia de mundo, especificamente para a concepção de ser-no-mundo.[13]

Conforme Heidegger: "Não é o enunciado que é o lugar da verdade, mas a verdade que é lugar do enunciado", o que se dá mesmo que nunca se atinja o mundo dos objetos de maneira direta, mas sempre pelo discurso.[14]

> Heidegger dirá que o mundo, palavra central que vamos examinar, tem a estrutura do *enquanto*, que o *compreender* tem a estrutura do *enquanto* e que, finalmente, o enunciado tem a estrutura do *enquanto*. Assim sendo, *mundo*, *compreender* e *enunciado*, não se dão elementos imediatos. Eles não expressam o lado direto de nosso contato com as coisas. Todo o contato com as coisas é feito por meio desse *enquanto*. Na estrutura do mundo esse *enquanto* (*als*) terá certas características, nas estruturas do compreender outras e nas estruturas do enunciado outras ainda.[15]

A mudança de paradigma é empreendida por Heidegger por meio da destruição ou desconstrução (como denomina Ernildo Stein[16]) da metafísica, que sempre advém de uma história viva e, por isso, de acordo com a posição heideggeriana, tendo como base a ontologia fundamental[17], revisa a ideia

---

a representação de uma inescapável pluralidade dos projetos da razão humana, que nos termos postos por Habermas, se mostra por meio da multiplicidade de suas vozes, pelo que não existe uma razão que se traduza como uma unidade coesa. Cf. STEIN, Ernildo. **Diferença e metafísica**: ensaios sobre a desconstrução. Ijuí: Unijuí, 2008. p. 55.

13. STEIN, Ernildo. **Diferença e metafísica**. p. 57-58: "Heidegger introduziu para isso uma distinção entre o discurso explicitador, o discurso manifestativo, que denomina de apofântico, e o discurso subterrâneo que ocorre simultaneamente com o discurso apofântico e que o filósofo denomina de dimensão hermenêutica. Sem o elemento apofântico não se daria, entretanto, o que podemos designar o discurso hermenêutico. Esse representa a estrutura básica, que desde sempre sustenta qualquer tipo de enunciado que pode ser verdadeiro ou falso. Essa ideia heideggeriana, sem dúvida nenhuma, perpassa a questão de seu paradigma".

14. Ibid., p. 59.

15. Id.

16. Para Stein, vê-se que Heidegger não pretende uma destruição da metafísica, no sentido de uma pura e simples eliminação, mas uma desconstrução que a reconstrói por meio da colocação de todos os tijolos da edificação e retirada de um por um, mostrando sua insustentabilidade. Cf. Ibid., p. 61.

17. INWOOD, Michael. **Dicionário Heidegger**. p. 131 – 133: "Ontologia é o 'estudo dos entes enquanto tais', mas pode ser uma ontologia 'regional', preocupada com o SER ou a natureza de, por exemplo,

de tempo propalada pelos três corifeus por ele eleitos: Aristóteles, Descartes e Kant. Dos três, a crítica que aqui mais interessa é a que Heidegger faz a Descartes e a questão da modernidade, traduzida na subjetividade, que é o fio condutor da desconstrução desta própria modernidade.

O grande advento heideggeriano, que provê pioneirismo no que se chama de destruição, é que tal movimento empreende-se não de fora da metafísica, mas a partir de seu interior, de modo a não fazer com que esta seja mais um capítulo da própria metafisica. Tal adentramento e superação implica, concomitantemente, refazer a construção teórica trabalhada pela metafísica ao auto expor nos textos a história por ela contada, que é o empreendimento realizado no primeiro capítulo do trabalho.

> (...) É por isso que ele falará em superação da metafísica e adentramento da metafísica. Essa superação e adentramento significa, ao mesmo tempo, refazer a construção com que a metafísica trabalhava ao se auto-expor nos textos da história da Filosofia. Ao mesmo tempo, significa perceber que nisso em que ela se auto-expõe, segundo Heidegger equivocadamente, existe, entretanto, o não-pensado, o encoberto que pode ser manifestado, no qual temos de nos afundar e nos aprofundar quando queremos fazer a desconstrução da metafísica.[18]

Nos termos também postos por Stein, Heidegger não deixa de ser metafísico. Ele apenas abandona a metafísica em seu sentido objetivista, objetificador do ser, no sentido de que a ideia de ser é compreendida como

---

números, espaço ou uma obra da literatura (XXII, 8). Em contraste com esta indagação ontológica, *ontologisch(e)*, preocupadas com entes, não com o seu ser. (...) 'O privilégio ôntico que distingue o Dasein está em ser ontológico' (ST, 12). Isto é, ao contrário de outros entes, Dasein compreende o ser dos entes. (...) A ontologia tradicional foi defendida por Hartmann como um refúgio para a 'epistemologia' neokantianas (Cf. ST, 208n.), que examinava o ser ou a natureza das coisas e não apenas nossos modos de conhecê-las, postulando a hierarquia dos níveis de entidade – natureza inanimada, plantas, animais, homem. (...) A ontologia fundamental foi um modo 'transicional' de superar a ontologia tradicional, por meio do questionamento do seu 'fundo e fundamento' (NII, 209/ niv, 155; LXV, 182, 205, 228, 283, 305). Ela afasta-se, portanto, alcançando o outro lado da DIFERENÇA ontológica, o ser. Assim, como a ontologia tradicional PROJETA os entes para a entidade, nós agora também projetamos 'a entidade como ser para a sua verdade' (LXV, 450). A ontologia fundamental é metaontologia. Depois de ST, o ser ainda está relacionado a Dasein. ST passa de Dasein para ser, mas a ordem é posteriormente revertida. 'Se a questão sobre o ser procura não apenas o ser dos entes, mas o próprio ser em essência, então precisamos de uma completa e explícita fundamentação do Dasein, guiada por esta questão. Por esta única razão a fundamentação assumiu o nome de 'ontologia fundamental'. Esta fundamentação é não somente uma versão renovada da ontologia tradicional: 'Precisamos readaptar o Dasein histórico do homem – e isto sempre inclui nosso próprio Dasein futuro, na totalidade da história que nos foi legada – ao poder do ser, que deve ser aberto de modo original'. A tarefa de Heidegger agora é devolver o homem em relação primordial com o ser, não simplesmente analisar o seu ser. A ontologia é suplantada pela HISTÓRIA DO SER: 'Em suma: para repensar toda a essência humana, tão logo ela seja fundada em Da-sein, ser-historicamente [seinsgeschichtlich] (mas não 'ontologicamente')' (LXV, 103)."

18. STEIN, Ernildo. **Diferença e metafísica**. p. 61.

objeto, entificada. Este objeto é aquilo que se chamava de substância em Aristóteles, de ideia em Platão, Deus na metafísica medieval, conforme já vimos nos primórdios do primeiro capítulo, o "eu penso" em Descartes, o eu transcendental kantiano e, derradeiramente, como a vontade de poder em Nietzsche. Todas estas formas de ver a metafísica objetificam, entificam sua característica fundamental: a questão do ser. Conforme dizia Kant, "ser não é um predicado real", por meio do qual se acrescenta determinada qualidade a algo. Isso foi levado a sério por Heidegger em sua desconstrução da metafísica, de modo que fala do ser a partir da compreensão do ser pelo ser-aí, horizonte de compreensão este em que o homem se compreende.[19]

Com tal aproximação da questão do ser, a metafísica em Heidegger passa a ser compreendida no âmbito da redução proporcionada pela finitude humana, de modo que o paradigma passa a conter a ideia de que podemos olhar a metafísica como ligada ao nosso modo-de-ser-no-mundo como uma totalidade em que se deve superar o esquema da relação sujeito-objeto.[20]

Essa questão da superação da relação sujeito-objeto pode ser evidenciada por meio do próprio desenvolvimento histórico da formação filosófica de Heidegger. Ele obviamente construiu sua filosofia a partir de diversas influências. Caso contrário, teríamos uma contradição com tudo que o próprio enuncia. Heidegger começou filiando-se ao paradigma fenomenológico, desenvolvido por Edmund Husserl, o que apontava que já não mais era possível trabalhar de forma kantiana na filosofia, ou seja, não mais por meio de um processo dedutivo das categorias, mas por um processo descritivo, que eventualmente exigiria uma redução transcendental.

Para Heidegger, o esquema fundamental e equívoco primevo da metafísica era filosofar utilizando-se de categorias ligadas às coisas, como a categoria da realidade, que leva a uma "coisificação", pois se está tirando conclusões a partir da relação sujeito-objeto, falha por todas as razões acima elencadas, que é exatamente o que ocorre com o objeto de problematização da presente obra. Ou seja, pensa-se a ideia de discricionariedade administrativa no paradigma metafísico-objetificante. Assim se faz na medida em que se deixa de compreender/interpretar a natureza do atuar do agente do Estado dentro de uma tradição presa ao Estado Democrático de Direito, necessariamente dissociada da noção de indivíduo que ele acaba por se tornar, na medida em que resta provido de poder e, consequentemente, de liberdade.

Apesar da possibilidade também ser pensada a partir da questão da realidade metafísica, especificamente como aquilo que ainda não é, mas que

19. Ibid., p. 63-64.
20. Ibid., p. 64.

no futuro será, repetida na tradição cartesiana, esta firma a subjetividade na filosofia ocidental como correlata de um objeto da representação. Isso se dá em razão da dependência da consciência do sujeito cognoscente, que determinará a realidade ao fim e ao cabo, ou sua representação.

A construção do paradigma heideggeriano, claro, passa pela destruição do paradigma metafísico objetificador e gerador da subjetividade, tão nefasta para a temática jurídica aqui tratada, mas mais do que isso, tem seu núcleo construído a partir do *Dasein* como um modo de ser-no-mundo, que é o cuidado, a cura, ou, a preocupação, que é o ser do ser-aí. Como dito, unicamente a partir da temporalidade, visto que sentido do ser-aí, é possível pensar as coisas, sempre no tempo, em uma temporariedade derivada da temporalidadc, jamais entificadas, assujeitadas.

Realizar cisões entificadoras, diretamente derivadas da relação sujeito-objeto, colocando o intérprete autêntico na posição de assujeitador da realidade, na esperança de que esta mesma realidade assujeitada possa servir de freios ao indivíduo imbuído de dar rumos à entidade estatal, se mostra filosoficamente inviável. Exatamente por ser absolutamente inviável pensar na entificação como meio de chegar ao ser. Isso em razão da já ressaltada finitude do *Dasein*, ou seja, de sua limitação, a qual denota a ideia de que este é futuro-passado-presente, dado que mesmo agarrado no presente já sempre está implícita a ideia de faticidade, diretamente ligada a ideia de hermenêutica. Também indissociável a ideia de futuro. Não de futuro entificado no qual vamos morrer de forma individualizada, mas a ideia de futuro que nos move; que move o presente. Daí em que um único movimento somos futuro, passado e presente, conforme aponta Stein. [21]

Esta fundamentação de caráter prévio, que é a grande novidade filosófica trazida em Ser e Tempo, faz com que, a grosso modo, buscando uma melhor explicação para o que se quer dizer com esta obra, o presente sempre já tenha o passado e o futuro como condicionantes, o que não deixa espaço para a liberdade assujeitadora do intérprete autêntico kelseniano, atemporal e transcendental. Em verdade impossibilita-o. Em suma, sempre há uma resposta correta, que melhor satisfaz as exigências, os deveres impostos ao Estado pela Constituição e pela inescapável temporalidade.

---

21. Ibid., p. 68: "Somos, como afirma o filósofo definindo o conceito de *cuidado*: Sempre um adiante-de-nós, já-no-mundo, junto-das-coisas. Essa tríplice dimensão do cuidado, ligada à tríplice dimensão da estrutura da temporalidade, é que dará a Heidegger o conceito fundamental de finitude. Este conceito, por sua vez, estaria consolidado se, na crítica a Husserl, ele não desse prevalência ao conceito de possibilidade. O ser humano é um ser possível (poder-ser), ele não é um ser efetivo, ele é um poder-ser. enquanto ser-para-a-morte. E enquanto faticidade ele já é sempre determinadas possibilidades. O passado é uma possibilidade que já foi. O futuro, o ser-para-a-morte, é a última possibilidade ou a impossibilidade de qualquer nova possibilidade."

Em cima de tal estrutura prévia é que se construirá qualquer tipo de conhecimento, incluindo o que aqui tratamos. O fundamento heideggeriano não é uma proposição, uma frase que pode ser classificada assujeitadoramente como verdadeira ou falsa, visto que "se o verdadeiro é o fundamentado, então o fundamento não pode ser nem verdadeiro nem falso[22]", senão fundamento não seria. Por isso é que Heidegger foge de um semanticismo infinitista, como proposto pela fenomenologia transcendental, com o que o *Dasein* já se compreende enquanto lida com as coisas no mundo, de modo que aí está o fundamento do conhecimento e de qualquer teoria do conhecimento.[23]

Por todas estas razões, somadas com tudo o que se disse já anteriormente, é que se faz necessário destruir/desconstruir a história (metafísica) da discricionariedade administrativa, especificamente no Brasil, percebendo-se que nesse caminhar ocorreu um encobrimento do ser por meio de sua entificação, dos gregos até Nietzsche, que apenas pode ser desvelado a partir de sua história.

Tal história significa que a subjetividade assujeitadora nunca pode ser colocada na condição de fundamento, que reside em uma história que nos carrega, a história do ser, que é história da metafísica, que consequentemente é a história do esquecimento do ser.[24]

> O conceito de ser é apenas um conceito: pensado a partir da diferença ontológica, no qual operamos para compreender o mundo e nele compreendermos a nós mesmos. Essa circularidade é a circularidade da finitude, uma boa circularidade. O elemento existencial em Heidegger diz que as categorias não são simplesmente categorias rígidas que se predicam dos objetos, mas enquanto existenciais são possibilidades do *Dasein* e são possibilidades que se dão como estruturas a partir desse constructo que é o *Dasein*. Isso é, em síntese, a ontologia fundamental, base da desconstrução da metafísica, que conduz, pelos dois teoremas fundamentais da analítica existencial ou ontologia fundamental, à circularidade hermenêutica e à diferença ontológica introduzida pela compreensão do ser.[25]

---

22. Nas palavras de Wittgenstein.
23. STEIN, Ernildo. **Diferença e metafísica**. p. 70: "(...) O fundamento é sem fundo na medida em que não é nem infinito, nem objetivo. O fundamento é um perder-se, mas não um perder-se no sentido de desgarrar-se. É um perder-se numa impossibilidade, enquanto somos incapazes de recuperar o passado e incapazes de antecipar o futuro como tal. Nisso reside a base da hermenêutica heideggeriana. Ela surge exatamente como o espaço no qual se dá o sentido. Qualquer dado que se possa levantar se dá neste espaço e, a partir daí, também toda a determinação de significado será dada. Podemos chamar isso de Filosofia hermenêutica. Gadamer fará disto, depois, uma hermenêutica filosófica."
24. Ibid., p. 71.
25. Ibid., p. 72.

Não há mais desculpa para que o Direito e a Teoria do Estado não reconheçam algo que a filosofia já reconhece de há muito: não há conhecimento de objetos no mundo sem que se tenha uma relação significativa com o mundo ou com o mundo que nos envolve e nos carrega.

Em suma, não adianta querer objetificar o fundamento do conhecimento, chamando-o de Deus, de substância, de ideia ou discricionariedade, em suma, entregando-o ao sujeito.[26]

3.2 Atos vinculados como casos fáceis e atos discricionários como casos difíceis: uma dicotomia assujeitadora

A cisão em questão, mesmo após os aportes filosóficos acima realizados, ainda necessita de maiores fundamentos. No Brasil, desenvolve-se trabalho sobre a temática, que nada mais é do que deixar de apartar o direito da filosofia, como se a ciência jurídica fosse uma área do saber separada de forma estanque e hermética da filosofia. Ou seja, contrapõe-se um atuar que se resume em o "operador" do direito escolher a forma que melhor lhe apraz para chegar a seu objetivo argumentativo, o que por si só já configura uma espécie de solipsismo e ausência de seriedade do que se busca chamar de ciência. Este projeto[27] busca uma aproximação do direito ao "mundo da vida" e não que o primeiro colonize este último[28], como costuma acontecer com a grande parte da doutrina, nacional e alienígena, a qual justifica uma atividade administrativa estatal descontrolada e arbitrária.

A Crítica Hermenêutica do Direito é fundada na viragem linguística e no rompimento com o paradigma da filosofia da consciência.[29]

---

26. Ibid., p. 74: "De certo modo, para Heidegger o século 20 é um século de obscurecimento, de encobrimento, eu que vivemos uma espécie de caos com relação ao princípio epocal. Por isso a explosão de paradigmas é feita sem uma certa legalidade historial, sem um princípio orientador. É por isso que por vezes se fala em fim da metafísica, num sentido não apenas desconstrutivista, como em Heidegger, isto é, fala-se apenas em fim da metafísica como fim da Filosofia. Temos então a superação da metafísica como o imperar da objetificação. Talvez tenhamos chegado ao fim da metafísica no sentido como Heidegger o quer: como superação, destruição e desconstrução. Esse fim da metafísica, no entanto, é o começo do pensamento em que se pensa e sustenta a diferença ontológica. Justamente essa é a ideia de Heidegger sobre a fundação do conhecimento. Existe uma teoria do conhecimento, existem muitas teorias do conhecimento, mas elas precisam de uma base como seu lugar de origem. Para Heidegger esta é a ontologia da finitude ou o universo da dimensão hermenêutica da faticidade humana. Existe certamente uma espécie de época pós-metafísica que não diz que chegamos apenas ao fim da metafísica. Chegamos com a metafísica, na sua história, a um novo começo, a um começo que será talvez o começo do pensamento. Talvez aí se situe a nova tarefa da Filosofia. É por isso que, em um dos seus pequenos textos, *Da experiência do pensar* o filósofo pode dizer: 'Chegamos tarde para os deuses e muito cedo para o ser cujo poema apenas iniciado é o homem'."
27. Cf. STRECK, Lenio Luiz. **Hermenêutica jurídica e(m) crise**. 11. ed. Porto Alegre: Livraria do Advogado, 2014; ______. **Jurisdição constitucional e decisão jurídica**. 3. ed. São Paulo: Revista dos Tribunais, 2013; ______. **Verdade e Consenso**. 4. ed. São Paulo: Saraiva, 2011.
28. STRECK, Lenio Luiz. **Verdade e Consenso**. p. 81.
29. STRECK, Lenio Luiz. **Hermenêutica jurídica e(m) crise**. 8. ed. Porto Alegre: Livraria do Advogado, 2009. p. 169.

Assim, a discussão sobre a hermenêutica jurídica, de incidência específica sobre o atuar cotidiano dos "operadores"[30] do direito, o que Streck chama de *modo-de-fazer-Direito-cotidianamente*, passa a forjar-se na ideia da possibilidade de atingimento da *ratio essendi* da lei, a correta *mens legis*. Portanto, em face do velamento produzido pela tradição inautêntica que serve de impedimento para o acontecer da Constituição, faz-se presente o surgimento da hermenêutica de ruptura que ora se evidencia, a qual, necessariamente, passa pelo rompimento com a objetificação gerada pela filosofia da consciência e das concepções metafísico-essencialistas-ontológicas, como vimos acima.[31-32]

3.2.1 A Indevida Cisão Entre Compreensão e Interpretação: a Linguagem não é uma Terceira Coisa entre o Sujeito e o Objeto

Tal superação proporcionará a retirada da linguagem como se uma terceira coisa fosse, de modo a não mais se interpor entre o sujeito e o objeto e caracterizar uma barreira que dificulta a realização do conhecimento humano acerca das coisas, de como estas são em si mesmas.[33]

O corte que se busca dar tem seu início em Wittgenstein, a partir da obra Investigações Filosóficas. Wittgenstein, ladeado por Heidegger, passa a ser um dos maiores críticos da filosofia da consciência. Para tanto, parte da ideia da inexistência de mundo em si, ou seja, apartado da linguagem, de modo que somente se tem o mundo na linguagem[34]. Assim, como acima já antecipado, a linguagem deixa sua função instrumental de comunicação do conhecimento e passa a ser real condição de possibilidade da constituição do conhecimento. Desse modo, faz-se pertinente a afirmação de que uma das principais fontes de erro na filosofia é o isolamento de expressões do contexto em que, e do qual, elas emergem.[35]

Desse modo, a linguagem se converte em ponto de partida e centro de toda reflexão. Tal se assenta em cinco premissas colocadas por Carlos Nieto Blanco[36] e asseveradas por Lenio Streck[37]:

1. A primeira delas aponta que o conhecimento ocorre na linguagem, ou seja, que necessariamente todo discurso científico possui a lin-

---

30. Denominação que já possui crítica posta à nota de rodapé de nº 285.
31. Concepções de uma determinada realidade que se apresenta ao sujeito como definitiva, do mundo como ele é, do mundo em si mesmo, do mundo formado por essência.
32. STRECK, Lenio Luiz. **Hermenêutica Jurídica e(m) Crise**. p. 163.
33. Ibid., p. 164.
34. De modo que todas as coisas e as entidades manifestam-se em seu ser apenas na linguagem e não por meio dela, o que também promove grande aproximação de WITTGENSTEIN à HEIDEGGER.
35. STRECK, Lenio Luiz. **Hermenêutica Jurídica e(m) Crise**. p. 170-171.
36. BLANCO, Carlos Nieto. **La conciencia lingüística de la filosofía**. Madrid: Trotta, 1997. p. 271.
37. STRECK, Lenio Luiz. **Hermenêutica Jurídica e(m) Crise**. p. 177.

guagem como característica comum com todos os demais. Todos possuem natureza linguística;

2. Após, Blanco aponta que é na linguagem que ocorre o surgimento do mundo, com o que busca apontar que é na linguagem que o mundo se desvela. Não é que o mundo se encontre atrás da linguagem, mas, sim, que está na linguagem própria, de modo que apenas ocorre conjuntamente com ela, como um só;
3. Terceira das premissas é a de que é na linguagem que o sujeito *surge-aparece-ocorre*[38], dado que, assim como o mundo, à sua identidade, vez que a ele pertencente, o sujeito apenas se mostra por meio da linguagem;
4. Outro ponto é o de que na linguagem própria que ocorre a ação. Com isso, busca-se asseverar que além da vocação representativa, declarativa ou constatativa, a linguagem também possui a vocação realizativa. Esta conecta a linguagem com a prática e vice-versa;
5. Por fim, é na própria linguagem que se dá, que ocorre, o sentido, o que apenas se verifica em razão do componente significativo que a linguagem possui para a comunidade de usuários, que sem ela não funciona. Com isso, aponta Streck que a linguagem é capaz de criar novos mundos ao abrir novos caminhos de sentido, visto que nomear e adjetivar é criar.[39]

Com o mencionado *supra*, a hermenêutica passa a ser a incômoda verdade que se assenta em não se caracterizar como empírica ou absoluta, como se pretendia na metafísica, de modo a se estabelecer dentro das condições humanas do discurso e da linguagem. Trata-se da consagração da finitude[40], ao contrário da metafísica, a qual era sua negação.[41]

Assim, a viragem linguística do pensamento filosófico de que se fala irá centrar-se especificamente na tese de que é:

---

38. Ibid., p. 178.
39. BLANCO, Carlos Nieto. Op. cit., p. 271; STRECK, Lenio Luiz. **Hermenêutica Jurídica e(m) Crise**. p. 177-178.
40. INWOOD, Michael. **Dicionário Heidegger**. p. 71-73: "Em Ser e Tempo, "finitude", *Endlichkeit*, refere-se invariavelmente e de maneira mais ou menos explícita, à morte, sendo, pois, finitude temporal. (...) A filosofia é uma expressão de nossa finitude, uma tentativa de nos familiarizar em um mundo que não criamos e que não compreendemos inteiramente, e a própria filosofia é finita: "todo filosofar, sendo uma atividade humana, é incompleto, finito e restrito. (...) O "ser" é finito em três sentidos: (a) Ele requer outras coisas (Deus, etc.) para revelar-se em uma civilização. (b) Nenhuma revelação do ser revela tudo que há; há sempre mais do que qualquer civilização descobre. (desta forma a finitude do ser refuta qualquer "idealismo"). (c) Toda civilização tem um começo e um fim."
41. STRECK, Lenio Luiz. **Hermenêutica Jurídica e(m) Crise**. p. 178-179.

> "[...] impossível filosofar sobre algo sem filosofar sobre a linguagem, uma vez que esta é o momento necessário constitutivo de todo e qualquer saber humano, de tal modo que a formulação de conhecimentos intersubjetivamente válidos exige reflexão sobre uma infra-estrutura linguística".[42]

Portanto, conforme o observado, o acesso a algo nunca é direto e objetificante. Se dá, sim, pela mediação do significado e do sentido, ou seja, não se tem acesso aos objetos como são, mas sempre a partir de determinado ponto de vista.[43]

Tal apenas resta possibilitado em razão da diferença ontológica[44] heideggeriana, viabilizada pelo "novo" conceito de ser trazido pelo filósofo, que, exatamente por ser operativo-pragmático, torna possível a afirmação de que toda a Metafísica pensou o ente quando em verdade referia-se ao ser. A introdução da diferença ontológica se mostra como grande advento trazido por Heidegger, na medida em que desde a Grécia antiga a filosofia velou o ser de diversas maneiras, entificando-o na maioria delas. Tomás de Aquino é um grande exemplo disso ao equiparar o ser ao que se pode chamar de um ente supremo ou Deus, ou seja, derivado da abstração dos entes, o que também ignora que os entes formam um todo ou um mundo, o qual jamais pode ser construído a partir das propriedades de cada ente, tomadas de forma separada.[45]

Para tanto, deve-se conceber a linguagem como totalidade, de modo a entender que não há mundo sem mediação do significado e de que não há um sujeito cognoscente apreendendo um objeto por meio da linguagem[46]. O sujeito e o objeto apenas se dão e são possíveis na linguagem, a qual em hipótese alguma é mero instrumento.[47]

---

42. OLIVEIRA, Manfredo Araújo de. **Reviravolta lingüístico-pragmática na filosofia contemporânea**. São Paulo: Loyola, 2006. p. 13.
43. OLIVEIRA. Rafael Tomaz de. **Decisão judicial e o conceito de princípio**. Porto Alegre: Livraria do Advogado, 2008. p. 39: "Para o filosofo (Heidegger), o conceito de ser não é algo que se possa manipular como um objeto, tampouco descrevê-lo teoricamente como se faz com um ente. *Ser*, em Heidegger, é um *conceito operativo* o que implica dizer: sempre que lidamos com algo ou pensamos sobre algo, já aconteceu o ser. Esse ser sempre acontece num horizonte de sentido, que jamais chegará a integralizar-se e que não pode ser alcançado em sua plenitude. Ou seja, o ser não representa uma simples *realidade*, mas sempre está ligado a uma determinada *possibilidade*.
44. Id: "Nisto consiste a diferença ontológica: o ente só é – e portanto só pode ser percebido pelo ser-aí – no seu ser. Não há ser sem ente, porém o ente não pode ser compreendido fora do ser.
45. INWOOD, Michael. **Dicionário Heidegger**. p. 42-43.
46. ROHDEN, Luiz. **Hermenêutica filosófica: Entre a linguagem da experiência e a experiência da linguagem**. São Leopoldo: Unisinos. 2002. p. 225: "Foi com Heidegger que Gadamer aprendeu a ler a definição aristotélica "o homem é o ser vivo dotado de *logos*" não como "o ente vivo que possui razão" (animal *rationale*), mas "o ente que possui linguagem". O logos enquanto linguagem, não pode mais ser concebido instrumentalmente."
47. OLIVEIRA. Rafael Tomaz de. **Decisão judicial e o conceito de princípio**. p. 232-233: "A compreensão, e esta é a tese central de Gadamer, não é a transposição para o mundo interior do autor e uma recriação de suas vivências, mas um entender-se a respeito da "coisa". Ora, a linguagem é o meio no

Com isso, deveria sepultar-se a ideia do *cogito* cartesiano, o qual pertence à tradição metafísica, à relação sujeito-objeto, que dissimula o processo da desocultação do ser, de modo a transferir para o homem as características do absoluto divino. Trata-se do combate à tradição divina na qual se baseava o poder em franca influência no pensamento filosófico, conforme já asseverado anteriormente. É a negligência da diferença existente entre o sujeito e o objeto, com intuito de "analisar a relação lógica que une dois objetos: o eu objetivado e o objeto conhecido subjetivamente. O conhecimento, com efeito, não se reduz à representação, ele é o reconhecimento de uma presença".[48]

Com a viragem, supera-se a relação sujeito-objeto, pelo que se passa à relação sujeito-sujeito.

No presente ponto, para que se arremate a digressão promovida, cumpre citar Streck, onde este menciona que:

> Então, como visto, para Heidegger, compreender não é um modo de conhecer, mas é um modo de ser, isto porque a epistemologia é substituída pela ontologia da compreensão (o homem já sempre compreende o ser)! A verdade não é uma questão de método. Será, sim, uma questão relativa à manifestação do ser, para um ser cuja experiência consiste na compreensão do ser. Ser, verdade, vida e história são concebidos a partir da temporalidade absoluta, e não da temporalidade enquanto qualidade de um eu a-histórico e transcendental, próprios da metafísica[49]

Verificado o lugar primordial ocupado pela linguagem no paradigma hermenêutico-filosófico que se insere a Crítica Hermenêutica do Direito, uma vez assentado que tudo se dá na linguagem e não pela linguagem, deve-se observar que o Direito também não foge da característica de ser um fenômeno linguístico, pelo que também linguagem.[50]

3.2.2 A (Pré-)Compreensão (de Constituição) e o Círculo Hermenêutico

De tal modo, com base na matriz heideggeriana, pode-se apontar que a totalidade do processo de compreensão do ser, e, portanto, do sentido do

---

qual se efetiva o entendimento entre os parceiros sobre a coisa em questão. Toda compreensão é interpretação, e toda interpretação se desenvolve no seio da linguagem, que quer deixar o objeto vir à palavra e, ao mesmo tempo, é a linguagem própria ao intérprete. Assim, o problema hermenêutico se revela como um caso especial da relação entre o pensamento e linguagem. Toda compreensão se faz no seio da linguagem, e isso nada mais é do que a concretização da consciência da influência da história. Há, assim, uma relação essencial para Gadamer entre compreensão e linguagem."

48. STRECK, Lenio Luiz. **Hermenêutica Jurídica e(m) Crise**. p. 179-180.
49. STRECK, Lenio Luiz. **Jurisdição constitucional e hermenêutica**. p. 177-178.
50. Ibid., p. 178.

mundo, encontra-se limitada por uma história do próprio ser, que, consequentemente, condiciona a compreensão. Com isso, Gadamer, "a partir da matriz ontológica heideggeriana[51], eleva a linguagem ao mais alto patamar, em uma ontologia hermenêutica", de modo a entender que, a partir disso, a linguagem é o determinante da compreensão, sendo o próprio projeto hermenêutico. "O existir já é um ato de compreender e um interpretar".[52]

No caso da discricionariedade (administrativa) há especificidade que reside no determinante de que a interpretação do texto normativo necessariamente depende de sua conformidade com um texto de validade anterior, no caso, a Constituição[53]. Esta, na verdade, é condição de possibilidade hermenêutica do texto que (necessariamente) se lê à sua luz. Enfim, é do sentido que se tem de Constituição que dependerá o processo de interpretação das prescrições normativas do sistema.[54] O sentido de Constituição mencionado depende, diretamente, de uma pré-compreensão[55] do sentido da Constituição, que já se encontra em face do processo de antecipação de sentido, numa co-pertença "faticidade-historicidade do intérprete e Constituição – texto infraconstitucional". Nenhuma interpretação pode ser realizada ao arrepio da antecipação de sentido, trata-se de ausência de condição de possibilidade, o que, evidentemente, incide na interpretação dos textos jurídicos.[56]

Portanto, em hipótese alguma se pode interpretar o texto por partes, ou seja, de modo a promover repetição das fases da hermenêutica clássica, onde primeiro se compreendia, após se interpretava e, finalmente, aplicava-se o produto do procedimento anterior. Na ontologia da compreensão (compreensão da totalidade) da Crítica Hermenêutica do Direito, os três momentos mencionados se manifestam em apenas um qual seja a *applicatio*. Este ocorre no movimento da circularidade da autocompreensão no interior da espiral hermenêutica, ou seja, no círculo hermenêutico.

Nesse ponto, o que se argumenta é que não é possível conhecer a totalidade (hermenêutica) da ideia de Objetivos Fundamentais e de Direitos Fundamentais sem que haja o conhecimento de cada parte específica das prescrições que a ordenam. Da mesma forma, não se conhece o verdadeiro significado de cada uma das partes, se não vier a se conhecer sua totalidade.

---

51. Compreensão da totalidade.
52. STRECK, Lenio Luiz. **Jurisdição constitucional e hermenêutica**. p. 179.
53. Que não se trata de um dogma, mas de um paradigma baseado em fenômeno construído historicamente (tradição) como produto de um pacto constituinte, o qual explicitação do contrato social.
54. STRECK, Lenio Luiz. **Jurisdição constitucional e hermenêutica**. p. 179.
55. O que justifica diretamente a abordagem feita à exortação dos pré-conceitos e da tradição realizada pela razão cartesiana (cogito).
56. STRECK, Lenio Luiz. **Jurisdição constitucional e hermenêutica**. p. 179-180.

Grosso modo é isso que se quer dizer em relação à temática da discricionariedade (administrativa) e sua função de ordenar e regular a atividade estatal.

Trata-se de uma relação circular inescapável, na qual sua não verificação vicia por completo a "compreensão" a que se irá chegar.

Isso é o que Gadamer chama de círculo da compreensão:

> A regra hermenêutica, segundo a qual devemos compreender o todo a partir do singular e o singular a partir do todo, provém da retórica antiga e foi transferido, pela hermenêutica moderna, da arte de falar para a arte de compreender. Em ambos os casos, estamos às voltas com uma relação circular prévia. A antecipação de sentido, que comporta o todo, ganha uma compreensão explícita através do fato de as partes, determinadas pelo todo, determinarem por seu lado esse mesmo todo.
>
> ...
>
> Dessa forma, o movimento da compreensão transcorre sempre do todo para parte e, desta, de volta para o todo. A tarefa é ampliar, em círculos concêntricos, a unidade do sentido compreendido. O critério que cada vez se há de empregar para constatar a justeza da compreensão é a concordância de todas as partes singulares com o todo. A falta dessa concordância significa o fracasso da compreensão.[57]

Para verificação das afirmações realizadas, especialmente a de que não se pode conhecer o significado das prescrições normativas, considerando-se cada uma delas em apartado, se não vier a compreender-se o significado da ideia de Objetivos Fundamentais e de Direitos Fundamentais, inicialmente deve-se observar a diversidade entre normas (significado) e textos normativos (significante).

Assim, notória a incapacidade de que as leis[58] possam manifestar-se concretamente por si só. Num primeiro olhar, interpretar é esclarecer o sentido da norma, aclarar sua significação, sem o que resta impossibilitada a operacionalidade do direito. Em regra, o legislador faz uso de linguagem genérica e abstrata, enquanto a vida humana e as realidades sociais, sobre as quais a lei incidirá, são sempre particulares e concretas. Daí a necessidade de um específico exercício interpretativo, dentro de estritos e específicos limites, para cada caso que se apresenta.

Como cânone interpretativo, para que se possa chegar à ideia da compreensão do que sejam, individualmente, cada uma das prescrições

---

57. GADAMER, Hans-Georg. **Verdade e método II**. 2. ed. Tradução por Enio Paulo Giachini. Petrópolis: Vozes, 2002. p. 72.

58. Entendidas aqui como prescrição normativa, texto unicamente.

normativas adstritas ao conceito de Objetivos Fundamentais e de Direitos Fundamentais, inescusavelmente se deve conhecer, ter a pré-compreensão da ideia de Objetivos Fundamentais e de Direitos Fundamentais. Esta apenas pode ser obtida por meio da historicidade implícita ao conceito, ou seja, de seu desenvolvimento histórico.

Em uma palavra final, "a compreensão e explicitação do ser já exige uma compreensão anterior (pré-compreensão)".[59]

Com isso, torna-se possível e imperativo promover a de(s)mistificação das teses produzidas e do próprio senso/sentido comum teórico dos juristas, de modo a extirpar o odioso dogma de que o intérprete[60] primeiramente decide e apenas depois é que busca justificação (fundamentação) para tal. Ao contrário disso, a partir da Crítica Hermenêutica do Direito e com o acontecer (des-velamento) da Constituição, o intérprete ***não mais decide para apenas depois buscar fundamentos para tanto***[61]; o que faz é decidir apenas em razão de já ter encontrado fundamento fático jurídico, específico, para tanto.[62]

Desse modo, com base na circularidade, pode-se dizer que as condições de possibilidade para que o intérprete possa compreender um texto levam à necessidade de uma pré-compreensão, no caso da Constituição como totalidade.[63]

---

59. STRECK, Lenio Luiz. **Jurisdição constitucional e hermenêutica**. p. 179-180.

60. Que no caso pode ser tanto o administrador, agente da atividade executiva do Estado, como os juízes em sua função de julgador das decisões do Estado, ambos enquadrados na concepção de intérpretes autênticos trazida por Kelsen no positivismo normativista e que perdura na grande maioria do imaginário doutrinário que versa sobre a decisão administrativa e sobre a decisão jurídica, que aqui nada mais é do que uma decisão, com pressupostos um pouco diferentes, acerca do rumo tomado pela Administração.

61. Em verdade, o que se pode dizer que ocorre é que o intérprete não decide antes de fundamentar, o que seria impossível sob o ponto de vista hermenêutico, dado que seria o mesmo que decidir-se sem qualquer tipo de pressuposto, sem qualquer compreensão prévia. O que se dá é que o intérprete fundamenta, sim, sua decisão, de forma privada e solipsista, de modo que a externalização de tal fundamento, inválido para o direito, vez que inautêntico. Ou seja, dissonante da tradição que é inerente à seara de que se fala, pelo que facilmente verificável como sendo imprópria, se faz impossível sem que a decisão seja rebatida. De tal modo, se decidido na condição de agente administrativo estatal, pretensamente respeitando o direito, da mesma forma que devem fazer os juízes, determinar que se adote determinada solução de transporte público, a qual já vinha sendo utilizada, mas que demonstrou sinais de exaustão nos últimos tempos, em detrimento de outra, sendo que a que restou preterida claramente é a mais adequada para a nova realidade da localidade, na qual a densidade de usuários (cidadãos) é muito maior, para que a decisão adotada possua validade diante da facticidade que a circunda, só há uma via: falaciar acerca desta última. Em suma decide-se com base em fundamentos inválidos, dado que inautênticos, pelo que os mesmos acabam por ser alterados de modo que se encaixem como pilares em uma decisão previamente adotada ao alvedrio do intérprete autêntico. Seria o mesmo que construir um prédio em abstrato (como se isso fosse possível) para apenas depois concretar suas colunas, de modo a velar a estrutura destas, claramente inadequada ao fim pretendido com a construção da edificação. Claro que em um momento futuro a mesma colapsará, mas isso não será problema do solipsista e egoísta tripulante do Estado que efetivamente locupletou-se da decisão inicial e pôs o direito e toda a organização estatal a seu serviço pessoal, de modo a beneficiá-lo da melhor maneira possível.

62. STRECK, Lenio Luiz. **Jurisdição constitucional e hermenêutica**. p. 180.

63. Ibid., p. 181.

Portanto, para que se compreenda a totalidade do ordenamento, necessariamente deve-se pré-compreender a Constituição, para o que imperativo também pré-compreender a ideia e os ideais contidos em tal documento, de modo que se converta, ele próprio, na ideia que carrega. Apenas se pode compreender a Constituição e sua indissociável totalidade ao se compreender a tradição em que se encerra, a historicidade que lhe acompanha.

O que se chama de baixa constitucionalidade advém exatamente dos pré-juízos inautênticos, ou pré-conceitos inautênticos, os quais advêm da deficiente pré-compreensão da Constituição, exatamente pelo desconhecimento ou mesmo desprezo pela historicidade que lhe ***é*** inerente. Daí cumpre ressaltar passagem de Streck, a qual sintetiza a ideia referida:

> Desse modo, partindo da premissa de que hermenêutica é condição de ser no mundo, que hermenêutica é existência, e que o processo de interpretação tem como condição de possibilidade a compreensão, onde o sentido já vem antecipado pela pré-compreensão, a pergunta que se impõe é: como é possível olhar o novo (texto constitucional de 1988), se os nossos pré-juízos (pré-compreensão) estão dominados por uma compreensão inautêntica do Direito, onde, no campo do direito constitucional, pouca importância tem sido dada ao estudo da jurisdição constitucional?[64]

Enfim, deve-se observar que o problema da não realização da Constituição, o seu velamento, é advindo da ausência de (pré)compreensão que os juristas possuem da própria Constituição, dada a pouca importância que se dá à historicidade envolvida.[65]

3.2.3 Os sentidos não estão à disposição do intérprete (do Direito-Administrativo): O Direito Fundamental à Respostas Corretas

Conforme definiu Heidegger em seu curso de Lógica proferido em 1934 na Universidade de Friburgo, neste caso[66] a linguagem posta no

---

64. Id.

65. Ibid., p. 186: O jurista fala o Direito e do Direito a partir desses pré-juízos, enfim, de sua pré-compreensão. Falará, enfim, de sua situação hermenêutica (o conceito de situação se caracteriza porque alguém não se encontra frente a ela e portanto não pode ter um saber objetivo dela; se está nela este alguém se encontra sempre em uma situação cuja iluminação é uma tarefa que não pode ser desenvolvida por inteiro) dito de outro modo, quando o operador do Direito fala do Direito ou sobre o Direito, fala a partir do seu "desde-já-sempre", o já-sempre-sabido sobre o Direito, enfim, como o Direito sempre-tem-sido (é como ele "é" e tem sido estudado nas faculdades, reproduzido nos manuais e aplicado cotidianamente). O mundo jurídico é, assim, pré-dado (e predado!) por esse sentido comum teórico, que é assim, o véu do ser autêntico do Direito!

66. Da ausência de (pré)compreensão acerca da própria Constituição.

ordenamento, é tratada como se consistisse em vocábulos soltos em um dicionário, apenas ordenados por uma lógica racional de inteligível ordenação, com vistas a facilitar o atingimento do que se busca. Extirpa-se toda a historicidade e o contexto inerentes a cada uma das prescrições, que ***são tratadas como mero amontoado de regramentos postos à*** disposição dos "operadores" do direito, especialmente dos julgadores, para que estes possam, utilizá-las para justificar suas decisões "justas" da melhor forma possível. Como posto por Heidegger, este tipo de leitura pode ser comparada à transformação de um cemitério em um ossário, onde os restos mortais e os ossos dos que já estiveram em um túmulo específico, acabam por ser todos empilhados, misturados e estratificados na busca de manifestar toda a ruína que isso representa.[67]

Em face do não acontecer da Constituição, de seu não desvelamento, não se identifica muitos dos direitos fundamentais implícitos, dentre eles o direito fundamental à obtenção de respostas corretas, inclusive na esfera da administração desempenhada pelo Estado, conforme assevera Streck[68].

Em sendo simbólicas e inautênticas as fundamentações em momento algum contemplam o que prevê a Constituição em sua totalidade hermenêutica (indissociável), o que se dá pela atribuição de sentido *in abstracto*. Tal é o que permite a possibilidade de existência, ou admissão, de múltiplas respostas a cada uma das questões, visto que basta haver um "fundamento" prévio, pronto e acabado, passível de "aplicação" que resta viabilizada a possibilidade de admissão de mais de uma resposta para um caso específico.[69]

> Negar a possibilidade de que possa existir (sempre) – para cada caso – uma resposta conformada à Constituição – portanto, uma resposta correta sob o ponto de vista hermenêutico (porque é impossível cindir o ato interpretativo do ato aplicativo) –, pode significar a admissão de discricionariedades interpretativas, o que se mostra antiético ao caráter não-relativista da hermenêutica filosófica e ao próprio paradigma do novo constitucionalismo principiológico introduzido pelo Estado Democrático de Direito, incompatível com a existência de múltiplas respostas.[70]

---

67. HEIDEGGER, Martin. **Lógica: A pergunta pela essência da linguagem**. p. 65-66.
68. STRECK, Lenio Luiz. A Constituição (ainda) dirigente e o direito fundamental à obtenção de respostas corretas. **Revista do Instituto de Hermenêutica Jurídica**, Porto Alegre, número do v. 1, n. 6, p. 273-313, 2008.
69. Id.
70. Id.

Desse modo, observa-se que é possível, sim, a verificação de uma única interpretação correta, constitucional, e, portanto, autêntica, e de todas as outras incorretas, e, portanto, inautênticas. A busca de respostas corretas funda-se na superação das práticas subsuntivas[71] e do dedutivismo. A resposta correta, nada mais é do que a "resposta hermeneuticamente adequada à Constituição".[72]

Nesse momento, importante entender a diferença (mas não cisão!) entre texto e norma. Texto e norma não podem ser compreendidos de forma isolada. Caso contrário, seria tarefa do intérprete "extrair um sentido oculto do texto", prática completamente inautêntica, solipsista e decisionista, que pertence à relação sujeito-objeto. Para o entendimento do que se fala, importante retomar a noção de círculo hermenêutico para se observar que texto apenas será compreendido na sua norma, ao passo que a norma apenas poderá ser compreendida a partir de seu texto. Ou seja, a faticidade de um não existe sem a do outro. Texto é fato e fato é texto.[73]

Desse raciocínio é que surge a impossibilidade de sentido, como se este pudesse ser deveras arrancado dos textos. Os sentidos apenas são passíveis de atribuição, a partir da faticidade em que se encontra inserido o intérprete. O contrário seria negar a própria finitude do ser.[74]

Tendo em vista que não se interpreta para apenas depois compreender, mas, sim, compreende-se para interpretar, de modo que esta última nada mais é do que a explicitação do compreendido, clara a ocorrência de uma, e apenas uma, resposta correta, em consonância com a Constituição, e tudo que esse conceito implica.[75]

De tal modo, conforme assevera Streck, "há, pois, uma umbilical relação entre a exigência de fundamentação e o direito fundamental que cada cidadão tem a uma resposta correta (adequada à Constituição)".[76]

---

71. Visto que a legislação, com base na qual se realiza a "subsunção dos fatos à norma (sic)", sempre restará impossibilitada de prever todas as hipóteses de aplicação, dada a impossibilidade de aprisionamento da faticidade pelo texto. É a finitude humana se manifestando sobre a obra humana (o texto), como não poderia deixar de ocorrer.
72. STRECK, Lenio Luiz. **Verdade e consenso**. 4. ed. São Paulo: Saraiva, 2011. p. 327.
73. Ibid., p. 336-338.
74. Id.: "Isso significa poder afirmar que o texto sempre já traz "em si" um compromisso – que é a pré-compreensão que antecipa esse "em si" – e que é o elemento regulador de qualquer enunciado que façamos a partir daquele texto."
75. STRECK, Lenio Luiz. A Constituição (ainda) dirigente e o direito fundamental à obtenção de respostas corretas. **Revista do Instituto de Hermenêutica Jurídica**, Porto Alegre, número do v. 1, n. 6, p. 273-313, 2008.
76. Ibid., p. 363.

3.2.4 A Cisão entre Atos Administrativos Vinculados e Discricionários como Condição de Possibilidade para o Relativismo da Atividade Administrativa

Nessa esteira, a cisão entre atos administrativos vinculados e atos discricionários deve ser abordada, especificamente sob seu viés de muitas vezes velar a necessidade de uma única resposta correta, com fundamento na matriz positivista normativista, travestida do que se chama de neoconstitucionalismo, acima já tratado, mas que em verdade consiste em teoria da argumentação, passível de chancelar de forma aparentemente autêntica a conduta do intérprete solipsista e discricionário/arbitrário. Aqui não se ignora o que fala Streck sobre uma eventual mistura equivocada entre discricionariedade no âmbito da teoria do direito e a discricionariedade administrativa, presente nos atos administrativos discricionários e vinculados.[77]

O que se pretende é aprofundar as críticas promovidas por Streck, vez que demonstrado acima como a interpretação do direito também antecede a atuação estatal por meio dos atos administrativos, na exata medida em que apenas é possibilitada pela definição do que diz o direito positivo e todas as implicações que isso traz com o marco subjetivista da filosofia da consciência. Daí que o trabalho aqui desenvolvido não destoa da afirmação que não é correto trazer o conceito de discricionariedade administrativa e separação da atividade executiva estatal em atos discricionários e vinculados para a interpretação do direito, mas trazer a interpretação para a discricionariedade administrativa. Não uma interpretação desvinculada e discricionária como a tratada no primeiro capítulo, ainda no paradigma da subjetividade, mas uma que seja compromissória e adequada ao momento filosófico, da mesma forma que adequada ao Estado Democrático de Direito.

A mencionada cisão muito se assemelha a dicotomia entre *easy cases-hard cases*, a qual apenas é realizada partindo do esquema sujeito-objeto, dado ser esta a matriz que possibilita ao intérprete, sujeito, atribuir sentidos aos textos (jurídicos), mesmo após o falhanço das experiências exegético-subsuntivas e operações lógico-analíticas. As muitas estruturas de "decisão" administrativa tratadas no primeiro capítulo são advindas da construção de racionalidades argumentativas, o que implicou em uma substituição da razão prática, e que também ocorrem nas teorias da argumentação no estrito âmbito da interpretação jurídica. Com a construção de tais racionalidades comunicativas, de modo a estabelecer previamente o modo de operar diante da indeterminação do direito, a questão da interpretação efetivamente foi alçada ao patamar da argumentação.

77. STRECK, Lenio Luiz. **Verdade e consenso**. p. 39-40.

Com isso, deixou-se de lado a dupla estrutura da linguagem no momento em que se passou a confundi-la com a cisão entre casos fáceis e casos difíceis, na qual os primeiros seriam aqueles resolúveis por mera subsunção, ao passo que os segundos dependeriam da construção de uma racionalidade discursiva capaz de prover condições para uma universalização do processo de atribuição de sentido. Nesse sentido nos alerta Streck, que a "era do princípios", que indubitavelmente também assola a seara do controle da discricionariedade administrativa, é confundida com uma abertura hermenêutica, produzindo uma sensação de que a proliferação de "princípios"[78] legitima uma série de respostas que (pretensamente) atendem ao direito, dentro de uma "nova" moldura interpretativa. Isso nada mais é do que "reinventar a roda", ou seja, dizer com outras palavras o que Kelsen já expôs em sua Teoria Pura do Direito, de uma maneira aparentemente mais sofisticada e que acaba por velar a discricionariedade aberta pelo mestre de Viena.[79]

Indispensável a passagem de Streck acerca da temática:

> Nesse sentido – e aqui me permito insistir –, confunde-se a "era dos princípios" com a "abertura hermenêutica" e a consequente necessidade da construção de racionalidades de cariz epistemometodológicas. A todo tempo é necessário referir: regras não estão ligadas/limitadas à subsunção; princípios não são ínsitos às teorias argumentativas.

---

78. Que em verdade não são princípios, como muito precisamente aponta Rafael Tomaz de Oliveira: "Nessa medida, precisamos nos assegurar do horizonte correto para a colocação da questão, sabendo-se de antemão que não interessa analisar os princípios descolados de sua manifestação histórica, e isso, quer dizer: tentar produzir um conceito de princípio separado do 'objeto' princípio. Por isso, nossa insistência no problema do uso que se faz desse conceito. Não apenas o uso num sentido pragmático vulgar. O pragmático aqui deve significar que toda manifestação principiológica no direito decorre de uma lida que emerge da ocupação do ser-aí enquanto ser-no-mundo (ou estar-no-mundo, pela tradução de Jorge Rivera) e não simplesmente de uma mera contemplação de todas estas regiões do ente. E essa lida – que em última análise possibilitará apanhar o modo de ser destes princípios – deve ser colocada numa dimensão atravessada pela história, atentando para os significados que esse uso produz/produziu e as possibilidades que daí se projetam. O Direito – e tudo o que ele representa – é apenas um modo de ser do ser-aí humano que se desdobra em sua historicidade e, portanto, a aproximação ao conceito de princípio deverá ser feita a partir das marcas indeléveis deixadas nas estruturas da temporalidade do ser-aí. Isso quer dizer que, a relação entre aquele que conhece e aquilo que é conhecido está atravessada pelo sentido, o que impede, em um nível filosófico-hermenêutico, falar de qualquer tipo de separação entre sujeito e objeto. Portanto, os princípios não são apenas objetos puramente subsistentes à disposição do conhecimento jurídico e à espera de serem descobertos. Quando se argumenta com princípios, aí já sempre se instaurou o sentido. Ou seja: quando tratamos do conceito de princípios não experimentamos algo que se esgota com uma simples experiência empírica, mas há algo que desde sempre aconteceu neste encontro. Não ter isso em conta representa dar um passo em direção à objetificação. Neste nível, objetificar implica coagular significados, produzindo uma espécie de sedimentação da linguagem. (...) Operando com princípios num nível conceitual, conseguimos acessar esses significados sem que caiamos numa espécie de vácuo linguístico que é produzido quando as teorias do direito ou a dogmática jurídica faz referência a 'princípios' sem especificar o significado com o qual está operando. (...). Cf. OLIVEIRA. Rafael Tomaz de. **Decisão judicial e o conceito de princípio**. p. 48-49.
79. STRECK, Lenio Luiz. **Verdade e consenso**. p. 296-297.

> Em outras palavras, princípios não se constituem em álibis teóricos para suplantar problemas metodológicos oriundos da "insuficiência" das regras. Não são, pois, "mandados de otimização" ou postulados interpretativos. Devem, sim, ser entendidos no contexto da ruptura paradigmática pela qual se superou o positivismo (afinal, esta não é a era pós-positivista?).[80]

Ora, quem atribuirá a determinada situação a qualificação de *hard case* ou *easy case* será o próprio intérprete, também sem qualquer vinculação, da mesma forma ocorre com a classificação entre ato administrativo vinculado e discricionário, de modo que os primeiros proveriam a resposta correta acerca da atuação da Administração por mera subsunção[81], ao passo que os segundos abrir-se-iam para o leque exposto no primeiro capítulo. Isso justificar-se-ia diante da janela aberta pelo próprio direito (positivo)[82] em favor do administrador (também intérprete!). Janela esta que é definida pela interpretação do direito. Por isso, ao fim e ao cabo, cabe sempre ao sujeito (transcendental) atribuir sentido a todas essas classificações dentro de uma lógica aprisionada na filosofia da consciência.

Nessa esteira, passa-se a se considerar que estes *hard cases* administrativos podem ser resolvidos por meio de uma "ponderação" ainda mais obscura do que a levada a cabo pelas teorias da argumentação em suas diversas acepções e modelos, uma espécie de "reserva hermenêutica", que na impossibilidade de haver uma resposta que possa ser encontrada por subsunção, seria acionada. Fosse essa (segunda)[83] "janela discricionária" criada para justificar e controlar a atividade executiva estatal, seria muito difícil responder como a interpretação (ou justificação e controle) era realizada anteriormente. Em verdade o que se faz é considerar que a elaboração do procedimento, que se consubstancia em método (moderno, contra o qual se levanta Gadamer),

---

80. Ibid., p. 297.

81. Importante trazer a contribuição de Leonel Ohlweiler mais uma vez, visto que esta diferenciação entre atos vinculados e discricionários, que aqui se mostra ser em verdade uma cisão, ao atribuir aos qualificados como vinculados (sempre pelo intérprete autêntico) a "propriedade" de levarem a apenas uma resposta correta, de modo que o sujeito (da modernidade) acaba por ser o responsável pela classificação do ato administrativo e, consequentemente, pela própria desoneração em apresentar uma (única) resposta correta. Cf. OHLWEILER, Leonel. **Direito administrativo em perspectiva**. p. 22-23.

82. Com todas as implicações que isso traz, especificamente no viés de atribuição subjetiva de sentidos por parte do intérprete autêntico.

83. Fala-se em segunda janela na medida em que a discricionariedade administrativa é "descoberta" por meio da interpretação do direito, ainda presa na questão da indeterminação do direito, seja pelo viés do positivismo normativista kelseniano, seja nas garras das teorias da argumentação, que permanecem abrindo espaço para a manifestação da subjetividade do intérprete. Kelsen o fazia por meio da janela, já referenciada à exaustão, constante do capítulo oitavo de sua TPD, ao passo que as teorias da argumentação o fazem ao realizar a chamada "ponderação" nos moldes de um método da modernidade, como uma verdadeira formula matemática, na qual quem resta encarregado de atribuir pesos aos elementos da mesma é o próprio intérprete. Isso para dizer o mínimo!

destinado à universalização dos discursos fundamentadores partisse de um grau zero, olvidando-se de qualquer compreensão antecipadora, como se um *easy case* fosse um *easy case* em si, de modo que a partir dele, de sua essência, pudessem ser descobertos os *hard cases*.[84]

No caso dos atos vinculados é a mesma coisa, ou seja, planeia-se obter sua definição previamente, de forma procedural, encaixando-o ou não em uma moldura, da mesma forma que se faz com o mundo da vida em face deles. Se isso não ocorre, ainda no âmbito da interpretação do direito, que legitima a "detecção" da mencionada segunda janela, por exclusão tem-se o ato como discricionário, de modo que se já há uma resposta pronta que pode ser subsumida a determinado ato, a resposta já está dada desde sempre e ele é vinculado. Se assim não for, ele será considerado discricionário, abrindo-se o espaço (já dependente da abertura da interpretação do direito) para a manifestação da subjetividade do intérprete.

É por tudo isso, que não se pode fugir da interpretação do direito, da teoria do direito, cindindo a mesma da atividade executiva do Estado, de modo a considerar que esta parte de um marco zero, a partir do qual a definição dada pelo direito acerca de atos discricionários e vinculados não é um problema da atividade do direito administrativo. Esta definição não vem desde sempre dada. Aliás nunca vem, da mesma forma que o controle interno da própria discricionariedade administrativa, após sua definição como tal, realizada ainda no âmbito da interpretação do direito, não pode ser levada a cabo por meio de princípios aos quais escapa normatividade. Afinal, como visto acima, já no âmbito da dogmática do direito administrativo, ou seja, da discricionariedade administrativa cindida da interpretação do direito (como se isso fosse possível!) após a abertura da "segunda janela" o controle é exercido com base na "escolha", não decisão, da realização de um princípio constitucional, tido como objetivo ou como mandado de otimização, lido de forma teleológica e não deontológica, em detrimento dos demais.

Essa opção pelos princípios em seu viés teleológico, que em verdade não é vista como opção por quem opta, mas como algo inescapável, ou seja, algo que "é assim mesmo", em muito se funda nos pilares kantianos de dignidade humana e individualismo, na ideia final de que o homem é um fim em si mesmo, claro que não em termos coletivos, mas na figura do indivíduo (da modernidade). Isso fica muito claro ao se observar o exemplo dado por Oswaldo Giacoia Junior ao tratar do diálogo entre Kant e Nietzsche, especificamente ao falar sobre a atualidade do pensamento do primeiro na noção de Estado Democrático de Direito que hoje experienciada. Giacoia se refere aos princípios fundamentais postos no Capítulo I da Constituição,

---

84. STRECK, Lenio Luiz. **Verdade e consenso**. p. 297.

separando a dignidade da pessoa humana e o pluralismo político e atribuindo seu sentido à concepção kantiana, tornando-os indispensáveis à concepção de Estado Democrático de Direito ofertada pelo documento.[85]

Desde sua definição de princípios, "obtida" a partir da leitura kantiana, Giacoia demonstra como estas conceituações tidas como as bases fundacionais do Estado Democrático de Direito, se lidas sob a ótica do indivíduo da modernidade, em verdade militam em contrariedade ao próprio objetivo que pretendem alcançar. Ora, como falar em pluralismo político e Estado Democrático de Direito partindo da premissa que a dignidade seria inerente ao indivíduo que seria um fim em si mesmo? É o mesmo que falar que devem ser ouvidas todas as vozes, mesmo que contraditórias – o que sempre ocorrerá, especialmente se se partir do paradigma individualista –, para que se obtenha a maior satisfação possível do indivíduo.

Para a definição de tais princípios não haverá ninguém melhor que o próprio indivíduo[86], especialmente se estes forem tidos como valores, conforme posto por Giacoia, de modo que a apreensão destes valores se dá de forma individuada e não dentro de uma intersubjetividade, na qual insere-se o paradigma hermenêutico. Diante disso, é claro que não há outra resposta senão a de considerar os princípios como deontológicos, como mandados de otimização e que levam a uma relativização do direito.

Ademais, em havendo casos difíceis, apenas passíveis de determinação já a partir da interpretação do direito e que efetivamente não são decididos diretamente por princípios, como se estes fossem metaregras que apenas são acionadas diante da insuficiência das regras ordinárias e do processo de subsunção, estes devem ser principiologicamente decididos, da mesma forma que ocorre com os tidos "casos simples". Como aponta Streck, a partir de Dworkin, nos casos difíceis, a resposta correta deve ser provida pela integridade do direito e sua reconstrução, de modo que os princípios aí incidentes, encarregados de prover resolução ao caso concreto, não são dados *a priori* e de forma descontextualizada. Para tanto, Dworkin busca contrapor-se ao mundo das regras positivistas por meio da adoção de

85. GIACOIA JUNIOR, Oswaldo. **Nietzsche x Kant**. Rio de Janeiro: Casa da Palavra, 2012. p. 09-11.

86. Afinal a própria dignidade é tida como fundamentada na autonomia da vontade: "Nos termos de Kant, a dignidade de todo ser racional é um valor absoluto e privativo das pessoas, em oposição às coisas, cujo valor é sempre relativo e se confunde com o preço, estabelecido no circuito das equivalências e das trocas. A dignidade, ao contrário, não tem preço, mas fundamenta-se, para Kant, na autonomia da vontade, portanto num conceito positivo de liberdade, estatuído em sentido prático como a independência da vontade de determinar-se, em suas ações, por qualquer regra ou princípio que não possa valer como *lei universal* – ou seja, a dignidade humana funda-se na razão prática, enquanto vontade legisladora universal, cujas máximas são providas de valor moral porque podem ser universalizáveis, na medida em que são determinadas, como condição incondicionada, pela forma da lei prática, que nos obriga a agir de acordo com uma regra válida para todo ser de razão. (...)". Cf. GIACOIA JUNIOR, Oswaldo. **Nietzsche x Kant**. p. 22-23.

princípios como recursos racionais para evitar a prevalência das regras que possam ser incoerentes em princípio, sendo essa a perspectiva por ele trabalhada na questão dos *hard cases*.

Ainda segundo o que aportado por Streck, Dworkin não cinde os casos simples dos casos difíceis, apenas os separa, diferentemente das teorias jurídico-procedurais, que com a cisão que praticam também acabam por cindir compreensão e interpretação, tornando arbitrária a atribuição de sentido ao que seja um caso fácil ou um caso difícil. Da mesma forma é realizado com a definição de atos administrativos vinculados e discricionários, os quais são cindidos no âmbito da interpretação do direito e da dogmática administrativista, especificamente no momento da atribuição de sentido no momento da escolha (que deveria ser decisão) administrativa. Diante disso, a própria definição de um determinado caso como difícil ou fácil, ou de um ato administrativo como vinculado ou discricionário, já não seria por si só um caso difícil, de modo que a resposta discursivo-procedural, ou seja, das teorias da argumentação que pretendem superar Kelsen e seu positivismo normativista, já desde sempre estaria entregue às garras da subjetividade?[87]

A cisão de que se fala é completamente metafísica, dado que em um primeiro momento, prévio à distinção, já se mostra um compreender antecipador, pré-compreensivo e existencial, no qual se leva os fenômenos à representação, à sua expressão em linguagem (não necessariamente linguística) e promovendo sua objetivação. Com isso, se se admitir a cisão dentro deste nível, necessariamente traduz-se a crença de que um *easy case* ou um ato administrativo vinculado traz consigo certo naturalismo, de modo que há apenas uma explicação possível e essencial ao mesmo, emergente de um raciocínio meramente dedutivo. Nos *hard cases* ou nos atos administrativos discricionários, diante da complexidade trazida pelo modo de ser-no-mundo, não seria possível a redução a uma simples explicação causal, de modo que o compreender estaria na ordem do acontecer, ao passo que a dedução encontrar-se-ia na da causalidade.

> Dito de outro modo, a separação entre casos fáceis e casos difíceis atende a uma exigência do esquema sujeito-objeto. Essa cesura, entretanto, é apenas objetivista, metodológica, de teoria do conhecimento. Só que, quando determinada teoria discursivo-argumentativa opera com tal distinção estrutural, não se dá conta de que ali existem dois tipos de operar: no caso assim denominado simples, o operar explicativo é da ordem da causalidade; no caso complexo, não adianta trazer a causalidade, porque é necessário ampliar o processo

87. Ibid., p. 297-299.

> (...)
>
> Assim, quando procuro demonstrar que a distinção estrutural (ou cisão) entre casos fáceis e casos difíceis é metafísica, não estou excluindo a dimensão da causalidade e tampouco a possibilidade de que os assim denominados casos simples ocorram de forma objetivada. O que procuro questionar, com base no paradigma hermenêutico (fenomenologia hermenêutica), é que – em relação à distinção *easy-hard cases* – a dimensão da causalidade não pode esconder a explicação *de sua origem essencial.* Ao fazer a distinção entre as operações causais-explicativas (deducionismo) destinadas a resolver os casos simples e as "ponderações" calcadas em procedimentos que hierarquizam cânones e princípios (ou postulados hermenêuticos) para solver os casos complexos, reduz-se o elemento essencial da interpretação a uma relação sujeito-objeto.[88]

Conceber que tal cisão seja possível é o mesmo que entender o direito como inserido em uma "suficiência ôntica", a partir da qual a completude do mundo jurídico é capaz de ser "resolvida" por raciocínios de cunho causal-explicativo. De tal forma, esquece-se que a chamada "metafísica da causalidade" é apenas uma indispensável etapa para que possamos chegar aos entes, mas insuficiente exatamente em razão de seu aprisionamento à própria causalidade, acaba por não atingir os entes em seu acontecer, em sua compreensão. Por tudo isso, não há um limite objetivo e pré-estabelecido, pré-dado, que defina o momento de "insuficiência ôntica" que transformará um caso fácil em um caso difícil, um ato administrativo vinculado em um ato discricionário (sempre diante do ato, ou seja, do caso concreto), o que não quer dizer que a definição seja relativista, pelo contrário.

Aqui, antes do processo subsuntivo-dedutivo de atribuição de sentido, desde sempre se dá a pré-compreensão, na qual o horizonte de sentido, os pré-juízos, impõe limites ao ato de atribuir sentidos, o que simboliza a verificação de um elemento formal a ser seguido. Não se trata de um método meramente passível de tradução por regras argumentativas, mas de algo advindo da inescapável faticidade, da junção de incontáveis aspectos existenciais, não podendo haver equiparação a elementos à disposição do intérprete, quiçá com "visões de mundo", "subjetividades", "pressupostos ideológicos" ou algo do gênero.[89]

Assim, a própria compreensão/interpretação de determinado ato como vinculado, por si só, ao mesmo tempo, apresenta-se como um caso

88. Ibid., p. 300-301.
89. Ibid., p. 301-302.

difícil e um ato discricionário. Não se nega a existência de casos fáceis ou de atos vinculados, mas rechaça-se sua institucionalização como algo dado aprioristicamente, diante de uma pretensa suficiência ôntica, desde sempre já estarão dadas as condições para o caminhar na direção do acontecer (sempre ontológico), que mesmo que venha a se dar de forma objetivada, sempre dependerá de um indicador a partir da qual faz sentido. Por isso, mesmo que se diga que o intérprete escolhe o sentido que melhor lhe convier, já desde sempre ele estará vinculado por sua pré-compreensão.

3.2.5 *De como (ao Direito) não é possível negar a inserção da faticidade no Estado Democrático de Direito*

O que acima posto se evidencia em tempos de Estado Democrático de Direito, visto que este depende de uma aposta (hermenêutica) no controle dos atos estatais, não apenas os jurisdicionais, mas todos os que são levados a cabo em observância ao direito, ou seja, sua totalidade. Isso se faz deveras complicado se não se atentar para a inundação do direito pela filosofia. Ou seja, não se pode aceitar que o direito permaneça imune ao desenrolar da filosofia, o que por si só já representa uma atitude solipsista dos juristas, que "escolheriam" a filosofia que melhor se aplica às suas pretensões individuais com o direito, fazendo uso deste como um instrumento. A persistência do esquema sujeito-objeto não representa que o intérprete escolhe livremente, uma vez que desde sempre se encontra pregado à pré-compreensão, mas que a partir de seus interesses (que não fogem de tal pré-compreensão) torna-se capaz de adaptar a resposta jurídica de modo a satisfazer-se individualmente da melhor forma. Aí está o assujeitamento.

Um direito produzido e cotidianamente vivenciado de forma democrática não pode negar a inserção da faticidade em si, a qual lhe perpassa por meio dos princípios dada a cooriginariedade entre direito e moral, principalmente em razão de constituir-se em um direito transformador, que não pode jamais ser entificado, sob pena de total perdimento.

Aqui mais uma vez a obra de Streck:

> Ou seja, a regra está "subsumida" no princípio. Mas isso não significa afirmar que as regras dependem dos princípios. E nem estes dependem de outros princípios. O que se quer dizer – e isso parece não ser bem entendido – é que entre regras e princípios há uma diferença que não é lógico-estrutural. Quando afirmo que a regra está subsumida no princípio ou que o mundo prático – representado pela dura faticidade (promessas da modernidade incumpridas) que engendrou a construção democrática desse especial modelo de direito, que é o do Estado Democrático de Direito – ingressa no direito a

> partir dos princípios, significa que, em sendo o direito formado por textos jurídicos, cada texto jurídico tem uma motivação, ou seja, o enunciado possui uma motivação (*Jede Aussage ist motiviert*), que não está simplesmente à disposição dos intérpretes do direito. E se o constitucionalismo está assentado em regras e princípios – e isso faz parte da tradição –, não se pode ignorar o papel fenomênico dos princípios de cariz constitucional.[90]

Por isso, a "era dos princípios" traz a representação da ruptura do modelo liberal de direito, que era essencialmente um modelo de regras fechadas, mas que não tinham sua interpretação fechada, pelos princípios gerais do direito. Estes, ao invés dos princípios deontológicos de que aqui se fala, enalteciam a discricionariedade judicial e, no caso, também a administrativa, dando extraordinários poderes ao representante do Estado para dizer o direito e o próprio Estado. Os princípios deontológicos são responsáveis pela introdução dos direitos humanos, como mundo prático, que são diretamente derivados de uma pré-compreensão que sempre se antecipa, descolado do esquema sujeito-objeto e fazem com que as regras adquiram determinado sentido somente a partir de sua aplicação.

Isso é assim, visto que não há como realizar regras que não digam respeito a algo, a determinado caso, dado que um ente apenas é algo como algo no seu ser, ou seja, não há conceitos em abstrato. Por todos esses fundamentos, a redução da discussão entre a diferença de regras e princípios ao nível semântico-estrutural é o mesmo que aprisioná-la no nível apofântico, o que é feito mediante a entificação de um ou de outro conceito, "obtendo-o" em abstrato. Por isso, a analítica e as atividades procedurais não são suficientes para explicar a distinção, especialmente pela cisão que realizam entre discursos de aplicação e discursos de justificação.

Portanto, a distinção entre regra e princípio para as teorias da argumentação, que campeiam o imaginário do direito administrativo brasileiro e da concepção de discricionariedade administrativa ainda vigentes por aqui, nos "casos fáceis" e nos atos tidos como vinculados, faz com que se entenda que a aplicação da regra provê uma suficiência semântica que acaba por encobrir e tornar desnecessária a "aplicação" dos princípios. Nos "casos difíceis" e nos atos administrativos discricionários, detectando-se uma insuficiência dentro de uma relação causal-explicativa, entrariam em cena os princípios com o papel de prover este completamento do caráter semântico da normatização, de modo a "resolver" o caso concreto. Esta "necessidade" dos princípios, aqui já utilizados como álibis teóricos e elementos de abertura da interpretação, se faz

90. STRECK, Lenio Luiz. **Verdade e consenso**. p. 303.

a partir de sua concepção como capas de sentido, que estariam à disposição do intérprete para possibilitar a abertura de sua atividade interpretativa na busca pela definição do direito e do Estado, consequentemente.

Mesmo diante da diferenciação não-estrutural proporcionada pela hermenêutica, essa apenas se torna evidente no nível apofântico, onde se observa uma mínima entificação para a transmissão de mensagens. Em tal plano, é possível dizer que independente de sua forma textual, o princípio, à diversidade das regras, traz consigo a carga da filosofia prática, sendo uma verdadeira "forma" de resgate de um mundo prático que foi abandonado pelo positivismo. Por sua vez, as regras representam uma técnica que visa a concretização dos direitos, significando condutas específicas para o seu atingimento, pelo que para a compreensão da determinação de tal conduta se faz indispensável a leitura de seu princípio instituidor, sob pena de se chegar a um resultado inautêntico e contrário ao próprio direito.[91]

"Simplificando", mas não descomplicando ou descomplexificando, pode-se dizer que a elucidação e compreensão do direito a se manifestar sobre cada caso, passa pela observação de seus aspectos (fáticos) únicos, para que finalmente haja a formação de um "preconceito"[92].

A crítica e o descrédito dos preconceitos derivam diretamente da crítica realizada em face da tradição religiosa do cristianismo, vez que a Sagrada Escritura é tida como um documento histórico, que por meio de tal questionamento, busca-se jogar em descrédito sua pretensão dogmática. Observe-se que a busca de compreensão racional e isenta de qualquer preconceito de que se fala estendeu-se para o campo jurídico que nos toca. Tal fica evidente ao observar o movimento exegético francês, seus fundamentos e pretensões, quando buscava afastar completamente os poderes do monarca absoluto, que possuía legitimação com base em fundamentos religiosos derivados da tradição. A solução encontrada foi a pretensa racionalidade dos códigos e a completa isenção dos magistrados quando do procedimento decisório, no qual deviam se portar apenas como "a boca da lei". Enfim, é o que se busca até hoje com os infindáveis repositórios jurisprudenciais, também presentes nas questões relacionadas com as decisões administrativas, no exato sentido de cada vez mais apresentar respostas prontas para todos os casos, buscando uma suficiência semântica mais abrangente que dispensa a aplicação dos princípios ao caso, seja por desnecessidade ou por uma aplicação realizada de forma prévia, como se isso fosse possível.

---

91. Ibid., p. 305.
92. GADAMER, Hans-Georg. **Verdade e método**. 3. ed. p. 407: "Preconceito" não significa pois, de modo algum, falso juízo, pois está em seu conceito que ele possa ser valorizado positivamente ou negativamente.

No presente ponto se faz pertinente passagem de Simone Goyard-Fabre, em que a autora francesa ressalta que "*a tradição certamente não se desequilibrou de uma só vez, mas por processos sucessivos, que na via aberta por Duns Scott, tendiam a fazer prevalecer a positividade da vontade humana, em vez da ordem das coisas, no campo do direito e da política*"[93]. Trata-se de exemplo literário clássico, na qual resta demonstrada a tentativa de superação do dogma religioso, no caso, identificado com a tradição, pela razão, aqui denominada de positividade humana. Entretanto, o que se verifica é a não percepção de que ao se promover a substituição da tradição religiosa estar-se-ia introduzindo a tradição/dogma científico[94]. Em suma, a impossibilidade de questionamento de um enunciado como efeito dogmático (tradicional) perdurou.

Veja-se que o que induz ao erro são os juízos fundados no respeito cego pelos outros, ou seja, na autoridade simbólica de outrem.[95] Estes, hodiernamente, são decorrentes das "verdades" colocadas pelo método, derivado da ciência moderna, as quais, à semelhança dos dogmas religiosos, tornaram-se em certa medida inquestionáveis, de modo a ter-se, mais uma vez, o império cego da tradição, desta vez não mais alicerçada na divindade, mas nos próprios fundamentos científicos postos pela modernidade.

É o que ocorre com as verdades que circulam no Direito, vez que não é fácil consumar a possibilidade de que o escrito não seja verdade, outrora religioso, ora científico, derivado de um método, o qual se transformou em dogma.[96] Enfim, o afastamento dos preconceitos por meio da autoridade científica acabou por se tornar o retorno ao momento inicial, visto que apenas os fundamentos materiais da autoridade em que se baseia o preconceito é que sofreram alteração.

Conforme Gadamer:

> (...) antes, a possibilidade de que a tradição seja verdade depende da credibilidade que a razão lhe concede. A fonte última de toda autoridade já não é a tradição mas a razão. O que está escrito não precisa ser verdade. Nós podemos sabê-lo melhor. Essa é a máxima geral com a qual o Aufklärung moderno enfrenta a tradição, e em virtude da qual acaba ele mesmo convertendo-se em investigação histórica.[97]

---

93. GOYARD-FABRE, Simone. **Os fundamentos da ordem jurídica**. São Paulo: Martins Fontes, 2007. p. 41.
94. Veja que acaba por se confundir o dogma religioso com a tradição, uma vez que este último era fundado em historicidade construída a partir de um dogma. Ao buscar-se exortar o fundamento do dogma, o que incluía sua historicidade específica, acabou-se por exortar a idéia de historicidade, tradição, como um todo.
95. GADAMER, Hans-Georg. **Verdade e método**. 3. ed. p. 408-409.
96. Id.
97. Ibid., p. 410.

Disso impende concluir que todo pensamento apenas pode derivar de uma historicidade, ou seja, do conhecimento dos momentos antecedentes. É especificamente em face da inegável historicidade, que se manifesta na tentativa de afastamento de todos os preconceitos por meio da razão, que se funda a crítica à falsidade de tal tentativa, a qual perdura como dogma no direito (administrativo) brasileiro. A partir desse momento é que se busca a realização de uma hermenêutica histórica da qual deriva a Crítica Hermenêutica do Direito, de modo a alcançar a superação de todo preconceito (dogmático) que obstrui o caminho para uma adequada compreensão da finitude humana, que inegavelmente se reflete sobre a consciência histórica produzida.[98]

Assim, os preconceitos devem ser observados como o reconhecimento das limitações e condicionamentos do homem, ou seja, deve-se observar e reconhecer, não simplesmente buscar o descarte dos preconceitos. Como dito, "*não é a história que pertence a nós, mas nós é que a ela pertencemos*, pelo que *os preconceitos de um indivíduo são, muito mais que seus juízos, a realidade histórica de seu ser*".[99]

Nesse sentido, não há como simplesmente se utilizar de fundamentações textuais e/ou estruturais prévias ao caso que se apresenta ao agente do Estado, impondo-lhe uma razão abstrata, que de maneira inconsciente, busca afastar os preconceitos gerados pelo atuar de cada juízo. A Constituição já não se encontra em tal paradigma. Busca, sim, uma solução correta para cada caso, a qual será correta unicamente em face daquele evento, dados seus específicos fundamentos, os quais devem restar devidamente expostos. Trata-se do direito fundamental a obtenção de resposta corretas de que fala Streck[100].

Sobre este ponto ainda cumpre asseverar que uma resposta correta para determinado caso também pode ser correta para outro, mesmo que estes jamais possam ser idênticos. Esta correção ocorrerá com base em fundamentos diversos, mesmo que semelhantes, mas que acabam por exigir a mesma resposta. Ainda assim, cada caso é analisado individualmente, sem suprimir-se a faticidade de um pelo outro, sob pena de desconsideração do mundo da vida.

Por todas as razões acima elencadas e derivadas digressões, parece bastante claro que a cisão entre atos administrativos vinculados e discricionários, equiparada ao que feito nos casos fáceis e casos difíceis, vela ainda mais a "estrutura de decisão" utilizada para chegar às respostas quanto às

98. Ibid., p. 414-415.
99. Ibid., p. 415-416.
100. STRECK, Lenio Luiz. A Constituição (ainda) dirigente e o direito fundamental à obtenção de respostas corretas. **Revista do Instituto de Hermenêutica Jurídica**, Porto Alegre, número do v. 1, n. 6, p. 273-313, 2008.

decisões administrativas. O que muitas vezes se chama de opções do Administrador, em verdade jamais são ou foram opções postas ao seu alvedrio ou ao de qualquer intérprete, o que se evidencia de forma berrante no Estado Democrático de Direito, onde quem dita os rumos do Estado e da sociedade são as instituições democráticas, não uma democracia delegativa (Guillermo O'Donnell). Por isso, persistir na cisão aqui tratada implica em persistir no ato de atentar contra o modelo de Estado democraticamente escolhido por meio de uma "prática" filosófica que só faz afastar a democracia, justificando de forma implícita cada vez mais a prevalência do indivíduo nas relações, que acabam cada vez mais simbolizar relações de poder e não relações de dever.

Como visto anteriormente, e que certamente se presta a formar uma pré-compreensão do leitor para que se chegue ao derradeiro movimento do presente trabalho minimamente com as condições de já se alcançar a resposta sobre a influência do "inescapável" relativismo veladamente pregado por grande parte da doutrina jusadministrativa brasileira, cumpre mais uma vez tratar da danosidade da visão de poder dado ao agente do Estado. Tal concepção preenche o sentido de poder com fortes traços de liberdade e individualismo, sobre o que já tratou André Folloni[101].

A concepção de poder ainda é bastante utilizada no direito público, principalmente na esfera administrativa, como forma de dar viabilidade para a atuação imperial do Estado, de modo a justificá-la em face de possíveis interesses particulares contrários, mesmo quando travestida das concepções de poder-dever ou dever-poder, as quais acabam por meramente mudar os signos sem lhes alterar o sentido[102]. Estas concepções levariam a uma legitimação já desde sempre dada aos atos estatais, como se estes pela sua mera condição já fossem meritoriamente legítimos em face de quaisquer outras determinações conflitantes. Essa concepção, pertencente à filosofia da consciência, em que há uma entificação da ideia de legitimação da atividade estatal, claramente possibilita a tomada interna do poder, ou o que se denominou de erosão da legalidade. É a verdadeira possibilidade que quem ocupa os postos estatais coloque a máquina a seu serviço da forma que melhor lhe apraz, em que o véu de legitimidade já está posto aprioristicamente.

Transforma-se a questão da função administrativa, ou seja, investidura que incumbe um dever de satisfação dos objetivos da República, coletivos

---

101. FOLLONI, André Parmo. Pelo fim do poder no direito público. A&C. Revista de Direito Administrativo & Constitucional, v. 26, p. 59-84, 2006.

102. Claro que aqui não se fala que as palavras portariam os sentidos, não se diz que há uma espécie de isomorfia, mas que o sentido que lhes é atribuído pelos intérpretes, os agentes do Estado e por grande parte da doutrina, é o de que estaria legitimado o Estado para exercer ações meramente pela sua condição de Estado, que estariam legitimadas aprioristicamente em face de quaisquer outros interesses que não fossem de Estado.

e não individuais de quem exerce a função, em uma benesse, em um cargo de privilégio, já desde sempre coberto por uma legitimidade científica. A questão do dever é aqui trocada pelo poder, que efetivamente encobre o primeiro, retirando-lhe apenas a parte que interessa para sua manutenção: a legitimidade.

3.3 A discricionariedade (administrativa) como vontade de poder[103]

Aqui nos parece absolutamente interessante iniciar a digressão com uma passagem de Norberto Bobbio, em crítica à doutrina hobbesiana, na qual demonstra, mesmo que de maneira simples, a problemática de confundir-se direito e validade nos moldes positivistas, o que se apresenta de forma especialmente dramática no Brasil:

> A distinção entre validade e justiça serve precisamente para distinguir a justiça da força. Onde essa distinção desmorona e a justiça se resolva na validade, a distinção entre justiça e força não é mais possível. Assim, somos reconduzidos à celebre doutrina sofista, sustentada no Livro I da *República*, de Platão, e refutada por Sócrates. Trasímaco, impaciente com a discussão sobre a justiça que Sócrates estava desenvolvendo com seus amigos, intervém como um animal selvagem – escreve Platão – que quer dilacerar os presentes, e, depois de afirmar que era tudo mentira o que Sócrates andava dizendo, enuncia a sua definição com estas celebres palavras: "Ouça-me. Eu afirmo que *a justiça não é senão a vantagem do mais forte*" (*República*, 338 c.). E

103. Falar-se em "vontade de poder" aqui, necessariamente remete à concepção nietzschiana, mas sempre observada pela abordagem heideggeriana, especialmente provida por específica obra que este último dispensou a tratar do legado da filosofia desenvolvida pelo primeiro. Da mesma forma que realizado na tradução brasileira da obra, realizada por Marco Antônio Casanova, aqui se ressalta a rejeição da tradução da expressão *Wille zur Macht* como "vontade de potência", como também ocorre com as traduções francesas, dado que aqui não se adequa por algumas razões, também enxergadas pelo mencionado tradutor. Casanova aponta preliminarmente que o termo utilizado por Nietzsche simplesmente não pode ser traduzido por potência, uma vez que isso não quer dizer, visto que em alemão há ao menos duas palavras para descrever potência: *Potenz* e *Leistung*. Nenhuma destas foi utilizada por Nietzsche, que fez uso de *Macht*, que literalmente significa poder. A tradução para "vontade de potência" muitas vezes é justificada no sentido de escapar de indesejáveis sentidos da palavra "poder", que aqui não se fazem sentir, muito pelo contrário. Sob o aspecto filosófico, ainda segundo Casanova, a argumentação também não se faz consistente, dado que se fala na aproximação da filosofia de Nietzsche e a noção de potência (*dynamis*) em Aristóteles, de modo que a "vontade de poder" terá mais em comum com possibilidade e não com a instauração fática das relações de poder. Ao realizar aproximação da filosofia nietzschiana, ver-se-á que o que se buscou foi efetivamente falar da instituição das relações de poder, com ênfase no poder que certas perspectivas exercem sobre outras perspectivas no interior das configurações vitais em geral e não de uma específica estrutura de possibilidade. Tanto é assim, que em diversos fragmentos publicados postumamente, vê-se que Nietzsche substitui a palavra *Macht*, por *Herrschaft* ou *Beherrschung*, que respectivamente significam domínio e dominação, o que acaba por prover um argumento decisivo e final para a tese aqui defendida. Cf. HEIDEGGER, Martin. **Nietzsche**. vol. I. Rio de Janeiro: Forense Universitária, 2010. p. 05-06.

> algo semelhante dissera outro sofista chamado Cálicles, que, num outro dialogo platônico (o *Górgias*), explode com esta condenação dos fracos e exaltação dos fortes: "Mas a própria natureza, a meu ver, demonstra ser justo que o mais forte esteja acima do mais fraco e o mais capaz, do menos capaz. Tal critério do justo está presente também nos outros animais, assim como entre os Estados e entre as pessoas, ou seja, que o mais forte domina o mais fraco e tem maiores vantagens" (*Górgias*, 483 d.).[104]

Como nos fala Stein, trataremos do que se chama de último princípio epocal da modernidade: a vontade de poder em Nietzsche. Não se trata de uma escolha dos viventes de uma determinada época, mas de uma determinação prévia que nos atinge por já termos nascido dentro de tal paradigma, ou seja, já somos jogados dentro do paradigma objetificador por razões que apenas podem ser explicadas hermeneuticamente, nos moldes heideggerianos.[105]

3.3.1 A Pergunta pelo Ente (em Nietzsche) Eclipsa o Ser?

Em Nietzsche, a expressão "vontade de poder" representa não apenas o título do que é, ou teria sido[106], sua obra capital, mas também é a designação do que perfaz o caráter fundamental de todo ente, de modo que o primeiro papel apenas pode ser assumido em razão do desempenho do segundo. A expressão procura dar uma resposta à fundamental pergunta da filosofia acerca do que é o ente, apontando que, no fundo, todo ente é vontade de poder. Neste questionar, segundo Heidegger, a obra "Assim falou Zaratustra" seria apenas uma antecâmara, mas de tudo isso pode-se dizer que a indagação pelo ente fez com que a busca da filosofia nietzschiana eclipsasse a pergunta pelo ser e/ou que esta mesma vontade seria incondicionada?[107]

Essas talvez sejam das fundamentais perguntas que deverão ser respondidas na presente obra, certamente que sob um enfoque heideggeriano. Por isso optou-se por abordar a questão exatamente a partir de tal paradigma, de modo que muito pode esclarecer para a destruição dos fundamentos do direito administrativo brasileiro, também nos moldes heideggerianos

---

104. BOBBIO, Norberto. **Teoria geral do direito**. p. 41.

105. STEIN, Ernildo. **Diferença e metafísica**. p. 74: "A Filosofia carrega em si esta ambiguidade de que enquanto estamos no universo do paradigma em que trabalhamos, algo já nos determinou a trabalhar neste universo. Isto é, vivemos sob o império do princípio epocal."

106. Visto que tendo passado por diversas etapas de preparação específica ou não, o que inclui diversas das obras prévias levadas a cabo pelo filósofo, a iniciar-se por "Assim falou Zaratustra", jamais foi levada a termo e as publicações realizadas, todas após a morte de Nietzsche, foram organizadas com base em escritos que jamais chegaram a ser finalizados. Cf. HEIDEGGER, Martin. **Nietzsche**. vol. I. Rio de Janeiro: Forense Universitária, 2010. p. 05-33.

107. HEIDEGGER, Martin. **Nietzsche**. vol. I. p. 05-07.

já detalhados ainda na introdução, no primeiro e segundo capítulos, o que certamente implica em uma nova e concomitante construção. Ademais, frisa-se que aqui não se pode voltar a insistir na questão do poder prevalecer sobre o dever, e sua noção de implementação do que posto no ordenamento, principalmente na Constituição, não de forma entificada, mas na forma de uma projeção, de um devir, diante da impossibilidade de que o direito sirva para manutenção de um *status quo* que por si só constitui-se na missão modificadora que se nos apresenta.

Aborda-se tal questão com tanta importância, visto que para Heidegger a filosofia nietzschiana representa a tradição e consumação do pensamento metafísico ocidental, que efetivamente é o que se buscou confrontar, mesmo que de forma específica e em determinado campo, desde o início destas linhas. A confrontação com o pensamento de Nietzsche apresenta-se como uma confrontação deste pensamento ocidental até aqui desenvolvido. Para tal confrontação, também desde os preliminares apontamentos do presente trabalho, buscou-se estabelecer as bases para tanto, no intuito de possibilitar uma pré-compreensão para o presente movimento, o qual vem efetivamente com uma indagação, indissociavelmente geradora de angústia nos moldes heideggerianos, de modo que o leitor já deva vir com a certeza da incompatibilidade do modelo filosófico que se baseia o direito (administrativo) brasileiro em face das respostas que este deve dar. Tal pré-compreensão é que possibilitará que aqui já possa iniciar-se o arrebatamento da questão, seja no sentido da necessidade da implementação de uma matriz filosófica adequada a um direito (que se propõe) transformador em países de modernidade tardia, seja no sentido de plantar as sementes para o que se pode chamar de uma teoria da decisão do direito administrativo, diretamente derivada na Crítica Hermenêutica do Direito.

Seguindo na análise heideggeriana sobre a obra de Nietzsche, em especial no que tange ao desvio da questão do ser em razão da vontade de poder, esta pode começar a ser respondida com a seguinte passagem:

> A referência aos predecessores de Nietzsche no que diz respeito à doutrina do caráter da vontade do ser não procura inserir na conta de Nietzsche nenhuma dependência. Ao contrário, ela busca apenas insinuar que tal doutrina não é arbitrária no interior da metafísica ocidental, mas talvez seja mesmo necessária. Todo pensar verdadeiro se deixa determinar por meio do que tem de ser pensado. Na filosofia, deve ser pensado o ser do ente; não há nela um laço mais elevado e mais rigoroso para o pensamento e o questionamento. Em contrapartida, todas as ciências nunca pensam mais que *um* ente entre outros, *uma* determinada região do ente. Elas não são ligadas senão por meio desse ente de maneira imediata e, no entanto, nunca pura

> e simplesmente. Como no pensamento filosófico vigora o laço mais elevado possível, todos os grandes pensadores pensam sobre o mesmo. Todavia, esse "mesmo" é tão essencial e rico que nenhum indivíduo singular jamais o exaure, mas cada um não faz outra coisa senão ligar mais rigorosamente cada um dos outros. Conceber o ente segundo o seu caráter fundamental como vontade não é nenhuma visão de pensadores singulares, mas uma necessidade da história do ser-aí que eles fundamentam. (...) No entanto, como para Nietzsche a vontade de poder caracteriza a essência do ser, a vontade permanece sempre o que é propriamente buscado e o que precisa ser determinado. Depois que essa essência é descoberta, o que importa é apenas visualizá-la por toda parte, a fim de não perdê-la mais.[108]

A partir do apontamento de Heidegger sobre o que seria o ser do ente como vontade na tradição metafísica, o filósofo aponta que para que se possa apreender o conceito nietzschiano de vontade se faz de importância ímpar anotar que vontade como vontade de poder é o caráter fundamental de todo ente, pelo que não se pode atribuir a determinação da essência da vontade a um determinado ente. Da mesma forma, não seria um modo de ser em particular capaz de explicar a essência da vontade. Daí que se "vontade de poder caracteriza o próprio ser", não se pode observar algo "como o que" possa ser determinada essa vontade, algo que possa servir de medida ou ser equiparado de modo a elucidar o questionamento.

Isso se evidencia na percepção de que querer é sempre um querer algo, a vontade manifestada sobre algo, de modo que jamais ocorre de forma entificada e abstrata. Mesmo assim, verificada essa ligação do querer, essencial para a vontade de poder, com o ser e com o ente, deve-se notar a que este mesmo querer é essencial e fundante para a mesma vontade de poder, sendo seu fundamento e fim, de modo que o querer apenas se justifica, pois se quer. Por isso, o querer quer o que quer como tal e estabelece o que é querido como tal.[109]

Aqui estamos diante de um ponto importante: a vontade de poder não afasta a filosofia do ser na medida em que se aproxima do ente, pelo contrário, mas é capaz de promover a entificação dos conceitos de forma volitiva, ao mesmo tempo em que realiza o distanciamento do ser. Isso ocorre exatamente em razão do caráter incondicionado da vontade de poder, na medida em que esta se caracteriza como derradeiro princípio epocal da modernidade, o que fica evidente ao se observar o mesmo caráter de fundamentação sem fundo que é verificado na definição de casos difíceis ou de atos administrativos

---

108. HEIDEGGER, Martin. **Nietzsche**. vol. I. p. 34-37.
109. Ibid., p. 37-39.

discricionários, conforme a vontade dos juízes e em completa substituição à democracia.[110] Por isso, conforme posto por Heidegger, Nietzsche coloca que o ato de vontade seria uma decisão, a qual advém de quem é capaz de verdadeiramente comandar, não no sentido de estar em condições de, mas de colocar-se diretamente no comando.[111]

No momento em que Nietzsche coloca esta última questão, evidencia-se a total soberania desta vontade por ele concebida e sua utilidade na questão da prevalência do indivíduo, para a manifestação mais do que forte do sujeito solipsista e a subjugação das estruturas democráticas a este. O querer que alimenta a vontade de poder é um assenhoramento sobre o mundo, que acaba por estender-se para muito além de si, de modo que querer é em si mesmo poder, da mesma forma que poder é o querer que é constante em si e que vontade é poder e que poder é vontade. Este poder nietzschiano não se coloca como meta para a vontade, não pode ser concebido como fora desta, pressuposto ou sequer em separado, pelo que a vontade é um assenhoramento que se estende para além de si, um querer para além de si, de modo que se caracteriza como potencialidade que se potencializa para o próprio poder.[112]

Mas como essa prevalência da vontade como um elemento quase soberano se dá?

Ponto do qual se deve partir para aclarar essa questão, conforme posto por Heidegger no âmbito de sua filosofia, é o seguinte:

> Quanto mais inequivocamente as ciências forem levadas para a sua essência técnica pré-determinada e para o seu cunho, tanto mais decididamente se aclara a pergunta pela possibilidade do saber reclamado na técnica, pelo seu modo, pelos seus limites, pelo seu direito.[113]

Em suma, o pensar por meio das ciências implica em passar por elas sem as desprezar, pelo que se faz importante um pensar (preparatório) por meio das ciências, o que não pode ser entendido com uma confusão investigatória ou uma excessiva erudição que inviabilize a difusão do conhecimento. Este pensar de que nos fala Heidegger é constantemente "despoletado" pelo acontecimento (*Geschehnis*) presente na história ocidental, de o ente ser pensado na perspectiva do ser, mas que a verdade deste último é que

---

110. STRECK, Lenio Luiz. **Verdade e consenso**. p. 486.
111. HEIDEGGER, Martin. **Nietzsche**. vol. I. p. 39.
112. Ibid., p. 39-40.
113. HEIDEGGER, Martin. **Caminhos da floresta**. 2. ed. Tradução por Irene Borges-Duarte. Lisboa: Calouste Gulbenkian, 2012. p. 245.

permanece impensada. Essa recusa não se dá apenas no âmbito do pensar como experiência possível, mas no próprio pensar ocidental, como metafísica, o que se dá de forma a velar o acontecimento da recusa própria, seja de modo próprio ou mesmo inconsciente.[114]

Esse pensar preparatório por meio das ciências, por tudo o que acima posto, deve deter-se no espaço da meditação histórica (*geschichtliche Besinnung*), na medida em que a história para este pensar não se mostra como a sucessão de eras, de acontecimentos específicos e isolados, mas uma única proximidade do mesmo que acaba por "despoletar" o próprio pensar em inúmeros modos de destino.[115] Para que se adentre à metafísica de Nietzsche, importante que se passe por tal caminho, que se observe o niilismo por este viés. Por isso não se pode considerar o dito "Deus morreu" como a enunciação de uma opinião pessoal de um Nietzsche ateu, mas como uma afirmação filosoficamente implicada, que puxa diversos outros conceitos que lhe são historicamente conectados, em especial o ambiente filosófico em que foi proferida.

3.3.2 *A Morte de Deus, a Queda do Mundo Suprassensível e o Niilismo*

O dito "Deus morreu" carrega consigo o destino de dois milênios da própria história ocidental, desde o momento em que foi enunciado por Nietzsche pela primeira vez, no terceiro livro de "A Gaia Ciência", de 1882. Desde essa primeira menção até o colapso da capital obra nietzschiana, está "Assim falava Zaratustra", que também passava pela questão que culminaria com a "transmutação de todos os valores". Mesmo tendo em conta este trajeto, a ideia da morte de um deus não era estranha a Nietzsche, nem mesmo em sua juventude, como Heidegger anota ao mencionar a obra "O nascimento da tragédia", de 1870, na qual se fala que "todos os deuses têm de morrer".[116]

Esta enunciação de Nietzsche é usada para tratar da queda do mundo suprassensível, de modo que Deus é o nome para o âmbito das ideias e não dos ideais. O mundo suprassensível apresenta-se como o mundo verdadeiro, autenticamente real, desde Platão, ou seja, desde a tardia interpretação grega e da cristã acerca da filosofia platônica. Diferencia-se deste mundo suprassensível o mundo sensível, que é apenas o mundo meramente aparente, mas não real. Aqui se pode fazer uma exemplificação com o que Kant chama de mundo sensível, que representa o mundo físico, e o mundo suprassensível, que se traduz como o mundo metafísico.[117]

---

114. Ibid., p. 246.
115. Ibid., p. 246-247.
116. Ibid., p. 248.
117. Ibid., p. 250-251.

Conforme objetiva Vattimo, pode-se dizer que a expressão "Deus morreu" representa a situação em que se reconhece explicitamente a ausência de fundamentos da constituição da própria condição humana.[118]

Com a queda deste mundo suprassensível, que acaba por não irradiar vida alguma, Nietzsche busca transmitir a ideia de que a filosofia ocidental estaria no fim, ou seja, a metafísica derivada do platonismo, e que sua própria filosofia seria um contramovimento em face de tudo isso. Mesmo que assim se pudesse admitir, ou seja, mantendo-se a condição de contramovimento, exatamente por tal natureza de oposição, este acaba preso na "essência" daquilo contra o que termina por se virar. Assim sendo, este contramovimento nietzschiano, enquanto mera reviravolta da própria metafísica, acaba por ser um enredamento sem saída da mesma, de modo que se isola contra a falada essência, nunca conseguindo pensar a sua própria essência, em razão do que tudo o que ocorre na metafísica e através dela permanece encoberto.

> Se Deus morreu, enquanto fundamento suprassensível e enquanto meta de tudo o que é efectivamente real, se o mundo suprassensível das ideias perdeu a sua força vinculativa, e sobretudo a sua força que desperta e edifica, então nada mais permanece a que o homem se possa agarrar, e segundo o qual possa se orientar. Daí que na peça que foi lida esteja a pergunta: "Não erramos como através de um nada infinito?". O dito "Deus morreu" contem a verificação de que este nada se propaga. Nada significa aqui: ausência de um mundo suprassensível e vinculativo. O niilismo, "o mais inquietante de todos os hóspedes", está porta.[119]

Comentar a expressão "Deus morreu" equivale a interpretar o que Nietzsche compreende por niilismo, de modo a demonstrar como ele próprio está para este "fenômeno". Isso se nos faz muito "útil", na medida em que, como dito pelo próprio Heidegger, "nem todo aquele que apela para sua fé cristã e para uma qualquer convicção metafísica está por isso já fora do niilismo", da mesma forma que "também aquele que cisma sobre o nada e a sua essência não é um niilista". Se aqui se admitisse que a mera taxação de "niilista" seria suficiente para transformar algo ou alguém em niilista, tudo o que desenvolvido não teria o menor sentido, visto que estar-se-ia colando as palavras às coisas sem qualquer tipo de controle, necessariamente histórico. O conceito desde sempre traz as suas bases consigo. É como se

---

118. VATTIMO, Gianni. **El fin de la modernidad**: Nihilismo y hermenéutica en la cultura posmoderna. Tradução: Alberto L. Bixio. Barcelona: Gedisa, 2000. p. 105-106.

119. HEIDEGGER, Martin. **Caminhos da floresta**. p. 251-252.

a mera meditação sobre o nada levasse por si só à própria precipitação do nada, sem que a palavra trouxesse suas bases consigo.

Antes mesmo de ter-se a condição de perguntar sobre o que Nietzsche fala acerca do niilismo e se o sentido dado por sua filosofia leva apenas o negativo que impele para o nada anulador (*nichtiges Nicht*), deve-se perguntar pelo próprio niilismo, sob pena de um uso confuso, arbitrário e inadequado do conceito.[120]

O niilismo mostra-se como o movimento histórico que não possui um "dono", uma visão ou uma doutrina que o represente, também não se apresentando como mero fenômeno histórico, nos moldes de uma corrente espiritual dentro da sociedade ocidental, como o cristianismo, humanismo ou iluminismo. Pode-se falar no niilismo como o movimento dos povos que adentraram o âmbito do poder da modernidade, pelo que não seria um fenômeno da contemporaneidade ou do século XIX, onde se observa um olhar mais agudo sobre o mesmo e a "popularização" de sua denominação. Traduzir o niilismo como mera negatividade de todos os valores e total descrença, subverte o que posto na expressão nietzschiana "Deus morreu", onde o nome Deus, pensado em sua (pretensa) essência, remete ao mundo suprassensível dos ideais, contendores dos ideais que ultrapassam a vida terrena, determinando-a de cima para baixo e de fora para dentro.

Mesmo em face de tais direções, importante frisar que não se busca apresentar de forma exaustiva o niilismo europeu ou todas as asserções que lhe dá Nietzsche, o que deixa-se de fazer para, inclusive, não incorrer em equívoco ao adentrar em asserções impertinentes e desconexas, podendo confundir o plano de pensamento que se quer abordar.[121]

Posto este alerta, o que ocorre para Nietzsche é que a teologia acaba limitada em sua função de apresentar uma explicação paradigmática do ente em sua totalidade, de modo que no lugar da minguada autoridade de Deus, surge a autoridade da consciência moral, a autoridade da razão, contra a qual levanta-se o instinto social.

Aqui mais uma vez calha observar Heidegger:

> (...) A fuga do mundo para o suprassensível é substituída pelo progresso histórico [*historischer Fortschritt*]. A meta do além de uma glória eterna transforma-se na felicidade terrena da maioria. A prática do culto religioso é rendida pelo entusiasmo de criar uma cultura ou da propagação da civilização. O que é criador, o que antes era próprio

120. Ibid., p. 252.

121. HEIDEGGER, Martin. **Nietzsche**. vol. II. p. 32.

do Deus bíblico, torna-se na marca do fazer humano. O seu criar passa, por fim, para o negócio.[122]

O próprio coloca de forma mais do que concisa o que compreende por niilismo em uma nota de 1887, do que seria sua obra capital, quando pergunta "o que significa niilismo?", para posteriormente responder que com ele "os valores supremos se desvalorizam". Com isso se evidencia que Nietzsche concebe o niilismo como um processo histórico que acaba por desvalorizar os valores supremos, de modo que Deus e o mundo suprassensível, enquanto mundo "real" que tudo determina, incluindo os fundamentos que suportam o ente. Aqui há o choque dos ideais com a realidade, especificamente ao se ter em conta que os "valores supremos" não asseguram concomitantemente a garantia, os caminhos e os meios para a realização das metas por eles professadas.[123]

Mesmo assim, esse próprio niilismo apresenta-se como um conceito ontológico e não valorativo, o que se pode explicar de forma simplista a partir da etimologia da palavra que a ele remete-se. O *nihil* ou "nada", de onde advém a palavra niilismo, designa uma condição inerente a todo ser, mas esse "nada" não pode receber uma conotação valorativa, como desavisadamente sói ocorrer, no sentido de ser equiparado a algo que resta desprovido de valor. Esse "nada" remete ao não-estar-presente, ou seja, quando não se encontra o ente buscado ou o não ser de um ente, pelo que é possível dizer que designa o ente em seu ser. Por isso que aqui se trata de uma conceituação ontológica e não valorativa, o que deve ser acentuado para evitar quaisquer confusões quanto ao relativismo do próprio conceito.

Para além disso, Nietzsche reconhece que apesar da desvalorização dos valores supremos como ideais, o mundo propriamente dito, o mundo "real", permanece, ao passo que o mundo que se tornou sem valor transforma-se em propulsor para instauração de uma nova valoração, que se colocará no lugar dos valores que acabaram por caducar, verificando-se uma "transmutação de todos os valores". Com isso, o não professado em face dos valores vigorantes advém diretamente do sim que é dito aos novos valores, de modo que neste "sim", Nietzsche não vê nenhuma ligação, mediação ou acordo com os valores ainda vigentes, verificando-se uma verdadeira incondicionalidade. Assim, para Nietzsche, esta nova instauração de valores, incondicionada em face dos que decaem, seria o niilismo (consumado ou clássico) uma vez que seria aquilo por meio do qual a desvalorização própria se consuma.[124]

---

122. HEIDEGGER, Martin. **Caminhos da floresta**. p. 255.
123. HEIDEGGER, Martin. **Nietzsche**. vol. II. p. 32-33.
124. HEIDEGGER, Martin. **Caminhos da floresta**. p. 258-259.

Este ponto é de fundamental importância para se compreender o lugar das colocações aqui feitas e seu "acoplamento" com a temática (jurídica) desenvolvida, dado que trata da incondicionalidade e desvinculação desta "nova ordem de valores" que suprime tudo o que aí posto e que provê poder ao indivíduo de uma forma nunca dantes vista. Muito do que aqui já se disse sobre a discricionariedade administrativa e sua função como definidora dos rumos do Estado, perpassa a noção trazida por Nietzsche, especialmente diante do corte realizado a partir de Francisco Campos, que se pode dizer um marco para o direito administrativo, especialmente por tomar a discricionariedade como diretamente dependente da interpretação do direito, ou, mais especificamente, da pretensa impossibilidade de interpretação. A partir disso é importante observar como a decadência de uma determinada concepção de direito administrativo e de visão do próprio Estado, gera a possibilidade para erigir-se uma nova conceituação, aparentemente independente, especificamente sob o viés da total ruptura em termos de limitações, em face da concepção anterior.

Aqui atua algo no sentido do que posto por Nietzsche, sobre o mundo ser o próprio propulsor de seu desenvolvimento, na medida em que ele próprio tornou-se um valor (exatamente por apresentar-se como sem valor, o que acaba por caracterizar seu próprio valor) que impulsiona qualquer nova instauração de valores, nos moldes de uma justificativa para que o indivíduo possa interferir da forma que melhor entender sobre tais valores.

> Nietzsche reconhece nisso que para o mundo, apesar da desvalorização dos valores supremos vigentes até agora, permanece o próprio mundo, e que é antes de mais o mundo que se tornou sem valor que impulsiona inevitavelmente para uma nova instauração de valores. Na perspectiva dos valores supremos vigentes até agora, a nova instauração de valores transforma-se, depois de os valores supremos vigentes até agora se terem tornado caducos, numa "transmutação de todos os valores". O não diante dos valores vigentes até agora procede do sim à nova instauração de valores. É porque não há neste sim, na opinião de Nietzsche, nenhuma mediação e nenhum acordo com os valores vigentes até agora que o não incondicional é inerente a este sim a uma nova instauração de valores. (...).[125]

Ainda cumpre-nos tratar de mais um viés do niilismo de que fala Nietzsche: o niilismo incompleto. Este, grosso modo, acaba por alterar, sim, os valores, mas não altera a estrutura em que estes eram anteriormente

125. Id.

postos, ou seja, apenas substitui peças de um mesmo tabuleiro, sem alterar suas posições. O niilismo completo determina que tudo seja removido, incluindo tal estrutura, de modo a não restar nada do que antes estava posto, pelo que a transmutação passada por este niilismo consumado seria uma própria inversão da forma de valorar, de modo que a instauração de valores já se dê em outro âmbito.

Mesmo diante de tudo o que aqui frisado, ainda cumpre um derradeiro degrau, talvez, para que se possa entender a vontade de poder de Nietzsche, ao menos para o que aqui efetivamente interessa, ou seja, tratá-la no âmbito da discricionariedade administrativa. Este degrau seria o entendimento do que a filosofia nietzschiana compreende por valores, na medida em que o que a vontade de poder mira é a transmutação de todos eles, o que como diz Heidegger "é a chave para a compreensão da sua metafísica".[126] Essa definição aqui se faz muito importante, uma vez que a ciência moderna deveria manter-se asséptica aos "valores" que eram tidos como algo ligado a moral e é paradoxal que o Deus (*summum ens qua summum bonum*) de que fala Nietzsche fosse o valor supremo.

Em razão da imprecisão científica de tais valores para a modernidade, estes acabaram tidos como mundividências, ou seja, como visões de mundo que não poderiam portar a precisão científica. Ainda, para além de meros pontos de vista, sempre que postos como tal deve-se levar em conta que é sempre posto por e para um ver, que o faz na medida em que representa e em razão do que põe o que é visto como tal. De tal modo, o valor é posto como tal na medida em que vale para ocupar tal posição, sempre levando em conta determinada escala de medida, a qual em Nietzsche é determinada pelo indivíduo.[127]

---

126. Ibid., p. 262.

127. Ibid., p. 263-266: "O valor é, segundo o dito de Nietzsche, "ponto de vista das condições de manutenção-aumento na perspectiva de formações complexas de relativa duração da vida dentro do devir". A palavra devir, simples e indeterminada, não significa aqui, nem em geral na linguagem conceptual da meta física de Nietzsche, um qualquer fluir de todas as coisas, não é a mera alternância de estados, nem sequer um qualquer desenvolvimento e desenrolar-se indeterminado. "Devir" quer aqui dizer a passagem de algo a algo, aquele movimento e mobilidade na *Monadologia* (§11), chama os *changements naturels* que vigoram através do *ens qua ens*, isto é do *ens percipiens et appetens*. Nietzsche pensa isto que vigora [*Waltendes*] como o traço fundamental de tudo o que é efectivamente real, isto é, em sentido lato, ente. Ele concebe aquilo que determina assim o ente na sua *essentia* como a "vontade de poder". (...) Na medida em que Nietzsche, na citada delimitação da essência do valor, o concebe como condição do ponto de vista para a manutenção e o aumento da visa, mas vê a vida fundada no devir como vontade de poder, a vontade de poder desvela-se como aquilo que põe aqueles pontos de vista. A vontade de poder é aquilo que, a partir do seu "princípio intrínseco" (Leibniz), enquanto *nisus* no *esse* do *ens*, avalia segundo valores. A vontade de poder é o fundamento para a necessidade da instauração-de-valores e a origem da possibilidade da avaliação valorativa. Daí que Nietzsche diga (*A Vontade de Poder* A.14 a. d. J. 1887): "*Os valores e a sua transformação estão em relação ao crescimento de poder do que instaura os valores*". Torna-se aqui claro que os valores são as condições da própria vontade de poder instauradas por ela mesma. Só onde a vontade de

3.3.3 *A Transmutação de Valores como Enredamento na Metafísica: a Entificação e Consequente Relativização do Direito*

Como já frisado, toda essa inversão, que por meio da transmutação de valores, para Nietzsche é tida como a superação da metafísica, faz com que esta apenas se enrede ainda mais, não só por realizar-se única e exclusivamente dentro da própria metafísica, mas também em razão de obscurecer tal relação, na exata medida em que vela as estruturas de pensamento que levam a isso.

Aqui calha toda a construção do conceito nietzschiano de vontade de poder, uma vez que este querer-ser-senhor de que fala Nietzsche, ainda em *Assim falava Zaratustra* e em *A Gaia Ciência*, é o que se vê em termos de individualismo moderno exacerbado, viabilizado pela metafísica levada às suas últimas consequências.

> Querer é querer-ser-senhor. A vontade assim compreendida está também ainda na vontade de quem serve. E isso não na medida em que o servidor poderia aspirar a sair do papel de servo e tornar-se ele mesmo um senhor. Antes o servo enquanto servo, o servidor enquanto servidor, quer sempre ainda ter abaixo de si alguém a quem mandar e ter ao seu serviço, servindo–se dele. Assim, ele é, enquanto servo, ainda senhor. Também o ser-servo é querer-ser-senhor.[128]

A passagem acima é fundamental para toda a ligação que se quer fazer e chamar a atenção com este terceiro e derradeiro capítulo, isto é, sempre quem é servo ou servidor, no caso, onde estão compreendidos os indivíduos agentes do Estado, manifestam essa vontade de poder, esse querer-ser-senhor. A vontade de que se fala não é um simples desejar ou aspirar algo, mas o querer mandar. Em tal mando, quem manda, e não apenas quem executa, obedece a si mesmo na medida em que tem à sua disposição o poder dispor, ou seja, possui a supremacia sobre si mesmo.

Essa vontade de poder seria o traço fundamental de tudo o que é real, pelo que Nietzsche afirma que é a mais íntima essência do ser, aqui concebido segundo o uso da linguagem da metafísica, como o ente em sua totalidade, de modo que a vontade de poder é tida enquanto caráter fundamental do

---

poder se manifesta como traço fundamental de tudo o que é efetivamente real, isto é, só quando ela se torna verdadeira e, de acordo com isso, é concebida como a realidade efectiva de tudo o que é efetivamente real, é que se mostra de onde brotam os valores e pelo que é que toda a avaliação valorativa permanece sustentada e guiada. O princípio da instauração de valores é agora conhecido. A instauração de valores será futuramente "principial", isto é. A cumprir-se a partir do ser enquanto fundamento do ente."

128. Ibid., p. 270.

ente[129], não se deixa vislumbrar por meio de uma análise psicológica. Isso assim se dá, uma vez que esta mesma visão psicológica é derivada da vontade de poder, especificamente como poder a ser manifestado e projetado sobre seu objeto de conhecimento, aqui, sim, entificado (por meio da vontade de poder). Uma das grandes chaves de toda a questão: Nietzsche não admite conceber a vontade de poder psicologicamente, mas apenas concebe a psicologia como específico modo de manifestação da vontade de poder.

Essa mesma "chave" leva à impossibilidade de se conceber a vontade de poder vista pelo direito, juridicamente concebida e controlada, para entender o direito como específica forma de sua manifestação, de modo que a metafísica passa a compreender o ente não mais como *sub-iectum* apenas. A partir da transformação da entidade do ente (*Seiendheit*) a própria entidade deste *sub-iectum* passa a ser a autoconsciência que possui sua essência na vontade enquanto vontade. Para tanto, a vontade de poder deve estabelecer as condições de manutenção e aumento do próprio poder, numa eterna condição de querer-ir-além-de-si, o que lhe é inerente, essencial.

Neste ponto o próprio direito e seus institutos passam a ser entificados pela vontade de poder, que assim os maneja para sua prevalência, nesta eterna busca no querer-ir-além-de-si. Os meios gerais para esse querer-tornar-se-mais-forte, este querer-crescer, são os valores ou sua transmutação, como ocorrido segundo a teoria de estes acabam afastados do direito como ciência moderna. O próprio afastamento dos valores mostra-se como a projeção de novos valores, se pode dizer que seria um niilismo completo, consumado, na medida em que não apenas substitui os valores anteriores por outros, mas que destrói (ao mesmo tempo em que necessariamente constrói no lugar do que é destruído) todas as estruturas que suportavam o que anteriormente posto.

Para explicar esse afastamento dos valores como prevalência de novos valores como falado no parágrafo anterior, mais uma vez calha Heidegger:

> "Querer o nada" não significa de modo nenhum querer a simples ausência de tudo o que é efetivamente real, mas quer dizer precisamente querer o que é efctivamente real, mas querê-lo, em cada caso e sempre, como algo que é nulo [*Nichtiges*] e, só através dele, querer a aniquilação. Em tal querer, o poder assegura-se sempre ainda da possibilidade do mando e do poder-ser-senhor.[130]

---

129. HEIDEGGER, Martin. **Nietzsche**. vol. I. p. 382-383: "O princípio de uma instauração de valores é aquilo que determina a vida em seu fundamento essencial, aquilo em razão do que os valores se mostram como condições perspectivísticas. Ora, mas se o princípio da nova instauração de valores é a vontade de poder, então isso mão diz senão que a vidam isto é, o ente na totalidade, é em sua essência fundamental e em seu próprio fundamento essencial vontade de poder – e nada além disso. (...)"

130. HEIDEGGER, Martin. **Caminhos da floresta**. p. 272.

Por isso, dizer algo sobre o afastamento dos valores do direito e que a partir disso este se torna uma ciência já é tratar o fenômeno jurídico de forma assujeitadora, metafísica e completamente presa dentro do esquema sujeito-objeto. Em suma, é esquecer quase que por completo do ser do direito, importando-se apenas com sua entificação, necessariamente assujeitadora, nos moldes que Heidegger coloca em sua crítica à Nietzsche. Com isso, é claro que o direito passa a poder ser visto como a superestrutura de que fala Marx, o que apenas pode acontecer no âmbito da metafísica positivista e que certamente entrega-o cada vez mais nas garras da subjetividade do intérprete autêntico, que o maneja de modo a melhor lhe aprouver. É a armadilha do positivismo.

Assim ocorre, pois como posto por Heidegger, o ser (*sein*) não é o mesmo que o ente (*Seiendes*), exatamente pelo ser não poder ser definido e de ser isso que coloca a questão de seu sentido. Essa possibilidade de apreensão "desnatura-o" e o aprisiona na filosofia da consciência, fazendo com que efetivamente escape às mãos da entificação. Se puder ser apreendido não será ser, já se estará diante do ente, da entificação.

Sobre a entificação[131] de institutos, historicamente vale repassar passagem de Henri Robert ao narrar o julgamento de Camille Desmoulins, quando faz referência ao "culto da razão", estabelecido em Paris, à época dos acontecimentos:

> Ao mesmo tempo, eram abolidos todos os cultos antigos, e estabelecia-se oficialmente, em Paris, o culto da Razão, talvez porque fosse o momento em que poderia parecer, exatamente, que mais longe ela ia sendo deixada.
>
> Foi uma curiosa cerimônia!
>
> Notre-Dame tornou-se o templo da Razão, por toda parte o busto de Marat substituiu o crucifixo. E, no 20 Brumário, a primeira festa da Razão foi celebrada com grande pompa.
>
> Uma jovem mulher representava a deusa da Razão. Foi escolhida sedutora, sem dúvida para tornar a Razão mais amável. Era a esposa do impressor Momoro, um dos revolucionários mais encarniçados.

---

131. INWOOD, Michael. **Dicionário Heidegger**. 2. ed. Tradução por Luísa Buarque de Holanda. Rio de Janeiro: Jorge Zahar, 2002. p. 165: "O modo de ser de um ente afeta as questões que podemos formular sobre eles de modo apropriado. Podemos perguntar 'O que é jade?' ou 'O que é um martela?'. Não deveríamos, todavia, perguntar 'O que é o homem?' e sim 'quem é o homem?', 'quem é Dasein?' e 'quem sou eu?'. Além disso, tais questões clamam por uma decisão por via da resposta mais do que por uma lista de propriedades. Heidegger nem sempre distingue o ser-como do ser-que, considerando ambos como um modo de ser do ser, em contraste com o seu ser-o-quê ou 'constituição'. Uma razão para isso é a sua tendência de considerar a POSSIBILIDADE, a atualidade e a necessidade como modos de ser: se é dito de um ente que ele é possível, e não atual, algo sobre o seu ser-que e o seu ser-como nos é relatado de uma só vez."

> Vestida de branco, com um manto azul celeste flutuando sobre o s ombros, cabelos soltos, com o barrete da liberdade, sentada numa cadeira envolta em hera, ela era carregada por quatro cidadãos.
>
> A deusa era seguida por um cortejo de moças, trajando vestidos cândidos e coroadas de rosas. Depois vinham o busto de Marat, os músicos e todas as seções de Paris em armas.
>
> O procurador geral Chaumette pronunciou um discurso, com jeito de sermão, cujo início será suficiente para que possais apreciar seu teor:
>
> "Cidadãos", ele dizia, "o fanatismo cedeu lugar a Razão."
>
> Depois disso – e era, manifestamente, a decisão mais razoável –, ele deu um caloroso abraço na bela deusa.[132]

Também trata disso Peter Fitzpatrick[133]. Ao mencionar que "A modernidade ocidental não foi o oposto do mito. Ela foi, ao invés disso, o aperfeiçoamento do mito", destaca a característica do Estado, enquanto "moderno e secular", de não poder ser constituído sobre uma referência transcendental positiva. Dessa forma, sua referência se daria por meio da negação, "uma referência negativa universal. E é daí que o aperfeiçoamento do mito se origina, uma referência mítica que agora é sutilmente esvaziada de qualquer fixidez limitadora de conteúdo. Junto a isso há a incorporação do 'racionalismo' e da 'razão'. Essa é agora uma razão cujo conteúdo, qualquer conteúdo, o qual pode ser universal, fixo "por enquanto", está para além de todos os limites de qualquer conteúdo contrário positivo".[134]

Ainda menciona que o Ocidente fora criado a partir da negação de seu próprio passado, ou pelo menos a partir de uma imagem fictícia deste passado. "Isto, de maneira mais ampla, ocorreu simultaneamente às modernas colonizações do Ocidente e, em sentido lato, esse processo foi descrito e justificado em termos semelhantes àqueles utilizados nessas colonizações", declara Fitzpatrick. Ele mesmo complementa: "A modernidade está presa em sua própria construção de um esquema secular das coisas. A alegação de uma secularidade imanente surge por força de uma negação dos modos de vida e das eras precedentes, supostamente ligadas ao mito e, em última análise, a uma determinação transcendente. Deve ser ressaltado que o que é negado aqui é a imagem distorcida destes modos de vida e épocas anteriores".[135]

---

132. ROBERT, Henri. **Grandes julgamentos da história**. 2. ed. Tradução: Monica Stahel. São Paulo: Martins Fontes, 2008. p. 113-114.
133. FITZPATRICK, Peter. **A mitologia da lei moderna**. São Leopoldo: Unisinos, 2005.
134. Acesso em 20/04/2020: http://www.ihuonline.unisinos.br/artigo/5254-peter-fitzpatrick.
135. Id.

Por isso, se a metafísica fundamental para a modernidade científica pensa o ente como vontade de poder, ela o pensa como algo-que-instaura-valores, ou seja, pensa tudo no horizonte dos valores, de sua validade, desvalorização e transmutação. Esta metafísica da modernidade parte em busca do indubitável, do fundamento absoluto, de modo que aí se encontra sua essência de buscar algo sólido e permanente sobre o que possa erigir-se. Aqui reaparece Descartes e sua pergunta pelo que está sempre presente e subjaz já em todo lado, a qual direciona-se pelo caminho pré-traçado a partir da metafísica que pensa a verdade como certeza, ou aquele *ego cogito* que sempre está presente, a partir do que o *ego sum* torna-se *subiectum*.[136]

> Mas então, de que tipo é esta verdade do ser do ente? Ela só se pode determinar a partir daquilo de que ela é verdade. (...) O ente (*subiectum*) presentifica-se, e isso a ele mesmo no modo do *ego cogito*. Esse presentificar-se [Sichpräsentieren], esta re-presentificação [Re-präsentation] (re-presentação [Vor-setellung]), é o ser do ente *qua subiectum*. O saber-se-a-si-mesmo torna-se pura e simplesmente sujeito. No saber-se-a-si-mesmo reúne-se todo o saber e tudo o que ele pode saber. Ele é a reunião do saber como a cordilheira é a reunião de montanhas. A subjectividade do sujeito é, enquanto tal reunião, *co-agitatio* (*cogitatio*), a *conscientia*, a com-sciência [*Ge-wissen*], *conscience*. Mas a *co-agitatio é em si* já *vele*, querer. Com a subjectividade do sujeito, a vontade manifesta-se como a sua essência. A metafísica moderna pensa enquanto metafísica da subjectividade, o ser do ente no sentido da vontade.[137]

Em outras palavras, o sujeito torna-se autoconsciência, de modo que a subjetividade deste mesmo sujeito erige-se a partir da certeza da consciência, que como já visto anteriormente acaba por fundar-se em Deus (Descartes). A vontade de poder deriva da certeza (científica e moderna) e depende por completo dela, onde reside a última escala da metafísica da modernidade, que é o que permite dizer como são as coisas, inclusive o direito, de modo que quem puder dizer o que é a certeza, o que é certo, é praticamente capaz de dizer qualquer coisa sobre qualquer coisa. Aqui a discricionariedade apresenta-se de forma completamente nua como arbitrariedade ou vontade de poder, diretamente fundada na certeza derivada do *subiectum*.

Essa verdade determinada pelo sujeito é a condição de manutenção e incremento da própria vontade de poder.

---

136. HEIDEGGER, Martin. **Caminhos da floresta**. p. 274-275.
137. Ibid., p. 280.

A própria entificação já se dava sobre o nada fundante do niilismo, o *nihil*, o que acontecia quando já se definia o nada como "é", ou seja, na medida em que o nada "é" já se o entifica, o que o impede inclusive que este represente a negação completa e incondicional do ente em sua totalidade. Como dito por Heidegger, quando se fala sobre o nada "já se dá a própria cara a tapa", uma vez que para falar sobre ele, necessariamente deve haver uma definição entificadora, deve-se falar sobre as características do nada, o que já o constitui como algo. Em suma, sempre que se fala sobre o nada já se lhe atribui aquilo que a ele deve ser recusado, visto que não é possível falar do próprio nada como essência contrária a todo ente, se não o definimos como "é" de tal e qual formal.[138]

O próprio nada permanece preso à esfera da entificação assujeitadora e ao ser, ruindo com tudo o que pretendido pelo niilismo e que daí advém, como a vontade de poder, como magistralmente define Heidegger:

> (...) O nada como o resultado de uma negação possua uma origem "lógica". Em verdade, a "lógica" utiliza o homem a fim de pensar de maneira correta e ordenada, mas aquilo que apenas pensamos ainda não precisa ser, isto é, ainda não precisa ocorrer na realidade efetiva como algo efetivamente real. O nada oriundo da negação, do dizer-não, é um mero construto de pensamento, aquilo que há de mais abstrato dentre as coisas abstratas. O nada é pura e simplesmente "nada", e, por isso, o que há de mais nulo, e, portanto, aquilo que não é digno de nenhuma atenção e consideração ulterior. Se o nada é nada, se não há o nada, então o ente também não pode mergulhar jamais no nada e tudo nunca se dissolve no nada; então não pode haver o processo do tornar-se-nada. Assim, o "niilismo" é uma ilusão.[139]

Enfim, o afastamento dos preconceitos derivados da entificação promovida pela autoridade científica da modernidade acabou por se tornar o retorno ao momento inicial, visto que apenas os fundamentos materiais da autoridade em que se baseia o preconceito é que sofreram alteração.

Conforme Gadamer:

> Antes, a possibilidade de que a tradição seja verdade depende da credibilidade que a razão lhe concede. A fonte última de toda autoridade já não é a tradição mas a razão. O que está escrito não precisa ser verdade. Nós podemos sabê-lo melhor. Essa é a máxima geral com

138. HEIDEGGER, Martin. **Nietzsche**. vol. II. p. 36-37.
139. Ibid., p. 37-38.

> a qual o Aufklärung moderno enfrenta a tradição, e em virtude da qual acaba ele mesmo convertendo-se em investigação histórica.[140]

3.3.4 A vontade de poder como pensamento valorativo e a incompatibilidade dos preconceitos jurídicos brasileiros com o Estado Democrático de Direito

Deus acabou por ser substituído pelo homem, que em grande medida apenas foi posto em seu lugar, quase que em um niilismo incompleto, em que são apenas substituídos os valores, mas permanecem as estruturas iniciais. Fez uma espécie de transferência do domínio do ente, que antes era exercido por Deus, para o homem, o que não era o posto por Nietzsche. O lugar ocupado pelo super-homem não é o mesmo que era colocado Deus, consistindo em outra fundamentação do ente, um outro ser do ente, que se tornou a subjetividade em seu último degrau.

Disso impende-se concluir que toda concepção jurídica que se pretenda autêntica apenas pode derivar de uma historicidade, ou seja, do conhecimento, inteligência e introjeção dos momentos históricos antecedentes.

Diante de tal constatação, válido retomar Gadamer:

> Quem quiser compreender um texto realiza sempre um projetar. Tão logo apareça um primeiro sentido no texto, o intérprete prelineia um sentido do todo. Naturalmente que o sentido somente se manifesta porque quem lê o texto lê a partir de determinadas expectativas e na perspectiva de um sentido determinado. A compreensão do que está posto no texto consiste precisamente na elaboração desse projeto prévio, que, obviamente, tem que ir sendo constantemente revisado com base no que se dá conforme se avança na penetração do sentido.[141]

É especificamente em face da inegável historicidade, a qual se manifesta na tentativa de afastamento de todos os preconceitos por meio da razão, que se funda a crítica à inviabilidade desta tentativa, a qual perdura como dogma no direito brasileiro. A partir desse momento é que se propõe a realização de uma hermenêutica histórica, de modo a alcançar a superação de todo preconceito (dogmático) que obstrui o caminho para uma adequada compreensão da finitude humana, que inegavelmente se reflete sobre a consciência histórica produzida.[142]

---

140. GADAMER, Hans-Georg. **Verdade e método**. p. 410.
141. Ibid., p. 402.
142. Ibid., p. 414-415.

Assim, os preconceitos devem ser observados como o reconhecimento das limitações e condicionamentos do homem, ou seja, deve-se observar e reconhecer, não simplesmente buscar o descarte dos preconceitos. Enfim, "não é a história que pertence a nós, mas nós é que a ela pertencemos", pelo que "os preconceitos de um indivíduo são, muito mais que seus juízos, a realidade histórica de seu ser".[143]

À sombra de todo esse obscurecimento filosófico, fenômeno que resta cada vez mais evidente é a "funcionalização do direito"[144], a partir do qual o Direito passa a ser mera função de diversos interesses ligados ao poder, especialmente a economia e a política.[145] Esta "funcionalização" de que falamos, muito se aproxima de uma verdadeira instrumentalização do Direito, exatamente no sentido de prover legitimidade a decisões que não coadunam com o modelo de Estado e de direito em que vivemos.

> A jurisdição – cuja missão é concretizar e dotar os valores constitucionais de significado – não escapou dessa funcionalização, que é a marca do individualismo ocidental e, de igual modo, do normativismo novecentista. Alain Supiot lembra que os próprios Estados tornaram-se instrumentos – então funcionalizaram-se – de realização de programas aos quais apenas supõem que aderiram livremente.
>
> E de que modo a jurisdição sucumbiu à funcionalização? Ora, prestando-se a realizar interesses de outras esferas de poder, como do próprio Poder Executivo. Com evidência, o direito como meio compreendido no agir racional voltado a alguns fins e, por isso, instrumental – tornou-se serviçal da economia, da política e do poder. Evidente, portanto, que os problemas da juridificação estão relacionados à questão da (ausente) autonomia do sistema jurídico.[146]

O ponto fulcral de toda esta digressão é a incompatibilidade dos preconceitos, hermeneuticamente falando, do intérprete (autêntico), com a historicidade que envolve todo o desenvolvimento do ordenamento, ou seja, todos os inescapáveis objetivos deste.

---

143. Ibid., p. 415-416.

144. CASTANHEIRA NEVES, António A. **O Direito hoje e com que sentido? O problema actual da autonomia do Direito**. Instituto Piaget: Lisboa, 2002. p. 41-48.

145. CASTANHEIRA NEVES, António A. **A crise conceitual da filosofia do direito no contexto da crise global da filosofia. Tópicos para a possibilidade de uma reflexiva reabilitação**. Coimbra: Coimbra Editora, 2003. p. 93.

146. SALDANHA, Jânia Maria Lopes. Do funcionalismo processual da aurora das luzes às mudanças processuais estruturais e metodológicas do crepúsculo das luzes. In: STRECK, Lenio Luiz; MORAIS, José Luis Bolzan de. (Orgs.). **Constituição, sistemas sociais e hermenêutica: anuário do programa de Pós-Graduação em Direito da UNISINOS**. Porto Alegre: Livraria do Advogado, 2009, pp. 113-133.

O sentido de Constituição mencionado depende, diretamente, de uma pré-compreensão[147] do sentido da Constituição, que já se encontra em face do processo de antecipação de sentido, numa co-pertença "faticidade-historicidade do intérprete e Constituição – texto infraconstitucional". Nenhuma interpretação pode ser realizada ao arrepio da antecipação de sentido. Trata-se de ausência de condição de possibilidade, o que, evidentemente, incide na interpretação dos textos jurídicos.[148]

Como acima visto, o pensamento niilista de Nietzsche possui valorativo, preso na metafísica ocidental, como não poderia deixar de ser. Assim é, pois, o filósofo não tem como escapar do mundo, de pensar da forma como foi forjada sua "intelectualidade", de modo que no conceito de valor, tão essencial no que aqui falamos, já há um conceito de ser que já adiante uma interpretação do ente como tal em sua totalidade. Neste pensamento valorativo, mesmo que involuntariamente, a própria essência do ser para a ser pensada de maneira determinada, condicionada, ou seja, em sua "inessência".[149]

A própria instauração de valores já é uma postura niilista, de modo que a retirada desses valores não se apresenta como um processo paulatino que vai pouco a pouco afastando a valoração prévia. Realiza-se de forma abrupta, violenta, dado que as categorias que perdem valor, assim o fazem por serem concepções prévias, elaborações mentais sobre como deve(ria) ser o mundo, em uma espécie de dualismo entre realidade e pensamento, típico da metafísica moderna. Quando estas concepções prévias, essas idealizações, não são capazes de subjugar o mundo, fazendo-o funcionar segundo as expectativas de quem as forjou, elas acabam por perder valor imediatamente, com o que se pode dizer que a própria crença nas categorias da razão é a causa do niilismo.[150]

Mesmo a frustração das expectativas apenas se dá pela própria crença metafísica de que se falou, visto que somente há resultados onde se calcula e se computa algo, de modo a projetar como que a esperar uma subsunção ao ideário inicial. Aqui mais uma vez se vê a frustração das expectativas derivada de uma fundamentação apriorística, com o fito de descrever o mundo em sua totalidade e aprisioná-lo em uma mera expectativa, que no caso falado resta "encaixotado" em um enunciado textual que busca prescrever este mesmo mundo partindo de uma descrição completamente entificadora. Em resumo, partindo-se de uma "fotografia" realizada pelo sujeito da modernidade, como

---

147. O que justifica diretamente a abordagem feita à exortação dos pré-conceitos e da tradição realizada pela razão cartesiana (cogito).

148. STRECK, Lenio Luiz. **Jurisdição constitucional e hermenêutica: uma nova crítica do Direito**. p. 179-180.

149. HEIDEGGER, Martin. **Nietzsche**. vol. II. p. 39.

150. Ibid., p. 61-62.

se este fosse capaz de apreender o mundo em sua totalidade, ou a própria totalidade do ente, ignorando-se o ser, pretende-se moldar aquele mesmo mundo dali para frente, ignorando que o que se apresentará já não mais será o que antes se descreveu, se é que o que descrito anteriormente realmente era da forma como descrito em sua totalidade.[151]

No momento em que Nietzsche aponta que o ente na totalidade não possui valor algum, busca ele manter afastada toda a avaliação da totalidade enquanto essência dela mesma. No sentido que é dado pela metafísica da vontade de poder, dizer que "o ente na totalidade não possui valor algum" apresenta-se como a frontal recusa de que os "valores" consubstanciariam algo em si, algo dado sem a atuação da vontade de poder, ou seja, do sujeito da modernidade. Assim os valores não poderiam colocar-se em hipótese alguma acima do ente na totalidade, não sendo válidos para ele aprioristicamente, de maneira que permanecendo fora de toda a valoração ele seria incondicionado. Se assim não fosse concebido, os valores não poderiam emergir da vontade de poder, na exata posição de algo condicionado que apenas são por meio do incondicionado (da vontade de poder), que acabam por condicionar a posterior transmutação, colocando-se na posição de condicionantes condicionadas.[152]

Olvida-se por completo da temporalidade, do ser.

Mas há uma diferença na doutrina nietzschiana sobre as que a antecedem, qual seja, a vontade de poder como elemento balizador de todo este processo, de todo este método, de maneira que será ela quem o direcionará integralmente, de modo que o solipsismo da modernidade é levado à suas últimas consequências. Tanto a instituição, como a transmutação, que pode ser consumada ou incompleta, são resultados da vontade de poder, que é a responsável por ditar os novos valores, as novas categorias vigentes. Não de forma diferente, ***a própria vontade de poder também acaba por ser condicionada pelos valores que instituiu, o que não é difícil de se notar na medida em que se estes são transmutados, o que os transmuta apenas assim o faz em razão de sua aceitação, de sua vigência, que*** é o que ocasiona a própria transmutação, ou seja, a ação da vontade de poder.

Esse é um primeiro passo para verificar que a própria vontade de poder não é soberana, conforme posto inicialmente, da mesma forma que os

---

151. Ibid., p. 67: "Se os valores supremos se desvalorizam e vem à tona a experiência de que o mundo jamais corresponde àquilo que esperamos dele no ideal; se desperta mesmo a tonalidade afetiva de que tudo só se encaminha para o pior e para o iníquo e de que esse mundo é, como isso, o pior dos mundos possíveis, um "*pessimum*", então emerge aquela atitude que usualmente se chamou na idade moderna de "pessimismo", a crença de que a vida não é digna de ser vivida e afirmada no pior dos mundo possíveis (Schopenhauer)."

152. Ibid., p. 79.

valores por ela instituídos não advêm do "nada", não são produtos de uma escolha completamente desvinculada, mas o resultado de tudo o que antecede a própria transmutação. Já que a própria transmutação apenas é possível em razão dos valores que a ela antecederam, é evidente seu condicionamento em face da temporalidade e da finitude. Se há um condicionamento, diretamente derivado de uma fundamentação, certamente há como se desvelar estes pilares e sua conformidade com o que se pretende alcançar, em face da projeção que se realiza.

Se os valores se apresentam como condições da vontade de poder, eles mesmos devem apresentar caráter de poder, de maneira a servirem de balizamento para a transmutação e, consequentemente para a elevação do poder a partir da consciente realização da vontade de poder. Como condições da elevação e conservação do poder, os valores restam essencialmente ligados ao homem, como efetivos pontos de vista que permanecem incorporados às perspectivas humanas.[153]

Ponto nodal que deixa entrever a subjetividade presente na abordagem filosófica nietzschiana se mostra especialmente em sua interpretação da história, onde a metafísica sempre se apresentou como valorativa, onde sempre dominou o pensamento valorativo e assujeitador. Se assim não fosse, a "retroalimentação" da própria transmutação não poderia ocorrer, ou seja, estabelecendo-se um pensamento regressivo, necessariamente o pensamento valorativo deve ser explicado como se sempre tivesse existido, de modo que ao se evidenciar alguma quebra paradigmática, ele mesmo resta interrompido e inexplicado. Em suma, toda a história é tida como valorativa e derivada da própria vontade de poder, que determina valorativamente a essência da própria história. Com isso, toda a confrontação já se movimenta em um campo dado solipsisticamente, numa base de interpretação previamente decidida, onde já subtraída toda a discussão.[154]

Para o estudo que aqui se faz, isso tudo é importante na medida em que a discricionariedade administrativa, conforme acima já observado, é equiparada à vontade de poder, especialmente no seu caráter de incondicionamento, o que por si só já acaba por ser um desvelamento de algo que

---

153. Ibid., p. 80.

154. Ibid., p. 82: "Se levarmos em conta, além disso, a comprovação da co-pertinência originária entre instauração de valores e vontade de poder, então se mostra o seguinte: a interpretação nietzschiana de toda a metafísica a partir do pensamento valorativo enraíza-se na determinação fundamental do ente na totalidade enquanto vontade de poder. Esse termo é o termo fundamental da metafísica de Nietzsche. Nem Hegel nem Kant, nem Leibniz nem Descartes, nem Aristóteles nem Platão, nem Parmênides nem Heráclito conheciam a vontade de poder enquanto o caráter fundamental do ente. Por conseguinte, se Nietzsche vê a metafísica enquanto tal e a sua história como um todo no campo da visão da instauração de valores, então essa história cai em uma perspectiva unilateral, e a consideração historiológica dirigida por ela se torna inverídica."

não é admitido ou passa despercebido pela doutrina dominante no Brasil. Essa mesma doutrina, também como já observado, imagina que por meio da sobreposição de estruturas valorativas, instituídas e controladas pelo sujeito da modernidade, será possível controlar a arbitrariedade estatal, ou melhor, dos indivíduos que ocupam as posições de agentes do Estado e que acaba por tripulá-lo. Se tais valorações são instituídas pelo sujeito, e o são nos moldes do que nos elucidado por Heidegger sobre Nietzsche, na exata medida que este último não concebe valores sem uma determinada perspectiva dada por este mesmo sujeito cognoscente da modernidade, há, sim, um solipsismo.

Mesmo assim, essa prevalência do sujeito por intermédio da vontade de poder não pode ser compreendida como autônoma, visto que consistindo a própria vontade de poder em transmutação de todos os valores, sempre acaba condicionada por estes mesmos valores que são transmutados e pelo "mundo" ou realidade que os rejeita e são o motivo de tal transmutação. Sendo os valores instituídos pelo sujeito por meio da vontade de poder também condicionados, na medida em que a própria vontade de poder também é condicionada pelo que lhe antecede, pode-se dizer que o sujeito não é transcendental e, consequentemente não é autônomo. Por fim, se este sujeito não é autônomo, não é incondicionado, para se afirmar isso se deve poder identificar seu condicionamento, que certamente advém da temporalidade e da historicidade de que nos falou Heidegger e Gadamer.

Não havendo nenhuma resposta sem um prévio fundamento, de modo que se o fundamento para a decisão que contrária os rumos do Estado determinados pela Constituição, que sendo um texto é um evento, conforme muito nos elucida Streck[155], que no mesmo trabalho que trata disso nos mostra que o relativismo é por si só um fantasma diante da superação provocada pela hermenêutica de cariz filosófico, da mesma forma que Heidegger o fez em face do niilismo. Negar-se uma verdade hermenêutica e apostar na indeterminação do direito, necessariamente relativista, é entregar ao intérprete o poder de definição deste direito, a qual também será relativa, visto que na medida em que se aceita o próprio relativismo, tudo se torna relativo, inclusive este próprio acolhimento. Admitir esse mesmo relativismo, não apenas é contraditório, como também se mostra favorável à existência de uma verdade sem um horizonte de conversação, sem uma intersubjetividade

155. STRECK, Lenio Luiz. **Verdade e consenso**. p. 219: "Em outras palavras, o texto não existe em uma espécie de "textitude" metafísica; o texto é inseparável de seu sentido; textos dizem sempre respeito a algo da faticidade; interpretar um texto é aplicá-lo; daí a impossibilidade de cindir interpretação de aplicação. Salta-se do fundamentar para o compreender (e, portanto, aplicar). Aqui, a importância da diferença ontológica entre texto e norma, que é, pois, a enunciação do texto, aquilo que dele se diz, isto é, o seu sentido (aquilo dentro do qual o significado pode se dar), que exatamente representa a ruptura dos paradigmas objetivista-aristotélico-tomista e da subjetividade (filosofia da consciência). Trata-se, enfim, da superação dos dualismos que caracterizam o pensamento metafísico."

compartilhada, ou seja, uma verdade absoluta e desligada de quaisquer questionamentos, uma verdade dada.[156]

Tendo em conta que o movimento básico da metafísica é a rejeição da finitude e da temporalidade, e também tendo em conta que essa rejeição já não se faz possível, como se expôs acima, na medida em que a própria vontade de poder mostra-se condicionada, pode-se falar realmente em superação da metafísica e na possibilidade de controle hermenêutico das decisões acerca dos rumos do Estado. Por isso, essa desconstrução/destruição da metafísica, traduzida no direito pelo senso comum teórico de que falava Warat, já bastante desenvolvida por Streck no âmbito da Teoria do Direito, deve ser levada ao específico ramo do direito administrativo, que ainda vive sob a égide da já tão combatida ideia da discricionariedade administrativa, ainda presa no paradigma da filosofia da consciência. Condicionada a vontade de poder em razão da finitude e da temporalidade, indispensável que se controle as decisões sobre os rumos do Estado, sob pena de falência total do projeto de Estado e sociedade posto na Constituição.

156. Ibid., p. 215.

CONCLUSÃO

Ora parte-se para o fechamento das ideias acima expostas, essencialmente partindo de toda a problemática que se faz inerente às mesmas, para buscar respostas na Crítica Hermenêutica do Direito, que possam compatibilizar a atividade administrativa em terras brasileiras com o Estado Democrático de Direito que pretende a Constituição. Para tanto, leva-se em conta todo o desenvolvimento doutrinário apontado ao longo do primeiro capítulo, incluindo aí o resgate de diversas noções que se perderam no "processo", pelo que se justifica o que posto acerca da destruição heideggeriana e sua aplicação aqui. Da mesma maneira, imperativo levar em conta as colocações acerca da formação sociológica brasileira, postas no segundo capítulo, que alimenta o sistema de desigualdades mantido pela discricionariedade (administrativa) que aqui se tem, além do terceiro capítulo, que trata filosoficamente da mesma como vontade de poder, buscando desvelar todas as falácias e inautenticidades que esta se presta a justificar.

A partir disso, procurar-se-á, mesmo que de maneira singela, apontar caminhos e clareiras, dos quais poderá o Estado encontrar sua legitimidade e atingir os anseios sempre prospectivos do direito, de modo que os institutos aí postos desde há muito, porém antes do advento Estado Democrático de Direito, não se tornem estáticos e obstantes à realização deste último. É algo como que o dogmatismo[1] não seja obstante do próprio direito, sendo um pouco do que já restou asseverado por Warat, ou seja, a análise (crítica) do direito deve sempre perguntar pelos seus institutos, problematizando-os e colocando-os em dúvida. Se bastar-se na mera descrição, o que já visto ser uma falácia por si só, acabará por servir de legitimadora de determinada atuação que quer pôr-se como legítima e aceitável, quase como algo a ser imposto aos subjugados cidadãos, que aqui passam novamente a súditos.[2]

1. Aqui se faz importante uma vez mais relembrar e trazer a diferenciação realizada entre dogmática e dogmatismo, conforme posta na nota de rodapé de nº 285.
2. OHLWEILER, Leonel. **Direito administrativo em perspectiva**. p. 45-46.

I. A DISCRICIONARIEDADE (ADMINISTRATIVA)?!

Como posto por Tomás-Ramón Fernández, no momento em que Kelsen afirmou que o Direito resta sempre indeterminado em uma ou outra medida e que o juiz dispõe de uma discricionariedade, sempre, seja ela em maior ou menor grau, não se olvidou que em princípio existem duas classes de discricionariedade: a) intencional; e b) não intencional. Mesmo assim, acabou por deixar de lado a primeira e partindo para a conclusão de que entre as diferentes classes de discricionariedade não há diferença qualitativa, mas apenas quantitativa.[3]

Kelsen anotou muito bem que o que ocorre com a determinação do parlamento para que as autoridades administrativas tomem determinadas medidas em caso de uma epidemia, e suas consequências, em especial a margem de atuação que resta a própria autoridade determinar, ou seja, as diversas maneiras em que pode se dar sua atuação, é exatamente o idêntico ao que se dá com a determinação do mesmo parlamento para que determinada lei penal seja cumprida pelo Judiciário. Ou seja, a mesma margem de atuação deixada ao juiz, também é admitida ao administrador.[4] Com isso, tem-se não apenas a identidade das "discricionariedades" judicial e administrativa, mas a verificação de que a discricionariedade de que aqui se fala, seja no tocante a sua qualificação como administrativa ou judicial e, principalmente na distinção em intencional ou não, é dada pelo próprio intérprete, com base no sentido que provê à determinação legal e a quem a mesma se direciona.[5]

Desde Kelsen as atenções foram centradas no problema da indeterminação constitutiva do direito e no arbítrio judicial que daí poderia sobrevir, eminentemente em razão de ser o Judiciário onde acabam por desaguar os conflitos derivados do Direito, o que gerou o esquecimento da atividade interpretativa, construtiva e atribuidora de sentido dos agentes estatais administrativos. Diante da própria indeterminação, ou como nos mostrou Eros Grau, ainda no primeiro capítulo, diante da determinação da indeterminação, o que por si só já acaba com a indeterminação, qualquer tipo de distinção é mesmo discricionária. Claro que falamos por sobre as premissas da filosofia da consciência, em que toda a temática que aqui é objeto de análise e crítica se funda.

Em razão desta claudicante classificação que cria duas discricionariedades, uma delas com o predicado de ser específica da administração e

3. FERNÁNDEZ, Tomás-Ramón. **Del arbitrio e de la arbitrariedad judicial**. p. 40-41.
4. KELSEN, Hans. **Teoria Pura do Direito**. 6. ed. Coimbra: Arménio Amado, 1984. p. 465.
5. FERNÁNDEZ, Tomás-Ramón. **Del arbitrio e de la arbitrariedad judicial**. p. 40-42.

legitimada, portanto, optamos por, desde a apresentação do título da presente obra, demonstrá-la, de modo a colocar a qualificação de "administrativa" entre parênteses. Claro que desde o momento inicial (agora mais ainda) temos condições de questionar de forma conclusiva essa classificação que cria uma multiplicidade de discricionariedades, mesmo admitindo que partem da indefinição do direito, ou melhor, das prescrições normativas, que dentro do paradigma da filosofia da consciência são tidas como Direito. Esse questionamento aprofunda-se ainda mais quando se pensa em justificar uma pretensa especificidade da discricionariedade administrativa em razão da esfera política que haveria na atuação estatal, a qual deve ser admitida no cumprimento das determinações normativas, ou seja, haveria uma esfera política que criaria um juízo político quando da aplicação do direito diante da intencionalidade do direito em deixar esta esfera política.

Por tudo isso, certamente uma das primeiras conclusões a que podemos chegar e que certamente condicionam todas as demais, é que não há uma discricionariedade administrativa. A um pela pretensa indeterminação do direito ser idêntica para todo o direito, não se distinguindo *ab initio* apenas em razão de seu destinatário, o que também é definido pelo intérprete (autêntico), quem quer que seja ele. A dois, visto que na atividade executiva, ou seja, administrativa, não há uma esfera política, conforme melhor exposto na sequência, sob pena de total relativização do direito e do controle da atividade estatal, pela atribuição discricionária, ou seja, com margem de liberdade (efetivamente) ao intérprete, de instituir quantas dimensões políticas quiser e onde quiser.

Se se admitir essa inserção indefinida de dimensões políticas, como camadas de recheio em um bolo, completamente desvinculadas da receita previamente fornecida, também deve admitir-se a total relativização do direito e sua total ausência de normatividade. Ora, isso é muito grave e algo que parece simples e sem maiores consequências, apresenta-se como absolutamente deletério.

II. A CRÍTICA HERMENÊUTICA DO DIREITO COMO MEIO DE QUEBRANTAMENTO DA INAUTÊNTICA DISCRICIONARIEDADE (ADMINISTRATIVA)

A tradição é que permitirá o exercício da transcendência, de modo a não apenas perceber-se que se "é" algo, mas "como" esse algo "é" em razão da tradição, da faticidade e da finitude, ou seja, derivados dos pré-juízos que conforma o ser-no-mundo. Neste paradigma não se pode separar o Direito da sociedade ou esta do Estado, de modo a assujeitar os sentidos para tanto, porque o ser é sempre o ser de um ente, e o ente só e no seu ser, de modo que o Direito, como nos fala Streck, é sempre visto como a sociedade em movimento, do que também não foge o Estado definido pelo Direito. Há desde sempre um sentido que é antecipado à interpretação, um sentido dado historicamente por meio de uma intersubjetividade compartilhada, que não pode ser negada visto que se antecipa, de modo que a negação é facilmente passível de ser desvelada.

Não podendo ser empreendida a entificação levada ao seu último estágio com a vontade de poder nietzschiana, na condição de último princípio epocal da modernidade, em face de sua verdadeira impossibilidade filosófica demonstrada pela Crítica Hermenêutica do Direito, o sujeito (da modernidade) não mais será capaz de atribuir sentidos ao mundo, ao direito e suas prescrições, de modo que não poderá assujeitar o Estado à revelia da Constituição. Com isso já não mais será possível dizer, de forma exemplificativa, que em razão de uma opção discricionariamente realizada pela Administração, uma determinada solução de transporte público em uma cidade que já possui esgotamento do sistema que hodiernamente é utilizado, claramente mais adequada a nova realidade de uma grande quantidade de passageiros, será posta de lado em detrimento de outra solução, claramente menos eficiente e que não realiza os objetivos constitucionais. Esta decisão não mais poderá ficar no âmbito da discricionariedade que não pode ser tocada pelo Judiciário ou qualquer outro ente de controle de própria atividade estatal de administração, dado que à mesma já não mais se pode "livremente" atribuir sentido em face do direito.

Não sendo mais possível que o sentido se dê aprioristicamente, de modo que o intérprete possa dizer isso, justifica-se com tal álibi e efetivamente atribui-se o sentido que melhor lhe aprouver, este sempre devendo ser verificado de forma autêntica no caso de que se cuida. Mais uma vez voltando ao exemplo, não será mais possível dizer que determinada solução de transporte é sempre melhor do que outra, o que deverá ser analisado em face do caso concreto e suas peculiaridades, que nem sempre residem apenas no âmbito da técnica, mas devendo-se ter em conta todos os aspectos da gestão pública. Ainda no exemplo, adicione-se o ingrediente de que a solução preterida, mesmo que mais adequada do que a escolhida, não dispusesse de favoráveis condições de pagamento que acelerariam a implementação da mesma, que a escolhida já possuía, de modo que a adequação poderia já não mais ser tão superior ou efetivamente superior quando de sua tardia colocação em uso.

Essas circunstâncias apenas podem ser avaliadas no caso concreto, o sentido não pode ser atribuído antes das condições que necessariamente devem compô-lo, sob pena de consubstanciar uma interpretação completamente inautêntica e que subverte a Constituição, de acordo com o que expõe

Streck no fragmento abaixo, que mesmo falando especificamente sobre o Judiciário, também se aplica perfeitamente à atividade executiva do Estado, na medida em que esta envolve a questão da interpretação do direito:

> A tese de que a linguagem é condição de possibilidade, superadora do esquema sujeito-objeto e que é comandada pela "coisa mesma" (ir às coisas mesmas), torna-se absolutamente relevante para o direito, exatamente pelo fato de que o pensamento dogmático do direito (positivista, sustentada em um discricionarismo no sentido forte), por ser objetificador e pensar o direito metafisicamente, esconde a singularidade dos casos, obnubilando o processo de interpretação jurídica. Essa "coisa mesma" que Heidegger persegue é a questão do ser no horizonte da diferença ontológica (Stein). Por isso, todo o trabalho de desconstrução do pensamento dogmático-objetificador do direito é feito sob o signo desses aportes filosóficos[6]

Admitir que o Direito delegue para o administrador escolhas que ficam ao seu alvedrio, partindo da definição de princípios em uma concepção teleológica, em que estes convertem-se em mandados de otimização que possuem o condão de abrir a interpretação do direito e abrir o leque de possíveis respostas, apresenta-se claramente antidemocrático. Não é possível que se realize uma interpretação do direito em que a democracia, de forma democrática, delegue a definição do direito para instrumentos não democráticos, o que é o mesmo que dizer que se escolhe democraticamente não ser mais democrático. Ora, qualquer "método" interpretativo que leve a um tal resultado de subverter a Constituição em múltiplas formas, indiscutivelmente retirando-lhe normatividade, não pode ser tida como autêntica, não sendo nada além de verdadeiro golpe ao Estado Democrático de Direito.

Aqui, no caso concreto, apenas e a partir dele é que se pode "medir" os critérios que serão adotados, inclusive em face das anteriores decisões já tomadas pela Administração, onde certamente entram as ideias de coerência e integridade de Dworkin, com o que se torna evidente que tudo o que feito no passado não pode ser descartado nas posteriores decisões, seja pelo seu fracasso, seja pelo seu sucesso e pela base que provê para as futuras realizações estatais. Isso tanto é absolutamente importante que se torna aberrante no exemplo que Tomás-Ramón Fernández nos dá acerca de uma decisão administrativa tomada pela administração municipal de Madrid, levada a cabo por meio do plano de ordenação urbana da cidade, ou seja, uma espécie de plano diretor.[7]

---

6. Ibid., p. 219.
7. FERNÁNDEZ, Tomás-Ramón. **Del arbitrio e de la arbitrariedad judicial**. p. 62-63.

Narra Fernández que em um primeiro momento deste planejamento de urbanização, certamente com caráter normativo-deontológico, restou estabelecido que as edificações artísticas, especificamente os teatros postos no centro da cidade de Madrid, seriam objeto de manutenção e conservação. Diante de tal decisão, diversas outras foram condicionadas e levadas a efeito tendo em conta tal diretriz, seja sob o viés limitativo ou sob o viés de incentivo, de modo que em um segundo momento esta decisão não poderia ser simplesmente desconsiderada e ignorada como se jamais tivesse sido tomada anteriormente. Se em um primeiro momento havia uma possibilidade de escolha (aqui sim política) mais alargada, de modo que estas edificações poderiam ter sido simplesmente varridas, após a opção de sua manutenção já não mais se poderia voltar atrás, de modo que a possibilidade de decisão já estaria limitada pela temporalidade e pela decorrente coerência e integridade, também indissociáveis do atuar da Administração Pública.[8]

Por isso mais uma vez reafirma-se que em um Estado Democrático de Direito, como se pretende no Brasil, princípios devem ser tidos como deontológicos, de modo a estreitar a interpretação do Direito, especificando a resposta correta e não abrindo a possibilidade de diversas repostas serem tidas como aceitáveis, mesmo que umas sejam mais e outras menos corretas.

Nesta senda, cumpre mencionar recente obra de Eros Grau, que certamente marcha em tal sentido, de modo a contribuir para a questão da interpretação do direito e consequentemente da determinação da atividade administrativa[9]. A obra a que aqui se faz referência é uma grande "atualização", chamada obra refundida pelo próprio Grau, da conhecida "a interpretação/aplicação do direito e dos princípios", que passou a se chamar "Por que tenho medo dos juízes". A obra é resultado de uma reconstrução da que foi preliminarmente mencionada, especialmente derivada da experiência de seu autor como Ministro do Supremo Tribunal Federal, em razão do que verificou o quão perigosa para a democracia é a indiscriminada utilização dos princípios.[10]

A crítica acerca do relativismo de sentidos que se pratica no campo da interpretação do direito, em muito se assemelha ao que aqui se busca

---

8. Id.

9. O próprio Eros Grau mostra que ao aplicar, necessariamente compreende e interpreta-se o direito, com o que é possível aqui se afirmar que a atividade administrativa não pode fugir desta mesma atividade interpretativa, afinal os sentidos não lhe são entregues por ninguém previamente os "desvenda". Cf. GRAU, Eros. **Por que tenho medo dos juízes**. 6. ed. São Paulo: Malheiros, 2013. p. 31: "Praticamos a interpretação do direito não – ou não apenas por isso – porque a linguagem jurídica é ambígua e imprecisa, mas porque interpretação e aplicação do direito são uma só operação. Interpretamos para aplicar o direito e, ao fazê-lo, não nos limitamos a interpretar (= compreender) os textos normativos, mas também compreendemos (= interpretarmos) a realidade e os fatos aos quais o direito há de ser aplicado."

10. GRAU, Eros. **Por que tenho medo dos juízes**.

realizar e ao que realizado por Lenio Streck, na medida em que fala da abusiva utilização dos princípios como possibilitadores de uma abertura que gera liberdade para que o intérprete possa atribuir sentidos ao direito da forma que melhor lhe aprouver. Em outras palavras, nos moldes da crítica que aqui se faz, é o mesmo que atacar o viés teleológico pelo qual se enxerga os princípios, tendo-os como mandados de otimização que colocam o direito à disposição do intérprete (autêntico), que no caso também é o administrador.

Mesmo diante de tais semelhanças, a obra de Eros Grau acaba por consubstanciar uma ode ao próprio positivismo, tido como solução para a situação de confusão hermenêutica que se instala, não apenas sobre o Judiciário, mas na interpretação do direito como um todo, que certamente passa por todo o Estado, inclusive e sobretudo em sua atividade executiva, como já abordado à exaustão na presente obra. Trata-se de uma crítica frontal às teorias da argumentação e ao relativismo que geram, e uma recondução ao direito positivo, como meio de superação delas, como se os sentidos pudessem ainda ser portados pelas palavras. Mesmo considerando as questões da previsibilidade e estabilidade como ingredientes indispensáveis para o domínio do mercado e do capitalismo racional, ou seja, em grande medida ofensivas ao projeto de mudanças e diminuição das desigualdades posto na Constituição, Grau entende que os tempos são tão sombrios que exigem a ode a tais características, que cada vez mais se mostram ausentes na medida em que a interpretação do direito levada a cabo no Brasil é produtora de insegurança.

Não se fala de uma insegurança que gere mudanças em acordo com a Constituição, mas que simplesmente leva a uma total incerteza e confusão sobre o papel do direito, que passa a ser imprestável para qualquer tipo de determinação de novos rumos, quiçá o que propugnado do artigo 3º da Constituição.

Grau fala que a norma é composta pelo texto e pelo que chama de "realidade", de modo que a moldura kelseniana é verdadeiramente uma moldura da norma, ou seja, moldura do texto e da realidade, concomitantemente, na qual diversas respostas são aceitáveis em face do texto e da "realidade". Dentro deste raciocínio, afirma Grau que a sociedade, já cansada da separação entre direito e justiça, entre *lex* e *ius*, em grande medida ocasionada pela equiparação entre Direito e validade, diretamente derivada da doutrina kelseniana, busca substituir a racionalidade formal do Direito, com o intuito de atingir a justiça. De tal modo é atribuído cada vez maior valor às teorias que fogem dessa *ratio,* dando ares de relatividade ao direito para que este possa aproximar-se de uma equiparação à justiça, o que apenas se dá ao olvidar que esta não existe ou não pode ser alcançada, dado seu próprio caráter de relatividade.[11]

11. GRAU, Eros. **Por que tenho medo dos juízes**. p. 16-18.

O autor ainda condena essa relativização que acaba por fragilizar a normatividade do direito posto, em nome de um pretenso direito pressuposto, para o que se agarra à ideia de afastamento entre Direito e moral, a partir da qual o Direito, exatamente por ser diferente, não poderia ser influenciado a torto e a direito pelas questões morais e sociais. Menciona que a decisão deve ser construída em concordância com o Direito e com as leis, não de acordo com a subjetividade do intérprete, ponto que é objeto de integral concordância da presente obra. Esta concepção, por meio da Crítica Hermenêutica do Direito desenvolvida por Streck, é que se busca levar até a atividade administrativa, que em última instância também é decisão, uma decisão sobre os rumos do Estado Democrático de Direito e que por isso deve ser controlada.

O texto promove uma defesa da legalidade e do direito positivo, como enuncia o próprio autor ao afirmar que estes são os últimos instrumentos de defesa dos oprimidos, em suma da democracia e dos objetivos espelhados na Constituição.

Mesmo com todas estas concordâncias, deve-se anotar a divergência que o presente trabalho, dada sua fundação na Crítica Hermenêutica do Direito, apresenta diante da posição defendida por Grau de que os princípios não seriam normas, uma vez que apresentam diferenças para as regras. Em verdade, entende o autor que estes princípios não poderiam ser normativos pois os têm em grau de mandados de otimização ele mesmo, ou seja, teleológicos, ao passo que deontológicas seriam apenas as regras. Mesmo assim, Grau aponta que a decisão não pode ser fundada em valores, mas no próprio Direito.[12]

Para tanto, basta não tratar os princípios como valores, atribuindo-lhes normatividade e fazendo com que os mesmos ajam no sentido de estreitar a interpretação, o que jamais é conseguido com a ponderação de princípios/valores e com a cisão casos difíceis/casos fáceis, que como mencionado é completamente passível de ser equiparada a cisão entre atos administrativos discricionários/vinculados.

Na visão aqui retratada, por mais que o problema do relativismo na interpretação do Direito tenha sido identificado como tal, o que é raro, a solução ainda paira no âmbito da filosofia da consciência, de modo a assujeitar o Direito a um positivismo que já não mais pode deixar de ser normativista, mesmo que algumas vezes pareça exegético ou se mostre enganosamente como tal. Uma vez mais se observa a prevalência própria da vontade de poder, nos moldes que já discorrido acima e como esta, de um modo ou de

12. Ibid., p. 21-22.

outro, acaba por assujeitar o Direito ao intérprete e suas pré-compreensões inautênticas e inadequadas ao Estado Democrático de Direito. Sem ter os princípios em grau deontológico, não parece haver como "segurar" o sentido das regras, não se apresenta possível trazer o "mundo da vida" para o direito, com o que a ideia de criação do direito pelo juiz, segundo posta por Grau como superadora da concepção subsuntiva, acaba ficando sem controle algum, na exata medida em que o próprio intérprete poderá dizer o que é o direito, efetivamente assujeitando-o.

O que acaba por ocorrer ao não se sair deste paradigma da subjetividade, onde o *subiectum* equipara-se ao *ego*, por mais que se observe que o "problema é problemático", verificando-se toda a periculosidade de uma interpretação do direito que seja relativista e dependente do sujeito, que acaba comprometendo toda a atividade executiva do Estado, toda a e qualquer crítica apenas serve para tornar o problema ainda mais velado e complexo. Mais uma vez, como aponta Heidegger, ao se ficar na filosofia da consciência, inescusavelmente construída por sobre o último princípio epocal da modernidade, qual seja a vontade de poder nietzschiana, nada mais se faz do que levar às últimas consequências aquilo que despontado metafisicamente com Descartes. Aqui mais uma vez cabe aprofundar um pouco mais o que posto pelo próprio Heidegger sobre Descartes, especificamente no sentido de desvelar as implicações do *cogito* (penso) e do *cogitare* (pensar).[13]

Toda a questão do pensar como justificador da existência em Descartes, que condiciona toda a metafísica até Nietzsche, passa por uma ideia de apreensão e assenhoramento das "coisas" que podem ser alcançadas com este "movimento", de modo que elas se tornam disponíveis ao sujeito, que em verdade é um constante intérprete. Essa apreensão é a forma como as coisas apresentam-se para o sujeito cognoscente, de modo que o que se entende por representação possui uma dupla via, uma co-pertinência, de modo que apresentam a própria significação do "representar" e do "algo representado". Por isso, o *cogitare* em Descartes é trazer algo para si, apresentar para si algo que é re-presentável, o que apenas é possível por meio da apreensão, do assujeitamento, de modo que este mesmo *cogitare* não se mostra como uma maneira geral de representar, mas o representar que coloca a si mesmo a condição de que aquilo que apresentado não admite mais nenhuma dúvida acerca do que é e como é.[14]

Ponto que também se torna relevante é que sempre que se representa algo, antes da representação do objeto o sujeito que representa também acaba representado, objetificado, sendo necessariamente co-representado,

13. HEIDEGGER, Martin. **Nietzsche**. vol. II. p. 109-112.

14. Ibid., p. 112.

uma vez que é aquele em direção ao qual e diante do qual todo re-presentado é colocado. Ao representar algo por meio dessa apreensão perceptiva da metafísica moderna, o próprio sujeito representa-se e apreende-se de forma a "assujeitar-se", ou melhor, de forma a assujeitar sua representação. Essa objetificação que o sujeito cognoscente faz de si mesmo é também assujeitadora, metafísica e arbitrária, além de ser levada a cabo de forma completamente velada, não para Descartes, mas para a *communis opinio doctorum* reinante no Direito e mais especificamente no direito administrativo que em grande medida ignora a importância e indispensabilidade da interpretação.[15]

Em face do modelo de Estado Democrático de Direito já não mais é possível estabelecer a questão da verdade e do ser com base no caráter soberano do devir e do pensamento da vontade de poder, o que implica a admissão de uma relativização nas concepções derivadas da interpretação, diretamente derivadas de uma assujeitadora visão. Nietzsche não descarta a existência do ser e da verdade, mas os coloca em uma dimensão derivada da vontade de poder, que acaba por configurar-se como verdadeiro princípio de configuração do mundo ôntico.

Por tudo quanto posto e diante deste último movimento, em que se trata da questão da discricionariedade como vontade de poder e de todos os prejuízos que isso traz para o Estado Democrático de Direito, nos termos do que Giorgio Agamben menciona, se faz necessário realizar verdadeiras profanações[16]. Não se propõe com isso qualquer tipo de transmutação de valores, seja um niilismo consumado ou incompleto, mas que as instituições de pensamento, as estruturas de subjetividade postas e praticadas por meio da vontade de poder, última expressão da metafísica da modernidade, por completa incompatibilidade em face do Estado Democrático de Direito, sejam profanadas. Para que não se passe a ter uma Constituição exclusivamente axiológica, jogando ao lixo todo seu caráter deontológico, que tanto faz sentir sua falta nestas terras, as "sagradas" formas (métodos) de pensamento que aí se encontram e que possibilitam a emergência do sujeito solipsista

---

15. Ibid., p. 116: "Se traduzirmos aqui irrefletidamente *cogitatio* por "pensamento", então seremos tentados a achar que Descartes interpreta todos os modos de comportamento do homem como pensamento e como formas de pensamento. Essa opinião adapta-se bem à visão corrente sobre a filosofia de Descartes, segundo a qual ela era justamente "racionalismo". Como se aquilo que o racionalismo é não precisasse se determinar primeiramente a partir da delimitação da essência da *ratio* e do pensamento, como se a essência da *ratio* não precisasse se determinar de antemão a partir da essência a ser clarificada da *cogitatio*. Em relação a esse ponto, mostrou-se agora o seguinte: *cogitare* é re-presentar no sentido pleno de que a ligação como aquilo que é representado, o a-presentar-se daquilo que é representado, a entrada em cena e o envolvimento daquele que representa ante aquilo que é representado, e, em verdade, no interior do re-presentar e por meio desse, são aí igualmente essenciais e precisam sobretudo ser co-pensados."

16. AGAMBEN, Giorgio. **Profanações**. São Paulo: Boitempo, 2007.

da modernidade, se faz necessário destruí-las e de forma concomitante e inescusável, reconstruí-las.

Por ter-se realizado uma espécie de substituição de Deus pelo homem, a partir da expressão nietzschiana "Deus está morto, ou seja, praticamente um niilismo incompleto, deixando-se intactas as estruturas e apenas substituindo-se os valores, acabou-se por endeusar o homem. Não todo homem, nos moldes de um niilismo consumado, mas determinados indivíduos que passaram a ser postos na condição de Deus, homens estes que acabam por servir de "guia" a tudo e a todos, ditando os rumos do Estado e da coletividade e insuflando uma falseada democracia. Por isso que aqui se fala em profanação, ou seja, no sentido de devolver ou efetivamente repassar pioneiramente ao domínio dos homens as coisas pertencentes aos deuses, indisponíveis aos demais exatamente por este pertencimento.[17]

O que se busca realizar com tudo o que aqui vertido é profanar, levar a cabo verdadeiro sacrilégio diante da religião[18] da discricionariedade e do relativismo, da pretensa indeterminação do direito e do sujeito solipsista da modernidade, que ainda assombra essas terras de forma muito mais do que esperada e possível de se suportar em uma país de modernidade tardia que se pretende um Estado Democrático de Direito. Mais uma vez com Agamben, para que se possa levar a cabo a profanação pretendida, deve-se lembrar que há um rito que separa o sagrado do profano que é o sacrifício. O que separado ritualmente deve ser devolvido[19] à esfera do profano numa subversão do rito sacrificial que regula a passagem do profano para o divino, utilizando-se de uma metáfora que aqui parece cair muito adequadamente: uma parte dos "espólios" do sacrifício resta originalmente destinada aos "deuses" e as demais aos "mortais".

Para a profanação pretendida, basta que os participantes "humanos" do sacrifício toquem, efetivamente profanem, as "carnes" destinadas aos

---

17. Ibid., p. 65: "Puro, profano, livre dos nomes sagrados, é o que é restituído ao uso comum dos homens. Mas o uso aqui aparece como algo natural; aliás, só se tem acesso ao mesmo através de uma profanação. Entre "usar" e "profanar" parece haver uma relação especial, que é importante esclarecer."

18. Ibid., p. 66: "O termo *religio*, segundo uma etimologia ao mesmo tempo insípida e inexata, não deriva de *religare* (o que liga e une o humano e o divino), mas de *relegere*, que indica a atitude de escrúpulo e de atenção que deve caracterizar as relações com os deuses, a inquieta hesitação (o "reler") perante as formas – e as fórmulas – que se devem observar a fim de respeitar a separação entre o sagrado e o profano. *Religio* não é o que homens e deuses, mas aquilo que cuida para que se mantenham distintos. Por isso, à religião não se opõem a incredulidade e a indiferença com relação ao divino, mas a "negligência", uma atitude livre e "distraída" – ou seja, desvinculada da *religio* das normas – diante das coisas e do seu uso, diante das formas da separação e do seu significado. Profanar significa abrir a possibilidade de uma forma especial de negligência, que ignora a separação, ou melhor, faz dela um uso particular."

19. Devolvido na medida em que mesmo sem jamais ter pertencido à esfera do profano, a decisão sobre os caminhos do Estado advém, é legitimada pela coletividade, pelo profano.

"deuses", na medida em que são os primeiros que realizam toda a produção do rito, são eles que o possibilitam e que o levam a cabo, de modo que os segundos apenas banqueteiam-se. Claro que aqui se fala em uma profanação hermenêutica, diretamente decorrente da destruição empreendida, de modo que a coletividade possa realmente assenhorar-se da definição dos rumos do Estado, que apenas existe em razão dela, como meio para realizar o que posto na Constituição, especificamente em seu artigo 3º e não para promover o contrário. O sentido do direito depende de um *a priori* compartilhado, de uma intersubjetividade que necessariamente antecede a atribuição de sentidos pelo intérprete, de modo que o controle tem de ser realizado aí e não após.

Não se decide para depois fundamentar, conforme Streck já nos mostrou à exaustão. Toda decisão já traz consigo um fundamento, seja ele legítimo ou não, com o que quando após busca-se uma alegoria (necessariamente metódica e moderna) para justificar o caminho trilhado, a qual sempre mostrar-se-á incompatível com o que se busca sustentar, indispensável que se revolva o chão linguístico de modo a desvelar a tradição que efetivamente provê bases à resposta apresentada. Após isso será possível, sempre, verificar sua compatibilidade em face da compromissória (e esse caráter é muito importante) Constituição brasileira, se efetivamente coaduna-se com o ser da Constituição e não com uma metafísica entificação que se cria a partir da mesma.

Como muito precisamente pontuado por Tomás-Ramón Fernández a ideia de discricionariedade administrativa é fruto das normas definidoras de um fim, dado que estas limitam per si a atuação do Estado, que deve ser precisa no fim de alcançar o que propugnado pelo direito.[20] Não aquelas de viés programático teleológico, mas as que definem um objetivo a ser alcançado pelo Estado, pelo que sem medo de errar pode-se dizer que a discricionariedade administrativa não deriva e, em tempos de Estado Democrático de Direito, não pode derivar de uma pretensa indeterminação do direito, ou melhor, de suas prescrições normativas. Com isso, as normas que pretensamente parecem conceder uma liberdade ao agente do Estado por não definirem qualquer conduta específica, assim certamente não o fazem, o que se dá única e exclusivamente pelo viés principiológico, ao caráter deontológico e normativo dos princípios.

Também destacado por Tomás-Ramón Fernández, o exemplo de Dworkin[21] acerca dos soldados que devem ser destacados por determinado sargento para o cumprimento de determinada função é esclarecedor. Tal "escolha" em verdade é uma decisão, dado que mesmo parecendo que não haja um critério de escolha previamente condicionado com uma especificidade de

20. FERNÁNDEZ, Tomás-Ramón. **Del arbitrio e de la arbitrariedad judicial.** p. 59.
21. DWORKIN, Ronald. **Levando os direitos à sério**. São Paulo: Martins Fontes, 2002. p. 50-55.

sentido que chegue a consubstanciar uma totalidade ôntica, há o princípio ou os princípios que devem guiar a missão a ser cumprida. O primeiro deles é a própria missão e os demais, em face da missão, são os que regerão como esta deve ser levada a cabo, ou seja, dentro de quais limites.

Veja-se que não há um conflito entre princípios ou sequer uma oposição, o que poderia dar azo a uma "liberdade" ou a uma abertura interpretativa, mas um estreitamento deste caminho interpretativo, que leva a apenas uma resposta correta. O grande problema reside neste ponto, mas não apenas aí, visto que da admissão de uma oposição principiológica decorre a necessidade de racionalização dela, seja pela admissão da moldura kelseniana derivada da indeterminação do direito, seja por meio da regra/princípio da ponderação. Quando dessa tal racionalização, há a necessidade de estabelecimento de critérios, como acima já falado, de modo que estes é que podem ser distorcidos, transformando-se em método legitimador de conduta completamente diversa da que seria de se esperar para o atingimento dos objetivos propostos pela Constituição[22].

---

22. STRECK, Lenio Luiz; BOLZAN DE MORAIS, José Luis. Comentário ao artigo 3º In: CANOTILHO, J.J. Gomes; MENDES, Gilmar Ferreira; SARLET, Ingo Wolfgang; ______ (Coords.). **Comentários à Constituição do Brasil.** São Paulo: Saraiva/Almedina, 2013. p. 146-150: "(...) V. A ideia de uma teoria da Constituição adequada implica uma interligação com uma teoria do Estado, visando à construção de um espaço público, apto a implementar a Constituição em sua materialidade, o que implica a necessária assunção de objetivos a serem perseguidos e concretizados por meio de ações estatais, as quais, com isso, passam a ser observadas, em sua constitucionalidade, pelos fins perseguidos, pelos meios utilizados e pela viabilidade dos instrumentos utilizados para tanto. Dito de outro modo, uma tal teoria da Constituição não prescinde da teoria do Estado, apta a explicitar as condições de possibilidade para a implantação das políticas de desenvolvimento constantes – de forma dirigente e vinculativa – no texto da Constituição e que indicam os fins a serem perseguidos por toda a atividade estatal em suas diversas esferas de poder, tanto na perspectiva da especialização de funções quanto na sua estrutura institucional que desenha a forma do Estado – o federalismo. Portanto, além de as funções do Estado estarem vinculadas a tais objetivos, estes devem ser perseguidos e concretizados em todos os níveis do Estado brasileiro – União, Estado e Municípios são responsáveis pela busca e concretização destes fins, constitucionalmente selecionados e positivados. (...) VIII. O que há em comum em todas as políticas públicas é o processo político de escolha de prioridades para o governo, tanto em termos de finalidades como em termos de procedimentos, e tal já vem condicionado pelos objetivos constitucionais postos ao Estado Democrático de Direito. As funções públicas estão, todas elas, condicionadas pelo cumprimento destes objetivos, ficando sua discricionariedade desenhada por tais conteúdos. Ou seja, a formulação da execução das políticas públicas vem não apenas sujeita ao controle de sua regularidade formal, como também de sua destinação adequada ao cumprimento dos fins do Estado. (...) XII. Há que se considerar, desde logo, que a ideologia constitucional não é neutra, é política, e vincula o intérprete. Os objetivos constitucionais fundamentais, como o art. 3º da Constituição de 1988, são a expressão das opções ideológicas essenciais sobre as finalidades sociais e econômicas do Estado, cuja realização é obrigatória para os órgãos e agentes estatais e para a sociedade ou, ao menos, os detentores do poder econômico ou social fora da esfera estatal. Constitui o art. 3º da Constituição de 1988 um verdadeiro programa de ação e de legislação, devendo todas as atividades do Estado brasileiro (inclusive as políticas públicas, medidas legislativas e decisões judiciais) se conformar formal e materialmente ao programa inscrito no texto constitucional. As políticas públicas podem ser controladas, assim, não apenas em seus aspectos de legalidade formal, mas também no tocante à sua adequação ao conteúdo e aos fins da Constituição, que são, entre outros, fundamentalmente, os fixados no art. 3º.

Com Dworkin, não se nega a discricionariedade[23], mas que esta não pode consistir em uma faculdade do intérprete. O poder discricionário apenas pode ser legítimo perante o Estado Democrático de Direito, se apresentar como o dever de alguém em tomar decisões de acordo com padrões estabelecidos por uma determinada autoridade[24], no caso, o Direito, que como visto à exaustão, não é relativo. Quem governa efetivamente é o Direito, não o legislador ou o administrador, muito menos o juiz.

Aqui se vê a importância dos princípios em Dworkin e, especialmente em Streck, onde resta evidente o quão danosa é a visão assujeitadora da filosofia da consciência sobre estes, fazendo-os de álibis interpretativos, escusas para a escolha que melhor entender o intérprete segundo seu "julgamento" pessoal, olvidando-se do caráter democrático da decisão do qual resta encarregado. Ao contrário disso, os princípios são indissociáveis do Direito, de modo que não entram em cena apenas na insuficiência das regras, mas sempre aí estão preenchendo o sentido do "mundo" e apresentando o caminho para a "resposta correta". Por isso, o que realizado pelo positivismo normativista, em que ainda mergulhada a doutrina jusadministrativista brasileira, quando admite a discricionariedade ante a insuficiência de um direito pressuposto, é incompatível com uma visão democrática de Estado, pois sempre deixará ao indivíduo a escolha no caso concreto.[25]

Por tudo quanto dito, com Dworkin[26] e de modo a promover um fechamento com toda a crítica realizada por Streck sobre a discricionariedade (judicial) em sua vasta obra, em grande medida, o que se tem por discricionariedade judicial é o mesmo que discricionariedade administrativa, ou executiva, no caso. Ambas as decisões são balizadas por padrões, os quais derivados do Direito, pelo que normativos e inegavelmente deontológicos, de maneira que perfeitamente passível de se falar em uma única resposta correta. Atente-se que aqui não se está a dizer que as escolhas políticas restam engessadas, normatizadas, mas que muito do que se tem como escolhas políticas, em verdade são decisões administrativas, perfeitamente delimitadas pelos padrões impostos pelo Direito, este sim, política e democraticamente determinado.

Aqui, à semelhança do que feito com a cisão entre casos fáceis e casos difíceis ou entre atos vinculados e discricionários, a definição do que será uma decisão de cunho político e uma decisão administrativa/executiva, esta última que realmente importa para a disciplina do direito (administrativo),

23. No que o autor chama de sentido forte.
24. DWORKIN, Ronald. **Levando os direitos à sério**. São Paulo: Martins Fontes, 2002. p. 50-51.
25. Ibid., p. 50-54.
26. Ibid., p. 56.

apenas poderá ser realizada no caso concreto. As decisões políticas, desde que tomadas em consonância com o que prenuncia o Direito, certamente posto e instruído pelo "mundo da vida", não devem ser controladas juridicamente em seu viés material[27], ao passo que as decisões administrativas, de cunho executivo, estas sim devem ser controladas integralmente pelo direito. Por isso, o ponto a se definir é quais decisões estatais são políticas e quais são administrativas, o que remonta uma distinção feita desde há muito no direito brasileiro por Oliveira Santos, entre governo e administração[28].

Como já visto, nos atos (estatais) de administração, apenas resta admitida a discricionariedade de forma excepcional, em casos de calamidade, aos quais o Direito nao apresentaria respostas.[29] Aqui se faz importante relembrar que o pensamento de Oliveira Santos foi desenvolvido sob o paradigma do positivismo exegético, pelo que não poderia apresentar-se de forma diversa em relação ao que tido por discricionariedade. Mesmo assim, o que salta aos olhos é a mais do que pertinente distinção entre atos políticos e atos executivos, ou de administração, de modo que em relação aos primeiros sequer se falava algo sobre seu caráter discricionário ou sobre o controle de sua materialidade.

Mesmo assim, convém ressaltar novamente outra característica importante da obra de Oliveira Santos, que aqui se mostra especialmente relevante: a evidência de que a calamidade, aonde o Direito não chega, atinge a todos os cidadãos de forma indistinta, trazendo o importante ingrediente da igualdade. À luz disso, o autor aponta que o combate à situação danosa ao Direito, mas que não coberta por este, a calamidade, deve ser realizado de forma discricionária, mas o combate à desigualdade em si, ou seja, fora de uma situação limítrofe, não pode ser feito de forma discricionária, eminentemente por disciplinado pelo direito, ou seja, por advirem de uma escolha política.[30]

Aqui também se faz importante a noção de administração trazida por Viveiros de Castro, segundo a qual quem administra algo, especialmente público, deve ter em conta que não o faz para si, mas que administra o que pertence a outrem, pelo que deve ser dirigido para os interesses de outrem. No caso, a coletividade.[31]

---

27. Claro que aqui se fala em um viés material não em uma oposição frontal a um determinado viés formal, como se um pudesse existir puramente sem o outro, mas apenas em razão de uma metafísica mínima, necessária para que se possa distinguir e classificar algumas situações, especificamente com intuitos didáticos.
28. SANTOS, Oliveira. **Direito administrativo e sciencia da administração**. p. 149.
29. Ibid., p. 150-151.
30. Ibid., p. 154-155.
31. CASTRO, Augusto Olympio Viveiros de. **Tratado da sciencia da administração e direito administrativo**. 3. ed. Rio de Janeiro: Jachinto Ribeiro dos Santos, 1914.

Com estas duas retomadas de colocações realizadas em obras bastante antigas e de certa maneira "esquecidas", num verdadeiro velamento nos moldes que nos apresenta Heidegger, levado a cabo por meio de uma filosofia assujeitadora, em que o indivíduo acaba por ditar como o mundo a ele se apresenta, segundo sua vontade[32], além da observação de todas danosas consequências que daí advém, é possível alcançar determinados pontos que servirão de apoio para uma necessária noção de legalidade administrativa constitucionalmente adequada e compatível com o Estado Democrático de Direto:

a) Primeiramente se faz necessário distinguir, sempre no caso concreto, o que será uma escolha política e o que será uma decisão executivo-administrativa, sempre sob uma visão constitucionalmente adequada e, no caso, iluminada pela Crítica Hermenêutica do Direito, a qual certamente aporta uma intersubjetividade (salto do esquema sujeito-objeto para o esquema sujeito-sujeito)[33], indispensável para o Estado Democrático de Direto e incapaz de pode ser provida pelas diversas estruturas montadas pela filosofia da consciência;[34]
b) Diante de tal distinção, observar que os atos traduzidos como escolhas políticas apenas podem sofrer controle pelo direito no que são efetivamente regulados aprioristicamente por este, ou seja, onde escolhas (políticas) prévias sobre sua edição já foram tomadas, esta apenas pode manifestar-se em relação aos requisitos para sua formação;
c) Por sua vez, os atos traduzidos como decisões administrativas, aqueles que o direito já determinou que (e eventualmente como) ocorram, o que certamente inclui a normatização prospectiva inserta na Constituição[35], devem ser tidos como integralmente controláveis, sendo perfeitamente aplicável nestes casos o que Streck denominou

---

32. Como se isso fosse possível, o que já se viu incompatível com o atual estágio da filosofia, especialmente neste terceiro capítulo, onde descontruiu-se a noção de metafísica, especialmente em seu último grau, ou seja, a vontade de poder, demonstrando o quão incompatível com a reviravolta hermenêutico-transcendental, que por sua vez se mostra indispensável a uma ideia de direito, especialmente público, compatível com o Estado Democrático de Direito que se pretende levar a cabo no Brasil.

33. Sempre "reconhecedora de direitos recíprocos da sociedade", de modo a afastar a antidemocrática prevalência do sujeito egoísta da modernidade, o *Selbstsüchtiger*, aquele que "se basta", que constrói seu próprio objeto de conhecimento. Cf. STRECK, Lenio Luiz. **Verdade e consenso**. p. 228-229.

34. Importante anotar que aqui não se está a buscar uma separação nos moldes da que realizada por Themístocles Cavalcanti (Cf. CAVALCANTI, Themístocles. **Instituições de direito administrativo brasileiro**. p. 04.), diretamente fundada no paradigma da subjetividade, da filosofia da consciência, mas uma distinção (não uma cisão!) que leve em conta o constante entrelaçamento entre as duas searas e que diante disso possa distingui-las e separa-las com a necessária "habilidade".

35. Que possui como sua maior expressão o que posto no artigo 3º, ou seja, os objetivos fundamentais da República.

de "direito fundamental à obtenção de respostas corretas"[36], onde a resposta correta, nada mais é do que a "resposta hermeneuticamente adequada à Constituição"[37];

d) Esta "resposta correta" deve focar-se não em quem a provê, mas como se dá, de modo que "o círculo hermenêutico necessariamente 'atravessa' a compreensão antes que o sujeito pense que se assenhora da interpretação e dos sentidos", devendo o direito determinar e controlar estes sentidos em face de sua legitimidade, de modo que estes sejam compatíveis com o inserido na Constituição e na normatização decorrente.

Partindo-se de tais premissas, algumas decisões administrativas (não políticas) muito criticadas, especialmente por tidas como claramente imorais, mas inatingíveis sob seu prisma jurídico, passam a ser questionáveis também sob tal aspecto. Isso se deve a superação da cisão entre direito e moral conforme realizada pelo positivismo normativista e reprisada pela discricionariedade (administrativa) em grande escala praticada, mesmo e especialmente aquela que se funda no neoconstitucionalismo à brasileira. Há casos emblemáticos que servem para ilustrar como toda essa questão funciona concretamente, de modo a demonstrar como decisões administrativas imorais, tidas como legais sob a ótica da subjetividade, são ilegais aos olhos da Crítica Hermenêutica do Direito.

O primeiro destes casos é o do famoso viaduto estaiado, por sobre a Avenida Comendador Franco, em Curitiba, localmente conhecida como Avenida das Torres. A obra foi levada a cabo com recursos do PAC da Copa, oriundos da União, integrando o chamado "corredor Aeroporto-Rodoferroviária", buscando interligar com maior eficiência os dois pontos, cruciais no transporte coletivo da capital paranaense. Em todo o "corredor", segundo informação oficial provida pelo Município de Curitiba, foram utilizados R$ 145 milhões de reais[38], dos quais 84,49 milhões são destinados somente ao viaduto[39].

O valor do viaduto se mostra absolutamente elevado, especialmente se considerado em face do que dispendido em toda a obra e a comparação

36. STRECK, Lenio Luiz. A Constituição (ainda) dirigente e o direito fundamental à obtenção de respostas corretas. **Revista do Instituto de Hermenêutica Jurídica**, Porto Alegre, número do v. 1, n. 6, p. 273-313, 2008.

37. STRECK, Lenio Luiz. **Verdade e consenso**. 4. ed. São Paulo: Saraiva, 2011. p. 327.

38. Acesso em 20/04/2020: [http://www.curitiba.pr.gov.br/noticias/com-instalacao-de-cabos-obra-do-viaduto-estaiado-entra-em-fase-final/31880].

39. Acesso em 14/02/2014: [http://www.gazetadopovo.com.br/vidaecidadania/conteudo.phtml?id=1248171].

dos benefícios trazidos se fosse utilizado um viaduto ordinário, ou seja, sem qualquer sofisticação arquitetônica. O questionamento não paira sobre o viaduto e os benefícios para o transporte público, mas no que tange a necessidade da obra arquitetônica representada pela adjetivação "estaiado"[40]. Para atingir ainda maior grau de especificidade, conforme posto no Edital de Concorrência Nº CN/081/2011 – SMOP/OPP, que é o instrumento que regeu a contratação da obra em questão, na construção do viaduto, apenas o que foi especificado como "OBRA DE ARTE ESPECIAL", em referência à especificidade arquitetônica da estrutura, tinha como previsão o consumo de R$ 85.370.734,12 (oitenta e cinco milhões, trezentos e setenta mil e setecentos e trinta e quatro reais e doze centavos) do erário[41].

Para que concentremo-nos apenas no ponto que aqui nos interessa, ou seja, a caracterização do viaduto como "estaiado" como uma decisão administrativa e não política, pelo que passível de controle pelo Direito (não apenas pelo Judiciário), o que se busca verificar é a correção jurídica do juízo de dispender mais de 85 milhões de reais em um viaduto que poderia custar pouco mais de 10 milhões. Essa decisão fundar-se-ia na opção arquitetônica, calcada na beleza e singularidade estética da obra, que teria o potencial de servir como ponto turístico para a cidade e, em grande medida tangencialmente, deixar um grande vão para a passagem de uma futura opção de transporte coletivo. Têm-se duas motivações, ambas determinantes e vinculantes para a decisão pela opção mais dispendiosa, as quais devem ser analisadas pontual e separadamente.

A primeira das motivações seria a arquitetura singular da obra e sua beleza estética, que acabariam por criar uma identidade e, eventualmente, um novo ponto turístico para a cidade de Curitiba.

Ora, em um país de extremamente desigual como o Brasil, onde as promessas da modernidade mantem-se incumpridas, e em uma cidade como Curitiba, que à semelhança de outras capitais e grandes cidades brasileiras, possui sérios problemas de mobilidade urbana, se afigura minimamente peculiar decidir pela construção de um viaduto ao invés de oito apenas em razão da estética empregada neste. Como já visto anteriormente, a Constituição já dá a resposta de antemão, especificamente por meio do que posto em seu artigo 3º, de modo que os objetivos lá impressos não podem ser

---

40. Segundo informações do próprio Município de Curitiba [http://www.curitiba.pr.gov.br/noticias/publicados-editais-de-licitacao-para-quatro-obras-da-copa/25429], a singular característica do viaduto não se deve apenas ao valor arquitetônico da obra, mas para que haja a manutenção da um grande espaço de vão livre, específicos 129 metros, o qual viabilizaria a implantação de um específico modal de transporte público no canteiro central da Avenida cruzada pela via suspensa, o chamado VLT ou "Veículo Leve sobre Trilhos".

41. Importante frisar que, ainda segundo o Edital da obra, este valor exclui itens como "PAVIMENTAÇÃO" e "CALÇAMENTO", para ficar-se apenas nestes, de modo que estes foram orçados separadamente.

flexibilizados ou sopesados pela administração estatal, sob pena de perda de normatividade do próprio texto constitucional.

Após tudo o que analisado e dito nesta obra, pode-se afirmar que a administração não pode sopesar o que posto na Constituição, afinal não exerce atividade política, mas apenas atividade administrativa, absolutamente vinculada ao Direito.

Voltando atenções para a segunda motivação, aquela que diz respeito ao vão de grandes dimensões do viaduto por sobre a avenida que é cruzada, que teria sido idealizado para permitir a futura passagem de uma solução de transporte coletivo (VLT), o primeiro ponto de que deve ser abordado e que parece ter o condão de obstar todos os demais questionamentos por torná-los despiciendos, é a vinculação na implantação do transporte coletivo. Não apenas isso, mas do transporte idealizado para a passagem ou de um que necessariamente venha a fazer uso do extenso vão. Qualquer resposta fora desse "quadrante" traduz-se como falta de planejamento e contrariedade ao Direito.

Ora, o apenas não planejamento da obra concernente ao transporte coletivo, que se traduz na ausência de previsão do investimento e sua inclusão no plano plurianual, já consubstancia a não previsão e não vinculação da realização de tal intervenção[42], fazendo com que a especificidade arquitetônica posta no viaduto tenha sua finalidade comprometida desde já.

Aqui calha relembrar o que já frisado em exemplo dado por Tomás-Ramón Fernández, aquele da necessária coerência e integridade das decisões administrativas, no qual se fala do planejamento urbano de Madrid, onde se ressalta que tudo o que feito no passado não pode ser descartado em futuras atuações. Isso vale também no sentido inverso, ou seja, há a constante necessidade de planejamento da atividade administrativa, necessariamente sempre dentro dos limites do Direito.[43]

Portanto, a resposta correta provida pelo Direito e que deve(ria) vincular a atividade administrativa para o caso, é a não construção da obra comprometendo o montante de recursos que comprometeu. A um, pois o comprometimento se deu com base em fundamentos dissonantes do direito, o que pôde ser verificado com base no desvelamento do fenômeno e na verificação do posicionamento de um Direito compromissório e com o encargo de projetar um futuro diferente da situação hoje posto. A dois, diante da possibilidade de utilização dos recursos empregados na obra ora discutida, para resolução em escala muito maior de problemas eleitos pelo direito como prioridades da República.

---

42. Essa vedação é dada pelo artigo 169, § 1º, da Constituição e pelo artigo 5º, § 5º, da Lei Complementar nº 101/2000, a chamada "Lei de Responsabilidade Fiscal".

43. FERNÁNDEZ, Tomás-Ramón. **Del arbitrio e de la arbitrariedad judicial**. p. 62-63.

Não se trata de uma digressão barata e ideológica, seja de esquerda ou de direita, que eventualmente desconsideraria que a verba advinda do PAC, certamente por meio de um convênio, restaria vinculada à obra para o qual inicialmente foi firmado. As considerações que aqui são tecidas não param em uma mera questão dogmática como essa, para conhecimento da qual basta entender o que consubstanciado pelo direito positivo, sem a necessidade de qualquer abordagem crítica. Aqui se questiona a atividade administrativa como um todo, seja a perpetrada na esfera federal pela vinculação de recursos disponibilizada sem o devido controle, seja a levada a cabo pela esfera municipal por meio do engendramento de obra dissonante do direito, de um Direito necessariamente transformador, como o imposto pela Constituição e que apenas pode ser alcançado com uma teoria do direito muito mais sofisticada e adequada aos avanços da filosofia, do que a que aí se apresenta.

Aliás, isso é o que se busca propugnar para o específico campo do direito administrativo.

Os casos acima narrados, especialmente em razão do relativismo que reina sobre a ideia de discricionariedade, necessariamente ligando a atividade administrativa à política, representam uma prevalência de tudo o que criticado no paradigma da filosofia da consciência ligado ao Direito. Transforma-se a atividade administrativa em verdadeira expressão da vontade de poder de Nietzsche, claramente olvidando-se de que mesmo essa não é incondicionada à mera vontade do sujeito, exatamente por essa última também não ser incondicionada. Importando sempre a legitimidade das motivações que levaram a exarar-se o ato em causa, nas as veladas, que somente por tal condição já restam comprometidas, mas as que efetivamente devem atender ao que exigido pelo Direito, com especial ênfase nos princípios constitucionais, deontologicamente considerados.

O que aqui se defende não é uma fuga de Nietzsche, pelo que se justifica toda a digressão exposta no terceiro capítulo, mas uma caminhada rumo a Nietzsche junto com Heidegger. Claro que o caminho trilhado para isso não se mostra fácil, certamente as colocações referidas são complexas, pelo que necessárias as exposições filosóficas que lá foram postas. Mesmo assim, esse rumar é fundamental para que realizemos as tão necessárias transformações de que nos fala Nietzsche (em "Assim falou Zaratustra") com a lucidez e segurança que nos são providas pelas colocações heideggerianas e a Crítica Hermenêutica do Direito.

Sobre este caminhar, deve-se manter "um cuidado zeloso" nos moldes do que nos fala Folloni, com vistas a não cair num procedimento de influência metafísica na tentativa de fazer ciência. Isso, pois, como posto por Nietzsche, apegar-se a invariabilidades e universalidades lógicas derivadas do direito positivo nada mais é do que manter-se em um mundo tranquilo, no qual se possa trabalhar em "paz", mesmo que de forma artificial.[44]

A superação do dualismo metafísico promovida por Nietzsche apenas apresenta-se como uma efetiva superação se lida sob o viés de Heidegger. Com a supressão dos dois mundos, o que não é satisfeito apenas com sua inversão, apenas resta o mundo imanente, o qual não é nem aparente nem real, mas é o que resta. Aqui se tem o que Nietzsche chama do momento do "meio-dia".[45]

Sumida a transcendência, existindo apenas a imanência, também somem os conceitos primeiros, os mais elevados, mais gerais e mais vazios, os quais travam a pesquisa científica e, no caso, a realização do Estado Democrático de Direito pela própria ciência do direito[46]. Por isso não mais se pode associar a discricionariedade a uma ideia de liberdade, derivada de uma metafísica ideia de indeterminação do direito como seu fundamento, afirmada por uma competente linguagem jurídica, seja dada pela própria lei ou pela interpretação dela, que é sempre o fundamento final de tudo isso.

O meio-dia é o momento em que o espírito se torna livre, soltando as amarras que o prendiam ao mundo ideal, universal, coerente e eterno, podendo voltar-se para o concreto, compreendendo suas individualidades e incoerências, afastando-se em grande medida das falácias metafísicas.[47]

O espírito torna-se livre quando deixa de ser camelo, quando carregava nas costas todo o mundo (suprimido) e seu peso, todos os dogmas elevados a dogmatismos, carregando todo esse senso comum teórico rumo ao deserto. Temos de deixar de ser esse animal de carga, que simplesmente carrega "conhecimentos". Temos de fazer nascer em nós o leão que luta e vence o grande dragão, exatamente quando nosso espírito, à identidade do camelo, faz a travessia pelo deserto mais solitário.

Com a força do leão, é possível que digamos não para tudo aquilo que antes aceitamos de bom grado, todos os engodos da época em que nosso espírito era mero animal de carga e não possui qualquer condição de insurreição. Essa é a metamorfose que nos permite negar aquilo que nos oprime. Mesmo assim não nos basta o leão, que em verdade não consegue desprender-se dos valores que supera, e exatamente em tal superação, acaba preso aos mesmos, sempre vinculado, como a vontade de poder.

---

44. FOLLONI, André Parmo. **Ciência do direito tributário no Brasil**: crítica e perspectivas a partir de José Souto Maior Borges. São Paulo: Saraiva, 2013. p. 278-295.

45. NIETZSCHE, Friedrich. **Crepúsculo dos ídolos, ou, como se filosofa com o martelo**. Tradução de Paulo César de Souza. São Paulo: Companhia das Letras, 2006.

46. Aqui não há descuido com a expressão, havendo ainda a cisão entre direito e ciência do direito, de modo que o primeiro ainda é algo distante de grande parte da doutrina jusadministrativa pátria, exatamente por insistir-se no paradigma da subjetividade.

47. FOLLONI, André Parmo. **Ciência do direito tributário no Brasil**. p. 278-295.

Aqui vem a terceira e derradeira transformação de que nos fala Zaratustra (Nietzsche), aquela em que o leão passa a criança, que é a inocência, o esquecimento, um novo começar. Essa última transformação, apenas possível após a vitória do leão, é que nos permite dizer sim à (nova) verdade, abandonando nossas antigas pré-compreensões (inautênticas).

O cerne, como afirmou Garcia de Enterría, e frisado nos momentos iniciais da obra, é o controle da discricionariedade[48], ou seja, da atividade estatal. Mesmo assim, a doutrina partiu para a obtenção de justificativas, o que apenas serve para legitimar a ausência de controles.

Em uma última palavra: se os sentidos não forem levados a sério, se for aceito um relativismo filosófico e do Direito, além de uma esfera política, também cada vez mais relativa, a atuação do Estado estará disponível para quem tiver mais poder, que nos dias atuais destaca-se pelo viés econômico, transformando-se em uma verdadeira quimera a ser utilizada por quem mais hábil para tanto for. Ao se utilizar a filosofia como mera capa de sentido, destacando que há uma pretensa oposição entre um imaginário de viés única e exclusivamente prático do Direito e um outro que seja teórico, deixa-se de se levar a sério os sentidos, o Direito e o Estado como um todo, algo que se faz completamente aterradorno Brasil dos dias atuais.

48. ENTERRÍA, Eduardo García de. **Democracia, jueces y control de la administración**. 3. ed. Madrid: Civitas, 1997. p. 31.

REFERÊNCIAS

ABBOUD, Georges; CARNIO, Henrique Garbellini; OLIVEIRA, Rafael Tomaz de. **Introdução à teoria e à filosofia do direito**. São Paulo: Revista dos Tribunais, 2013.

ABBOUD, Georges. **Jurisdição constitucional e direitos fundamentais**. São Paulo: Revista dos Tribunais, 2011.

AGAMBEN, Giorgio. **Profanações**. São Paulo: Boitempo, 2007.

ALEXY, Robert. **Teoria dos Direitos Fundamentais**. Tradução por Virgílio Afonso da Silva. São Paulo: Malheiros, 2008.

ARENDT, Hannah. **Sobre a Revolução**. São Paulo: Companhia das Letras, 2011.

AVELÃS NUNES, António José. **As Voltas Que O Mundo Dá...**: reflexões a propósito das aventuras e desventuras do estado social. Rio de Janeiro: Lumen Juris, 2011.

BANDEIRA DE MELLO, Celso Antônio. **Curso de Direito Administrativo**. 27. ed. São Paulo: Malheiros, 2010.

BANDEIRA DE MELLO, Celso Antônio. **Discricionariedade e controle judicial**. 2. ed. São Paulo: Malheiros. 2007.

BERMAN, George; PICARD, Etienne. **Introdução ao direito francês**. Rio de Janeiro: Forense, 2011.

BETTI, Emilio. **Interpretação da lei e dos atos jurídicos**. São Paulo: Martins Fontes, 2007.

BEZERRA, Danieli Machado. **Reinhart Koselleck e a Linguagem**. Curitiba: Appris, 2018.

BIAGIONI, João. **A ontologia hermenêutica de H. G. Gadamer**. Uberlândia: Universidade Federal de Uberlândia, 1983.

BLANCO, Carlos Nieto. **La conciencia lingüística de la filosofía**. Madrid: Trotta, 1997.

BOBBIO, Norberto. **A era dos direitos**. Rio de Janeiro: Elsevier, 2004.

BOBBIO, Norberto. **Teoria geral do direito**. São Paulo: Martins Fontes, 2007.

BODIN, Jean. **Los seis libros de la república**. Madrid: Centro de Estudios Constitucionales, 1992.

BOLZAN DE MORAIS, José Luis **As crises do estado e da constituição e a transformação espaço-temporal dos direitos humanos**. 2. ed. Porto Alegre: Livraria do Advogado, 2011

BOLZAN DE MORAIS, José Luis A atualidade dos direitos sociais e a sua realização estatal em um contexto complexo e em transformação. In: STRECK, Lenio Luiz; ______ (Orgs.). **Constituição, sistemas sociais e hermenêutica: anuário do programa de Pós-Graduação em Direito da UNISINOS**. Porto Alegre: Livraria do Advogado, 2010, pp. 101-119.

BOLZAN DE MORAIS, José Luis; NASCIMENTO, Valéria Ribas do. **Constitucionalismo e Cidadania**: por uma jurisdição constitucional democrática. Porto Alegre: Livraria do Advogado, 2010.

BONAVIDES, Paulo. **Do País Constitucional ao País Neocolonial**. 4. ed. São Paulo: Malheiros, 2009.

BONAVIDES, Paulo. **Teoria Geral do Estado**. 9. ed. São Paulo: Malheiros, 2012.

CABRAL DE MONCADA, Luis. **Lei e regulamento**. Coimbra: Coimbra, 2002.

CAENEGEM, Raoul Charles van. **Uma introdução histórica ao direito constitucional ocidental**. Lisboa: Fundação Calouste Gulbenkian, 2009.

CAMPOS, Francisco. **Direito Administrativo**. Rio de Janeiro: Freitas Bastos. 1958.

CANOTILHO, J.J. Gomes; MENDES, Gilmar Ferreira; SARLET, Ingo Wolfgang; STRECK, Lenio Luiz. (Coords.). **Comentários à Constituição do Brasil**. São Paulo: Saraiva/Almedina, 2013.

CANOTILHO, José Joaquim Gomes. **Direito Constitucional e Teoria da Constituição**. Coimbra: Almedina, 2003.

CANOTILHO, José Joaquim Gomes. **A crise conceitual da filosofia do direito no contexto da crise global da filosofia. Tópicos para a possibilidade de uma reflexiva reabilitação**. Coimbra: Coimbra Editora, 2003.

CANOTILHO, José Joaquim Gomes. António A. **O Direito hoje e com que sentido? O problema actual da autonomia do Direito**. Instituto Piaget: Lisboa, 2002.

CARDOSO, Fernando Henrique. **Os pensadores que inventaram o Brasil**. São Paulo: Companhia das Letras, 2013.

CASTANHEIRA NEVES, António. O actual problema metodológico da interpretação jurídica. **Revista de Legislação e de Jurisprudência**. Coimbra: Coimbra Editora, n. 3919-3920.

CASTELLS, Manuel. **A Sociedade em Rede**. Volume I. 6. ed. atualiz. São Paulo: Paz e Terra, 1999.

CASTELLS, Manuel. **O poder da identidade**. Volume II. São Paulo: Paz e Terra, 1999.

CASTELLS, Manuel. Para o Estado-rede: globalização econômica e instituições políticas na era da informação. *In*: BRESSER PEREIRA, Luiz Carlos; WILHEIM, Jorge; SOLA, Lourdes (orgs.). **Sociedade e Estado em transformação**. São Paulo: UNESP; Brasília: ENAP, 1999.

CASTORIADIS, Cornelius. **A instituição imaginária da sociedade**. 3. ed. Rio de Janeiro: Paz e Terra, 1991.

CASTRO, Augusto Olympio Viveiros de. **Tratado da sciencia da administração e direito administrativo**. 3. ed. Rio de Janeiro: Jachinto Ribeiro dos Santos, 1914

CAVALCANTI, Themístocles Brandão. **Instituições de direito administrativo brasileiro**. 2. ed. Rio de Janeiro: Freitas Bastos. 1938.

CONSEIL D'ÉTAT. 17 février 1950 – Ministre de l'agriculture c/ Dame Lamotte. Disponível em: [http://www.conseil-etat.fr/fr/presentation-des-grands-arrets/17-fevrier-1950-ministre-de-lagriculture-c.html]. Acesso em: 05/10/2013.

CORREIA, José Manuel Sérvulo. **Legalidade e autonomia contratual nos contratos administrativos**, Coimbra: Almedina, 2003.

CREVELD, Martin Van. **Ascenção e declínio do Estado**. São Paulo: Martins Fontes, 2004.

DE OLIVEIRA. Manfredo Araújo de. **Reviravolta linguístico-pragmática na filosofia contemporânea**. São Paulo: Edições Loyola, 2006.

DI PIETRO, Maria Sylvia Zanella. A defesa do cidadão e da res publica. **Revista do Serviço Público**, Fundação Escola Nacional da Administração Pública, Brasília, ano 49, n. 2, abr./jun. 1998, 1998.

DIAS, Gabriel Nogueira. **Positivismo jurídico e a teoria do direito**. São Paulo: Revista do Tribunais, 2010

DROMI, Roberto. **Acto administrativo**. 4. ed. Buenos Aires; Madrid; México: Ciudad Argentina; Hispania Libros, 2008.

DUBOIS, Christian. **Heidegger.** Tradução: Bernardo Barros Coelho de Oliveira. Rio de Janeiro: Jorge Zahar, 2004.

DWORKIN, Ronald. **A Justiça de Toga**. Tradução: Jefferson Luiz Camargo. São Paulo: Martins Fontes, 2010.

DWORKIN, Ronald. **A Virtude Soberana**. Tradução: Jussara Simões. 2. ed. São Paulo: Martins Fontes, 2011.

DWORKIN, Ronald. **Justice for Hedgehogs**. Cambridge; Londres: Belknap Press of Harvard University Press, 2011.

DWORKIN, Ronald. **Levando os direitos a sério**. São Paulo: Martins Fontes, 2007.

DWORKIN, Ronald. **O Império do Direito**. Tradução: Jefferson Luiz Camargo. São Paulo: Martins Fontes, 2007.

DWORKIN, Ronald. **Uma Questão de Princípios**. Tradução: Luís Carlos Borges. São Paulo: Martins Fontes, 2005.

ECO, Umberto. **O nome da rosa**. Rio de Janeiro: Record. 2009.

ENGISCH, Karl. **Introdução ao pensamento jurídico**. 8. ed. Lisboa: Calouste Gulbenkian, 2001.

ENTERRÍA, Eduardo García de. **Democracia, jueces y control de la administración**. 3. ed. Madrid: Civitas, 1997.

ENTERRÍA, Eduardo García de. **Revolución francesa e administración contemporánea**. 5. ed. Madrid: Civitas, 1998.

FALZONE, Guido. **II Dovere di Buona Amministrazione**. Milão: Giuffrè, 1953

FAORO, Raymundo. **A democracia traída**. São Paulo: Globo, 2008.

FAORO, Raymundo. **Os donos do poder: formação do patronato político brasileiro**. 3. ed. São Paulo: Globo, 2001.

FERNÁNDEZ, Tomás-Ramón. **Del arbitrio e de la arbitrariedad judicial**. Madrid: Iustel, 2005.

FREITAS, Juarez. **Discricionariedade Administrativa e Direito Fundamental à Boa Administração**. 2. ed., São Paulo: Malheiros. 2009.

FREITAS, Juarez. **O controle dos atos administrativos**, 4. ed. São Paulo: Malheiros. 2009.

FREYRE, Gilberto. **Casa-grande & senzala**. Madri; Barcelona; La Habana; Lisboa; Paris; México; Buenos Aires; São Paulo; Lima; Guatemala; San José: ALLCA XX, 2002

FITZPATRICK, Peter. **A mitologia da lei moderna**. São Leopoldo: Unisinos, 2005.

FOLLONI, André Parmo. **Ciência do direito tributário no Brasil**: crítica e perspectivas a partir de José Souto Maior Borges. São Paulo: Saraiva, 2013.

FOLLONI, André Parmo. **Pelo fim do poder no direito público**. A&C. Revista de Direito Administrativo & Constitucional, v. 26, p. 59-84, 2006.

GADAMER, Hans-Georg. **Verdade e método**. 3. ed. Tradução por Flávio Paulo Meurer. Petrópolis: Vozes, 1997.

GADAMER, Hans-Georg. **Verdade e método II**. 2. ed. Tradução por Enio Paulo Giachini. Petrópolis: Vozes, 2002.

GALEANO, Eduardo. **As veias abertas da América Latina**. Tradução: Sergio Faraco. Porto Alegre: LP&M, 2012.

GALEANO, Eduardo. **De pernas pro ar**. Tradução: Sergio Faraco. Porto Alegre: LP&M, 2011.

GILISSEN, John. **Introdução História ao Direito**. Tradução por António Manuel Hespanha e Manuel Luís Macaísta Malheiros. Lisboa: Fundação Calouste Gulbenkian, 2011.

GIACOIA JUNIOR, Oswaldo. **Nietzsche x Kant**. Rio de Janeiro: Casa da Palavra, 2012.

GORDILLO, Agustín. **Tratado de derecho administrativo**, 1 tomo: parte general. 7. ed. Belo Horizonte: Del Rey e Fundación de Derecho Administrativo, 2003.

GORDILLO, Agustín. **Tratado de derecho administrativo**, 2 tomo: La defensa del usuario y del administrado. 5. ed. Belo Horizonte: Del Rey e Fundación de Derecho Administrativo, 2003.

GORDILLO, Agustín. **Tratado de derecho administrativo**, 3 tomo: El acto administrativo. 6. ed. Belo Horizonte: Del Rey e Fundación de Derecho Administrativo, 2003.

GORDILLO, Agustín. **Tratado de derecho administrativo**, 4 tomo: El procedimiento administrativo. 6. ed. Belo Horizonte: Del Rey e Fundación de Derecho Administrativo, 2003.

GOYARD-FABRE, Simone. **Os fundamentos da ordem jurídica**. 2. ed. Tradução por Claudia Berliner. São Paulo: Martins Fontes, 2007.

GRAU, Eros Roberto. **A ordem econômica na constituição de 1988**. 13. ed. São Paulo: Malheiros, 2008.

GRAU, Eros Roberto. **O direito posto e o direito pressuposto**. 8. ed. São Paulo: Malheiros, 2011.

GRONDIN, Jean. **Introdução à hermenêutica filosófica**. Tradução por Benno Dischinger. São Leopoldo: Unisinos, 1999.

GUERRA, Sérgio. **Discricionariedade e reflexividade**. Belo Horizonte: Fórum, 2008.

HART, Herbert Lionel Adolphus. **O conceito de direito**. São Paulo: Martins Fontes, 2009

HAURIOU, Maurice. **Obra escogida**. Madrid: Instituto de Estudios Administrativos. 1976; CHAPUS, René. **Droit administratif général**. 11. ed. Paris: Montchrestien. 1997

HEIDEGGER, Martin. **Caminhos da floresta**. 2. ed. Tradução por Irene Borges-Duarte. Lisboa: Calouste Gulbenkian, 2012.

HEIDEGGER, Martin. **Introdução à filosofia**. Tradução: Marco Antonio Casanova. São Paulo: Martins Fontes, 2008.

HEIDEGGER, Martin. **Lógica: A pergunta pela essência da linguagem**. Tradução por Maria Adelaide Pacheco e Helga Hoock Quadrado. Lisboa: Fundação Calouste Gulbenkian, 2008.

HEIDEGGER, Martin. **Nietzsche**. vol. I. Rio de Janeiro: Forense Universitária, 2010.

HEIDEGGER, Martin. **Nietzsche**. vol. II. Rio de Janeiro: Forense Universitária, 2010.

HEIDEGGER, Martin. **Platão: o sofista**. Rio de Janeiro: Forense Universitária, 2012.

HEIDEGGER, Martin. **Ser e Tempo**. 3. ed. Tradução por Márcia Sá Cavalcante Schuback. Petrópolis: Vozes, 2008.

HESSE, Konrad. **A força normativa da Constituição**. Tradução: Gilmar Ferreira Mendes. Porto Alegre: Sérgio Antonio Fabris, 1991.

HOBBES, Thomas. **Leviatã**. 3. ed. Tradução: Rosina D'Angina. São Paulo: Ícone, 2008.

HOLANDA, Sérgio Buarque de. **Raízes do Brasil**. 26. ed. São Paulo: Companhia das Letras, 1995.

HÖFFE, Otfried. **Justiça e política**. 3. ed. São Paulo: Martins Fontes, 2006.

INWOOD, Michael. **Dicionário Heidegger**. 2. ed. Tradução por Luísa Buarque de Holanda. Rio de Janeiro: Jorge Zahar, 2002.

ISRAËL, Nicolas. **Genealogia do direito moderno**: O estado de necessidade. Tradução: Maria Ermantina de Almeida Prado Galvão. São Paulo: Martins Fontes, 2009.

JUSTEN FILHO, Marçal. **Curso de direito administrativo**. 9. ed. São Paulo: Revista dos Tribunais. 2013.

KANT, Immanuel. **Crítica da Razão Pura**. Tradução por Manuela Pinto dos Santos. Lisboa: Fundação Calouste Gulbenkian, 2001.

KAUFMANN, Arthur. A problemática da filosofia do direito ao longo da história. In: HASSEMER, Winfried; KAUFMANN, Arthur (orgs.). **Introdução à filosofia do direito e à teoria do direito contemporâneo**. 2. ed. Lisboa: Calouste Gulbenkian, 2009.

KAUFMANN, Arthur. **Filosofia do direito**. 4. ed. Lisboa: Fundação Calouste Gulbenkian, 2010.

KELSEN, Hans. **A Democracia**. São Paulo: Martins Fontes, 2000.

KELSEN, Hans. **Teoria geral do direito e do Estado**. 4. ed. São Paulo: Martins Fontes, 2005.

KELSEN, Hans. **Teoria Pura do Direito**. 6. ed. Coimbra: Arménio Amado, 1984.

KELSEN, Hans. **Teoria Pura do Direito**. 6. ed. São Paulo: Martins Fontes, 1999.

LAFERRIERE, M.F. **Cours de droit public et administratif**. 5. ed. Paris: Libraire Cotillon. 1860.

LEITE, Dante Moreira. **O caráter nacional brasileiro**. 3. ed. São Paulo: Pioneira, 1976.

LOCKE, John. **Segundo Tratado sobre o Governo Civil**. Petrópolis: Vozes, 1994.

LOEWENSTEIN, Karl. **Teoría de la Constitución**. Trad. de Alfredo Gallego Anabiarte. Barcelona: Ariel, 1975.

LOSANO, Mario G. **Sistema e estrutura no direito**. v.2: o século XX. São Paulo: Martins Fontes, 2010.

MAYER, Otto. **Derecho administrativo alemán**. Buenos Aires: Depalma. 1949.

MARÍAS, Julián. **História da filosofia**. São Paulo: Martins Fontes, 2004.

MÁRQUEZ, Gabriel García. **Cien años de soledad**. Madrid: Alfaguara, 2007.

MATE, Reyes. **Meia-noite na história**. São Leopoldo: UNISINOS, 2011.

MEDAUAR, Odete. **Controle da administração pública**. 2. ed. São Paulo: Revista dos Tribunais, 2012.

MEDAUAR, Odete. **Direito administrativo moderno**. 15. ed. São Paulo: Revista dos Tribunais, 2011.

MEIRELLES, Hely Lopes. **Direito administrativo brasileiro**. 39. ed. São Paulo: Malheiros, 2013.

MEUCCI, Lorenzo. **Instituzioni di diritto amministrativo**. 5. ed. Torino: Fratelli Bocca. 1905.

MOREIRA, Egon Bockmann. **Processo administrativo**: Princípios Constitucionais e a Lei nº 9.784/1999. 3. ed. São Paulo: Malheiros, 2007.

NABUCO, Joaquim. **Balmaceda**. São Paulo: Cosac Naify, 2008

NABUCO, Joaquim. **Campanha abolicionista no Recife**. Brasília: Senado Federal, 2005.

NEVES, Marcelo. **A constitucionalização simbólica**. 2. ed. São Paulo: Martins Fontes, 2007.

NEVES, Marcelo. **Entre Têmis e Leviatã: uma relação difícil**. São Paulo: Martins Fontes, 2006.

NIETZSCHE, Friedrich. Assim falou Zaratustra. Trad. Rubens Rodrigues Torres Filho. In: NIETZSCHE, Friedrich. **Obras incompletas**. São Paulo: Abril Cultural, 1999.

NIETZSCHE, Friedrich. **Crepúsculo dos ídolos, ou, como se filosofa com o martelo**. Tradução de Paulo César de Souza. São Paulo: Companhia das Letras, 2006.

NUNES, Benedito. **Ensaios filosóficos**. São Paulo: Martins Fontes, 2011.

NUNES, Benedito. **No tempo do niilismo e outros ensaios**. São Paulo: Loyola, 2012.

O'DONNELL, Guillermo. Democracia delegativa? In: **Novos Estudos Cebrap**, n. 31, out/91, p. 25 e segs.

OLIVEIRA, Rafael Tomaz de. **Decisão judicial e o conceito de princípio**. Porto Alegre: Livraria do Advogado, 2008

OHLWEILER, Leonel. **Direito administrativo em perspectiva**. Porto Alegre: Livraria do Advogado, 2000.

OTERO, Paulo. **Legalidade e Administração Pública**. Coimbra: Almedina, 2003.

PALOMBELLA, Gianluigi. **Filosofia do direito**. São Paulo: Martins Fontes, 2005.

PEÑA FREIRE, Antonio Manuel. **La garantía en el Estado constitucional de derecho**. Madrid: Trotta, 1997.

PEREIRA, Luisa Rauter. O debate entre Hans-Georg Gadamer e Reinhart Koselleck a respeito do conhecimento histórico: entre tradição e objetividade. *In:* **História da Historiografia: International journal of theory and history of historiography.** Disponível em: [https://www.historiadahistoriografia.com.br/revista/article/view/240/210]. Acesso em: 19/03/2019 as 17:30

ROBERT, Henri. **Grandes julgamentos da história**. 2. ed. Tradução por Monica Stahel. São Paulo: Martins Fontes, 2008.

ROCA, Rafael Díaz. **Teoría General del Derecho**. Madrid: Tecnos, 1997.

ROHDEN, Luiz. **Hermenêutica filosófica: Entre a linguagem da experiência e a experiência da linguagem**. São Leopoldo: Unisinos, 2002.

ROULAND, Norbert. **Nos confins do direito: antropologia jurídica da modernidade**. 2. ed São Paulo: Martins Fontes, 2008.

ROUSSEAU, Jean-Jacques. **O contrato social**. 3. ed. São Paulo: Martins Fontes, 1996.

SACHERI, Eduardo, **O segredo dos seus olhos**. Tradução por Joana Angélica d'Ávila Melo. Rio de Janeiro: Objetiva, 2011.

SALDANHA, Jânia Maria Lopes. Do funcionalismo processual da aurora das luzes às mudanças processuais estruturais e metodológicas do crepúsculo das luzes. In: STRECK, Lenio Luiz; MORAIS, José Luis Bolzan de. (Orgs.). **Constituição, sistemas sociais e hermenêutica: anuário do programa de Pós-Graduação em Direito da UNISINOS**. Porto Alegre: Livraria do Advogado, 2009, pp. 113-133

SALDANHA, Jânia Maria Lopes. **Substancialização e efetividade do direito processual civil – a sumariedade material da jurisdição: proposta de estabilização da tutela antecipada em relação ao projeto de novo CPC**. Curitiba: Juruá, 2012.

SANTOS, Oliveira. **Direito Administrativo e sciencia da administração**. Rio de Janeiro: Jachinto Ribeiro dos Santos, 1919.

SARMIENTO, Domingo Faustino. **Facundo, civilização ou barbárie**. São Paulo: Cosac Naify, 2010

SCHNEEWIND. Jerome B. Tradução: Magda França Lopes. **A invenção da autonomia**. São Leopoldo: Unisinos, 2001.

SOUSA, António Francisco de. **"Conceitos Indeterminados" no Direito Administrativo**. Coimbra: Almedina, 1994.

STEIN, Ernildo. **Compreensão e Finitude**: estrutura e movimento na interrogação heideggeriana. Ijuí: UNIJUÍ, 2001.

STEIN, Ernildo. **Pensar e Errar**: um ajuste com Heidegger. Ijuí: UNIJUI, 2011.

STEIN, Ernildo. **Diferença e Metafísica**: ensaios sobre a desconstrução. Ijuí: UNIJUI, 2008.

STEIN, Ernildo. Introdução. In: STEIN, Ernildo; OLIVEIRA, Rafael Tomaz de (Org). **Racionalidade e Existência**: o ambiente hermenêutico e as ciências humanas. Ijuí: UNIJUI, 2008.

STRECK, Lenio Luiz. A Constituição (ainda) dirigente e o direito fundamental à obtenção de respostas corretas. **Revista do Instituto de Hermenêutica Jurídica**, Porto Alegre, número do v. 1, n. 6, p. 273-311, 2008.

STRECK, Lenio Luiz; MORAIS, José Luis Bolzan de. **Ciência política e teoria do estado**. 7. ed. Porto Alegre: Livraria do Advogado, 2010.

STRECK, Lenio. **Compreender direito:** desvelando as obviedades do discurso jurídico. São Paulo: RT, 2013.

STRECK, Lenio Luiz. Hermenêutica e (pós)positivismo: porque o ensino jurídico continua de(sin)formando os alunos? In: ______; BOLZAN DE MORAIS, Jose Luis (Orgs.). Constituição, sistemas sociais e hermenêutica: anuário do programa de Pós-Graduação em Direito da UNISINOS. Porto Alegre: Livraria do Advogado, 2010, pp. 163-186.

STRECK, Lenio Luiz. Crítica hermenêutica às recepções teóricas inadequadas feitas pelo constitucionalismo brasileiro pós-1988. In: CALLEGARI, André Luís; ______; ROCHA, Leonel Severo (Orgs.). Constituição, sistemas sociais e hermenêutica: anuário do programa de Pós-Graduação em Direito da UNISINOS. Porto Alegre: Livraria do Advogado, 2011, pp. 153-181.

STRECK, Lenio Luiz. **Verdade e consenso – Constituição, hermenêutica e teorias discursivas**. 4. ed. São Paulo: Saraiva, 2011.

STRECK, Lenio Luiz. A Constituição (ainda) dirigente e o direito fundamental à obtenção de respostas corretas. **Revista do Instituto de Hermenêutica Jurídica**, Porto Alegre, número do v. 1, n. 6, p. 273-313, 2008.

WARAT, Luis Alberto. **Introdução geral ao direito I**. Porto Alegre: Fabris, 1994.

WARAT, Luis Alberto. **Introdução geral ao direito II**. Porto Alegre: Fabris, 1997.

WEBER, Max. Os três tipos de dominação legítima. **In: Sociologia**. Gabriel Cohn (org.). São Paulo: Ática, 1986.

VARGAS LLOSA, Mario. **A festa do bode**. São Paulo: Objetiva, 2011

VATTIMO, Gianni. **El fin de la modernidad**: nihilismo y hermenéutica en la cultura posmoderna. Barcelona: Gedisa, 2000.

WIEACKER, Franz. **História do direito privado moderno**. 4. ed. Lisboa: Fundação Calouste Gulbenkian, 2010.

ZIZEK, Slavoj. **Vivendo no fim dos tempos**. São Paulo: Boitempo, 2012.

EDITORA
JusPODIVM
www.editorajuspodivm.com.br